Herausgeber: Andreas W. Mytze

BIBLIOTHEK
ANPASSUNG
UND WIDERSTAND

Ralph Giordano

Die Partei hat immer recht

mit einem Vorwort von
Wolfgang Leonhard und
einem neuen Text des Verfassers

Verlag Klaus Guhl

Einmalige Lizenzausgabe des Verlags Klaus Guhl mit freundlicher
Genehmigung des Verlags europäische Ideen, Berlin 1980

© Verlag europäische Ideen, A. W. Mytze, Berlin 1980
Alle Rechte vorbehalten
Herstellung: Fuldaer Verlagsanstalt GmbH.
Umschlaggestaltung: Peter Kaczmarek
Druck nach der Ausgabe: Kiepenheuer & Witsch, Köln 1961

ISBN 3-88220-304-8

Wolfgang Leonhard: Vorwort

In meinem Widmungsexemplar von *Die Partei hat immer recht* steht: *Für Wolfgang Leonhard — den Vater dieses Buches.*
Und das ist die Vorgeschichte.

Anfang Februar 1959 besuchte mich in Köln ein Hamburger Journalist, der mir schon in meiner Ostberliner Zeit zwischen 1946 und 1949 zu einem publizistischen Begriff geworden war, ohne daß ich ihn je persönlich kennengelernt hatte — Ralph Giordano hatte in jenen Jahren mehr als einmal mit mir zusammen in der *Weltbühne* als Autor gestanden! Für mich war er damals so etwas wie einer der artikulierfähigsten Vorposten unserer Sache auf westdeutschem Territorium.

Nach meinem Bruch mit Ulbricht und der SED verlor ich Giordano dann aus den Augen. Bis er mir Ende 1958 das Protokoll seiner Ketzer-Rede auf dem IV. Deutschen Schriftsteller-Kongreß in Ost-Berlin vom Februar 1956 zuschickte — jene bemerkenswerte Philippika, die der Leser gegen Ende von *Die Partei hat immer recht* findet. Aus Giordanos Begleittext ging hervor, daß auch er, acht Jahre später als ich, mit der Partei gebrochen hatte, in seinem Falle der Kommunistischen in der Bundesrepublik.

Nun also kam er zu mir, immer noch suchend, tastend, immer noch völlig eingefunden in eine Welt, ein Dasein „ohne Partei". Als ich ihn aufforderte, mir mehr von seiner Geschichte zu erzählen, quoll es wie ein Wasserfall aus ihm heraus. Ralph Giordano hat an jenem Februarabend in Köln wohl an die drei Stunden monologisiert — sozusagen die Kurzfassung von *Die Partei hat immer recht* — und ich habe ihm hingerissen zugehört.

Als er geendet hatte, sagte ich, spontan und doch überlegt: „Schreib das auf, mach ein Buch draus!"

Giordano sah mich verwundert an, überlegte: „Ein Buch? Ich kann mir nicht vorstellen, daß aus meiner Parteigeschichte mehr als achtzig Seiten werden könnten."

„Falsch", sagte ich, „es werden zweihundertfünfzig Seiten!" — womit ich recht behielt, denn der Erstdruck von *Die Partei hat immer recht* bei Kiepenheuer & Witsch hatte exakt diesen Umfang.

An jenem Abend, auf dem Wege zurück, beschloß Ralph Giordano, mit der Aufzeichnung seiner Erlebnisse während der KP-Mitgliedschaft von 1946 bis 1957 zu beginnen, „nicht als Biographie eines enttäuschten Kommunisten, sondern als Anatomie des Stalinismus". Anderthalb Jahre arbeitete er unter dem verständnisvollen Lektorat von Carola Stern an dem Manuskript, dann, im Frühjahr 1961, zwei Jahre nach meiner Aufforderung, lag das Buch vor.

Ich halte *Die Partei hat immer recht* für eine der ehrlichsten und aufschlußreichsten Auseinandersetzungen mit dem Stalinismus auf deutschem Boden. Sie hat nichts von ihrer Aktualität und ihrer Realität eingebüßt — im Gegenteil, die seither verflossenen fast zwanzig Jahre bestätigen das Werk nur noch einmal. Es schildert Inbesitznahme des Individuums und Verlust seiner Gläubigkeit im Dunstkreis para-religiöser Politorganisationen bis in die letzten seelischen Verästelungen, wobei Erlebnisintensität und Ausdruckskraft des Autors fördernd miteinander korrespondieren.

Im übrigen darf ich mich ruhig als *Vater* des Fernsehautors Ralph Giordano bezeichnen — hat *Die Partei hat immer recht* doch aus dem Zeitungs- und Wort-Journalisten einen Mann der Television und der Optik gezaubert. Unmittelbar nach Erscheinen des Buches dazu in der Hamburger *Ost-West-Redaktion* des *Norddeutschen Rundfunks* interviewt, hat Giordano seither dieses Medium nicht mehr verlassen und sich inzwischen längst einen Namen als weitgereister, sozialkritischer und engagierter Fernseh-Dokumentarist gemacht. Dabei akzeptiert er weder ideologische noch moralische Tabus. Die Unmenschlichkeiten aller Himmelsrichtungen werden in ihm stets ihren Feind finden. Diesen Weg zwischen den Stühlen der Macht ist er unbeirrbar weitergegangen, von dem inneren Standort der unteilbaren *humanitas* aus.

Dennoch mache ich als langjähriger Freund auf ein internes und gemeinsames Drama aufmerksam. Ist man mit Ralph Giordano zusammen, so wird keineswegs hauptsächlich politisiert, sondern vor allem miteinander und übereinander gelacht — ein vielleicht etwas spezifischer Humor (zwischen Talmud und Thomas Mann), dessen Verständnis wohl zuweilen auch ohne nähere Kenntnis der Geschichte des Weltkommunismus schwerfiele, so jedenfalls laufen unsere Zusammenkünfte ab. Nur — der Humorist Giordano widerspiegelt sich in seinen politischen Schriften überhaupt nicht, gerade so, wie es mir mit den meinen ergeht. Zeigt *Die Partei hat immer recht* deshalb sozusagen nur den *halben Giordano,* so wünsche ich dem Buch dennoch ein langes Leben und viele Leser.

Für ihre Aufklärung nämlich wurde es geschrieben.

Ralph Giordano: Hat die Partei immer recht?

Nach abermaliger Lektüre aus Anlaß des Neudrucks von *Die Partei hat immer recht* stelle ich fest, daß an dieser im Frühling 1961 zuerst erschienenen Anatomie des Stalinismus nichts geändert oder ergänzt zu werden braucht — seine Organisationsformen auf dem Territorium beider deutschen Staaten beweisen eine saurierhafte Beständigkeit.

Ich lese nach so langer Zeit mein Buch mit Genugtuung, ja einer Art freudiger Erregung: Aufklärung über den Stalinismus und Abrechnung mit ihm wollen mir gelungen erscheinen. Die Erinnerungen waren beim Schreiben, zwischen Sommer und Sommer 1959/60, noch frisch. Sollte ich sie heute zu Papier bringen, würden viele charakteristische Situationen und Einzelheiten verlorengehen. Versank so ein Teil der eigenen Biographie auch mehr und mehr in die Vergangenheit — die Auseinandersetzung mit dem Thema Stalinismus ist durch den Gang der Entwicklung über die ganze seither verflossene Periode brandaktuell geblieben.

Erschreckende Begegnungen haben dazu beigetragen. Wie dem Sarg meines politischen Irrtums entsprungen, so steht unter der Regie der alten Drahtzieher in der Bundesrepublik eine neue Generation von Jungstalinisten vor mir auf, die, wie seinerzeit ich selbst, die moderne Form des russischen Despotismus als *Sozialismus* propagiert; leibhaftig, zum Greifen nah, ist sie da — mit meiner moralischen Einäugigkeit von damals, meiner fanatischen Intoleranz aus tiefer innerer Unsicherheit; meinem verlogenen Optimismus im Stile von DDR- und FDJ-Aufbauliedern mit ihrem verdächtigen Hang zu hohen Tonlagen; und meiner ebenso verlogenen Richter-Pose gegenüber allem und jedem, was nicht die gleiche verbissene Ideologie mit mir teilte: eine grausige Konfrontation mit dem Ralph Giordano von 1948 im Jahre 1980!

Die Aufdeckungen der stalinistischen Großverbrechen und die Unfähigkeit der sowjetischen Staatsform, das Zwangs- und Zwangsarbeitersystem zu überwinden, sind an dieser neuen Generation von Stalinisten gerade so spurlos vorbeigegangen wie an manchem bundesdeutschen Patentdemokraten und einstigem Nazi die Enthüllungen über das Dritte Reich.

Das Beharrungsvermögen des Apparates und der Apparatschiks darf jedoch nicht darüber hinwegtäuschen, daß sich jenseits davon sehr wohl Veränderungen vollziehen — die inneren Widersprüche des DDR-Regimes produzieren weit mehr sozialistische Gegner als seinerzeit. Die Havemann, Biermann, Fuchs und Bahro sind der große Wandel der Epoche.

Ich fühle meine elf Parteijahre in der KPD im Schicksal etwa von Jürgen Fuchs auf einer komprimierteren und weit bewußter artikulierten Ebene zeitgenössisch widergespiegelt. In seinen *Gedächtnisprotokollen* des Jahres 1977 oder der erschütternden Schilderung seiner Stasi-Haft *Du sollst zerbrechen*, tauchen Systemgeschöpfe auf, die mir von damals nur allzu geläufig sind. Diese *Revolution* entläßt ihre Kinder immer noch lieber, als sich mit ihren kritischen Argumenten auseinanderzusetzen. Aber die Entlassungen formulieren sich viel lauter und deutlicher, die Einpferchungen wollen nicht mehr funktionieren, nichts bleibt wirklich verborgen, neue Formen des Widerstandes werden sichtbar im mächtigen Windschatten der Beschlüsse von Helsinki und einer für die Wahrung der Menschenrechte weit empfänglicheren und wachsameren Weltöffentlichkeit.

Welche Perspektive gibt es denn schon für einen Staat, der seinen Bankrott tatsächlich nur mit Hilfe dieses 1300-km-Mauer-und-Stacheldraht-Monstrums hinausschieben konnte? Und welche Chancen haben denn seine Nachbeter überall dort, wo eine Bevölkerung auch nur einigermaßen frei wählen kann, aus dem Getto ihrer Mikroprozente herauszukommen? Die Geschichte der Kommunistischen Partei Deutschlands begönne erst mit ihrer Glaubwürdigkeit vor dem Volke. Also befindet sie sich immer noch im Stadium der Vorgeschichte.

Der professionelle, also nichtdemokratische, inhumane, weitgehend von der Nazi-Ideologie vorgeprägte Antikommunismus in der Bundesrepublik Deutschland hat mit meinem Buch nie etwas anfangen können — worin es seine Ehre sieht.

Der in *Die Partei hat immer recht* bloßgelegte innere Konflikt, der schmerzhafte Prozeß einer politischen und moralischen Selbsttäuschung, sie liefern kein Futter für die Kommunistenfresser der westlichen Hemisphäre mit ihrer totalen Blindheit gegenüber dem Ereignis — nämlich mit der KPD oder der SED zu brechen, um Sozialist zu bleiben! Und nicht einem Antikommunismus zu dienen, der nur allzu viele gemeinsame Züge mit dem Stalinismus unter umgekehrten Vorzeichen aufweist. Differenzierung ist die Sache des professionellen Antikommunismus nie gewesen, weder damals noch heute. Honecker und Haveman sind für ihn so ununterscheidbar wie Walter Ulbricht und Ernst Bloch, Horst Sindermann und Alfred Kantorowicz. Biermann, Fuchs, Pannach, Brasch oder Bahro gar fürchtet sein holzschnittartiges Politschwarzweiß weit mehr als klassisch unbelehrbare Stalinisten. Der professionelle Antikommunismus kann gar keine wirkliche Veränderung oder Aufhebung des Stalinismus wollen, weil ihm damit die Existenzgrundlage entzogen würde. Er steht deshalb völlig begrifflos jener gewaltigen historischen Kraft gegenüber, die mit nichts als ihrem moralischen Anspruch auf Menschenwürde dabei ist, das waffenstrotzende Imperium des Stalinismus bis in die Grundfesten zu erschüttern.

Und andererseits — was wäre der Stalinismus ohne den ihm vom Himmel gesandten Gegner in Gestalt des professionellen Antikommunismus! Um wieviel schwerer hätte er es ohne diesen äußeren Vorwand mit seinen inneren Gegensätzen und Widersprüchen? Hier haben wir sie ganz eng beieinander, die *Internationale der Einäugigen,* deren eine Fraktion beschlossen hat, auf dem rechten, die andere, auf dem linken Auge blind zu sein — ganz voneinander abhängig und das eigene Dasein fortwährend mit dem des anderen Halbblinden rechfertigend.

Glaube doch niemand dem Entsetzen über Verbrechen in der östlichen Hemisphäre, wenn es sich nicht gleichermaßen gegenüber den Rassisten Südafrikas empört! Glaube doch niemand dem Zorn über lateinamerikanische Militärdiktaturen, der für die Millionenopfer des Stalinismus immer neue „geschichtliche" Rechtfertigungen erfindet!

Die Partei hat immer recht richtet sich von ihrem Thema her nur gegen e i n e der beiden Fraktionen dieser einzig wirklich funktionierenden Internationale. Aber meine Anatomie des Stalinismus ist gleichzeitig eine Kampfschrift gegen alle seine Entsprechungen, Verwandtschaften und Übereinstimmungen in anderen Systemen.

Die *Internationale der Einäugigen* — sie ist der eigentliche, der Hauptfeind!

Bleibt die Frage, welches Verhältnis der Autor von *Die Partei hat immer recht* in den vergangenen fast zwanzig Jahren zur Bundesrepublik Deutschland gewonnen hat.

Es ist entschieden und zwiespältig zugleich.

Entschieden durch die Klarheit, sie gegen jeden zu verteidigen, der ihr von innen oder außen an Freiheit etwas nehmen will; zu verteidigen auch gegen alle, die sich gegen eine Erweiterung ihrer Freiheiten stemmen. Es heißt, die Parlamentarische Demokratie sei von allen Übeln gegenwärtiger Staatsformen das kleinste. Ich finde: sie ist ein hohes Gut. Keinerlei Gemeinschaft deshalb mit jener *linken* Koketterie, die diese Freiheiten genießt und die Bundesrepublik gleichzeitig als *faschistisch* denunziert. Solche Denunziation kann nur aus zwei Gründen erfolgen: einmal in genauer Kenntnis ihrer demagogischen Verlogenheit, dann aber auch in völliger Ignoranz dessen, was Faschismus tatsächlich bedeutet — von Nazismus gar nicht zu sprechen (wir sollten uns seine Unvergleichbarkeit nicht verwischen lassen). Als ehemals Verfolgter des Naziregimes aus rassischen Gründen kenne ich den vollen Unterschied zwischen der Bundesrepublik und Hitlerdeutschland aus erster Hand.

Dennoch hängt mein zwiespältiges Verhältnis zu ihr mit dieser Vergangenheit zusammen — sie ist mit ihr nie fertig geworden. Die deutsche Selbstreinigung hat auch im demokratischen Nachfolgestaat nie stattgefunden — so wie in der DDR der sozialistische Mantel der Nächstenliebe über die Vergangenheit gebreitet worden ist, so war es hier der demokratische.

Was mir das Verhältnis zur Bundesrepublik erschwert, ist nicht die Furcht vor einem zweiten Januar 1933, sondern die Frage, ob ich atmen kann in einer Republik, die seit 25 Jahren ungeschoren die zeitgenössische Variante des Nationalsozialismus in Form der *Deutschen National- und Soldatenzeitung* erscheinen läßt; atmen kann in einer Republik, die erst ganze Generationen naziverseuchter Lehrer, Richter und Beamten auf die Öffentlichkeit mit den verheerendsten Folgen für die politische und geistige Klarheit der Jüngeren losläßt, von „Berufsverboten" aber erst dreißig Jahre später tönt, als es gegen Linke, oder die sich so nennen, geht; atmen kann in einer Republik, in der der Ministerpräsident eines Bundeslandes seine Beteiligung an dem Todesurteil gegen einen blutjungen deutschen Soldaten des Jahres 1945 mit seiner eigenen Jugend zu rechtfertigen versucht, während er gleichzeitig gegen Studenten von heute, die nicht in sein politisches Konzept passen, Studium- und Berufsverbot fordert — dies ist es, was mir das Atmen in der Bundesrepublik Deutschland auch noch dreißig Jahre nach der Befreiung schwer macht und mein Verhältnis zu ihr zwiespältig. Daß unter Berufung auf die Bekämpfung des Terrorismus überambitionierte Maßnahmen im Namen der nationalen Sicherheit sichtbar werden und eine törichte Politik negativster deutscher Traditionen beschworen wird, korrespondiert nur mit dieser Atembeschwernis.

Dennoch — ich habe als politischer Publizist, als Buchautor, Journalist und Fernsehdokumentarist seit meinem Bruch mit der Kommunistischen Partei Deutschlands im Jahre 1957 nach links immer noch, von dieser bekennerischen Position aus, sagen und schreiben können, was ich sagen und schreiben wollte. Sobald ich das nicht mehr könnte, würde dieser Staat zu meinem Feind werden, den ich mit allem mir zu Gebote stehenden politischen Mitteln bekämpfen würde. Das heißt, ich anerkenne die Bundesrepublik Deutschland als meine politische Heimat so lange, wie sie demokratisch ist — ein Zustand, an dessen Erhaltung und Befestigung ich mich aktiv beteiligt fühle. Schlüge das fehl, so würden sentimentale Gefühle von Zugehörigkeit, die meinem Verhältnis zu Deutschland im Heineschen Sinne durchaus innewohnen, sofort als bedeutungslos zurücktreten.

Dies ist ein Pakt auf Gegenseitigkeit mit dem e i n e n Staat von den zweien des geteilten Landes, der gespaltenen Nation. Einen auswärtigen, einen Emigrationsersatz gäbe es für ihn nicht. Auch irgendeinen Ausblick auf humanen Neubeginn gesamtdeutscher Geschichte durch Wiedervereinigung sehe ich nicht angesichts einer Zukunft, in der sich mit größter Wahrscheinlichkeit z w e i deutsche Nationen herauskristallisieren werden.

Die Deutsche Demokratische Republik, der andere deutsche Staat, kann unter keinen Umständen die Zuversicht haben, in seiner jetzigen künstlichen Form zu überleben. Möglich, daß sich manche wirklich sozialistischen Elemente als dauerhaft erweisen können — es wird auf jeden Fall wenig genug sein, was bei derzeit noch unausdenkbaren Veränderungen von diesem Staat übrigbleiben mag. Offenbar unbelehrbar, steuert er auf vollen Kollisionskurs mit der geschichtlichen Entwicklung. Allerdings — Lähmung, Verfaulung, Agonie, all das wird nicht in Übereinstimmung zu bringen sein mit der Ungeduld der individuellen menschlichen Lebensuhr. Aber schon heute ist die Einsicht gestattet, daß der versteinerte Parteiapparat, die verkrustete Staatsbürokratie den Gegensatz zwischen Produktivkräften und Produktionsverhältnissen in der DDR immer unaufhebbarer machen werden. Karl Marx hat die unangenehme Eigenschaft, daß sich seine Lehren auch auf jene seiner Annektionisten anwenden lassen, die ihre Gültigkeit stets nur für die Welt jenseits des eigenen Herrschaftsbereiches proklamieren.

In der stickigen Luft dieser nationalen und internationalen Auseinandersetzung hat der Autor von *Die Partei hat immer recht* die Hoffnung auf die U t o p i e nie aufgegeben. Auch fast zwanzig Jahre nach dem Erstdruck des Buches besteht sie darin, daß dennoch und trotz allem die Synthese von Sozialismus und Demokratie, Sozialismus und Humanismus herzustellen sei, und zwar als die einzige Alternative zur Lösung der Menschheitsfragen in einer als nur zu endlich erkannten Welt.

Ebenso offen aber sei auch eingestanden, daß diese Hoffnung im Laufe der Jahre eher irrationalen Charakter angenommen hat als durch historisch gesicherte Entwicklungen aufrechterhalten worden zu sein — der Untergang der CSSR von 1968 und des Chilenen Allende 1973 sind die niederschmetterndsten Beispiele für die Berechtigung von Skepsis und Distanz zu allen Thesen automatischer Fortschrittsgläubigkeit.

Ich bestehe darauf, daß der Leser vor der Lektüre von *Die Partei hat immer recht* Einsicht in diese Zusammenhänge hat, und damit in einen Standort, der sich nicht erkaufen, herbeibeten oder anderweitig billig erwerben läßt, sondern nur erkämpft und erlitten werden kann.

INHALT

Prolog 9

DIE KOLLISION 13
Über die Risiken des politischen Journalismus 15
Der 1. Oktober 1950 und seine Folgen 20
Das schwerste Verbrechen 32
»Laßt heiße Tage im Sommer sein« 38

DIE BEWÄHRUNG 47
Die Partei hat Vertrauen — hat kein Vertrauen —
hat Vertrauen 49
Hoffentlich nur 50-Gramm-Gläser 61
... aber mich fror 71
Straffreier Antisemitismus und Wahlkampf 1955 . . 80
... und übahaupt 85
Der Fall Franz Heitgres 95
Von der Selbstsuggestion eines Schulungssekretärs . . 111
Paris — verboten 117
... Warschau — erlaubt 122
Der verschwundene Fragebogen 133

DIE EMANZIPATION 147
»Das Schlimmste ist der Druck« 149
Gloger verweigert den »Lebensbericht« 156
Diese Angst kannte ich 162
Was mich zum Bahnhof Zoo trieb 166
Von Wilhelm Girnus, Martin Hoop IV und dem
wiedergefundenen Fragebogen 171
Warum schwieg Erich Loest? 180

DER XX. PARTEITAG 195
Nicolai Jantzen zuckt die Achsel 197
»Mach aus Stalin doch Thälmann!« 204
Der Bart — war ab 212
Ist die Humanitas teilbar? 219
Die Rückreise 226
»Nur über meine Leiche!« 230
»Du mußt vor allem Wolfgang Harich hören« 240
Der Offene Brief 249
»Sind Sie noch Mitglied der Partei?« 256

DER BRUCH 264
Keine Koexistenz mit der Lüge 266

Prolog

DER PRIMÄR-AFFEKT

Die *Hamburger Volkszeitung*, das Landesorgan der Kommunistischen Partei Deutschlands, war noch provisorisch in der bürgerlichen Druckerei eines Elbvorortes untergebracht, als im Sommer 1946 ein junger Mann ihre Räume betrat. Sein Eintritt in die Partei hatte sich wie selbstverständlich vollzogen: im April 1933, als Sextaner seiner jüdischen Abstammung wegen für »unrein« erklärt, war er im Mai 1945 aus kellerdunkler Illegalität taumelnd in das ungewohnte Licht des Tages gekrochen. Die Kommunistische Partei, tausendfach beschworener Hauptfeind des Faschismus, erschien ihm als seine natürliche politische Heimat.

Chefredakteur der *Hamburger Volkszeitung* war damals Erich Hoffmann, erst wenig über die Vierzig, aber bereits eine legendäre Persönlichkeit in der deutschen Partei: kommunistischer Redakteur mit den meisten politischen Verfahren in der Weimarer Republik; ein Gegner, auf dessen Kopf Hitler einen hohen Preis gesetzt hatte; Spanienkämpfer, schwerverwundet und berühmt wegen der Unerschrockenheit, mit der er seinen Panzer gegen Franco führte; nach der Besetzung Vichy-Frankreichs von der Gestapo verhaftet und vor dem sofortigen Tod nur dadurch bewahrt, daß er ihr einen falschen Namen glaubhaft machen konnte, der ihn nach Auschwitz brachte, dem er lebend entkam, um im Frühling 1945 aus einem Lager in Deutschland befreit zu werden – eine imponierende Chronik, die in dem jungen Genossen Bewunderung hervorrief.

Um so bestürzter war er, als der Chefredakteur ihm eines Tages statt der Begrüßung eine Zeitung hinhielt, ein Blatt der Sozialdemokratie, und auf einen Artikel wies, der mit den Initialien R und G gezeichnet war. An einer anderen Zeitung als dem Parteiorgan mitzuarbeiten, besonders an einer sozialdemokratischen, galt für ein Mitglied der KPD soviel wie Hochverrat.

Nun hatte der junge Mann, außer in der *Hamburger Volkszeitung*, noch nirgends eine Zeile veröffentlicht, und diesen Irrtum wollte er klären. Aber aus dem großflächigen, asketischen Gesicht schauten ihn zwei gänzlich veränderte Augen an. Ratlos, unglücklich und durch etwas unbekannt Lähmendes defensiv, wehrte er sich, aber noch während er es tat, spürte er, daß sich in der Gestalt dieses Mannes irgend etwas Unheimliches, dem er vorher nie begegnet war und gegen das er jetzt nicht ankam, vor ihm aufgereckt hatte. Ohne daß über den Verdacht je wieder gesprochen wurde, listete man ihm bald darauf den Presseausweis ab.

Das war sein Eintritt in die exotische Welt eines pausenlosen und differenzierten Krieges nach *allen* Seiten, das war der Primär-Affekt einer Erscheinung, für die er noch keinen Namen kannte, des organischen Mißtrauens gegen den Menschen. Als sie jedoch eine Zeitlang auf ihn eingewirkt hatte, machte er eine furchtbare Entdeckung an sich selber: er begann, bei völlig reinem Gewissen, sich doch schuldig zu fühlen!

Dennoch kam ihm nicht der Gedanke, einer Partei, in der das möglich war, den Rücken zu kehren. Das Prinzip, die Partei habe immer recht, hatte bereits die Herrschaft über ihn angetreten.

Er hatte die Macht über sich selbst längst abgegeben.

ÜBERWINDUNG EINES PRINZIPS

Elf Jahre später, im April 1957, forderte die Ost-*Berliner Zeitung* ihren Hamburger rg-Korrespondenten auf, sich am 26. des Monats, vormittags gegen elf Uhr, in der Jägerstraße zu einer Arbeitsbesprechung einzufinden. Es sei eine Reihe wichtiger und interessanter Themen, nicht zuletzt die

Vorbereitung der Bundestagswahl, dringend zu beraten. Wenn ihm Tag und Stunde recht sei, so möge er sein Einverständnis mitteilen, damit man sich vorbereiten könne.

Man war zur angegebenen Zeit dort nicht vorbereitet. Der Leiter der Abteilung Innenpolitik machte während einer wirren Konversation den Eindruck, als warte er auf etwas. Tatsächlich klingelte bald das Telefon. Der Redakteur bat den Korrespondenten daraufhin ein Stockwerk tiefer.

In einem der unzähligen Zimmer des Verlagsgebäudes sah sich der Korrespondent drei Personen gegenüber, die er vorher nie gesehen hatte, einer Frau und zwei Männern. Sie stellten sich ihm mit Decknamen als Mitglieder der PKK vor, der Parteikontrollkommission, dem höchten Kontrollorgan der damals seit acht Monaten in der Bundesrepublik verbotenen Kommunistischen Partei Deutschlands.

Was in seinem Verhältnis zur Partei nicht mehr stimme?

Die Antwort ließ eine Weile auf sich warten: die Partei habe *nicht* immer recht.

Danach war es lange still. Ein Mitglied der Kommunistischen Partei Deutschlands hatte soeben vor seiner Obersten Gerichtsbarkeit bekannt, daß er im Begriffe stand, die Macht über sich selbst zurückzuerobern.

FAZIT

Dieses Buch soll die Strecke zwischen den beiden Polen rekonstruieren.

Der Verfasser, wie jede andere zitierte Person auch, tritt in Erscheinung lediglich als Produkt und zur Demonstrierung von Verhältnissen, die ihn beeinflußten und an denen er, in Wechselwirkung, teil hatte; in Erscheinung als Objekt, um den Mechanismus des stalinistischen Systems zu analysieren, die Stationen der Gewinnung, der Formung und der Deformierung des menschlichen Charakters unter seinen Einwirkungen, die absolute innere und äußere, die psychische und moralische Abhängigkeit der ganzen Person von der

Partei, als ein freiwilliges Verhältnis; und schließlich die
Emanzipation und den Bruch — niedergeschrieben nicht als
Autobiographie eines enttäuschten Kommunisten, sondern
als ein Beitrag zur Anatomie des Stalinismus.

… DIE KOLLISION

Über die Risiken
des politischen Journalismus

Die Verdichtung des Konfliktes, der hier in seinen verschiedenen Phasen abgehandelt werden soll, seine Verästelungen und seine Lösung, hängen ursächlich zusammen mit der Beziehung, die sich wenige Monate nach meiner Unterredung mit dem Chefredakteur der *Hamburger Volkszeitung* im Sommer 1946 (dem Primär-Affekt) zwischen der politischen Berliner Wochenschrift *Die Weltbühne* und mir herstellte.
Darin erschien, mit dem Tenor persönlicher Abrechnung, unter dem Titel *Hamburg — Anfang 1947* eine Attacke gegen die Verhältnisse in der Hansestadt, nach der zu urteilen sich das SPD-regierte Gemeinwesen fest in den Händen der Reaktion befand. Aber wenngleich diese Veröffentlichung alle drei wesentlichen Charakteristika der stalinistischen Publizistik reflektierte: den grundsätzlichen Hang zur Negation; die Unempfindlichkeit gegenüber jeder Differenzierung, und die aus der methodischen Überspitzung resultierende natürliche Steigerungs-Impotenz — so war sie andererseits doch auch ein Dokument der Enttäuschung über die Befreiung.
Die Unfähigkeit der hiesigen Militärregierungen, die politische Reinigung wirklich von der Wurzel her anzupacken; der sich langsam einstellende Argwohn, darin liege — angesichts der soeben offen ausgebrochenen großen Gegensätze unter den ehemaligen Kriegsalliierten — Methode, um sich eines sehr zweifelhaften Wohlwollens zu versichern; die täglichen Beweise, an denen sich unschwer ablesen ließ, wie höhnisch sich das Ewig-Gestrige gerade durch diese weltpolitische Rivalität bestätigt und ermutigt fühlte; die bereits damals massenhaften Erscheinungen, daß im Windschatten einer sich versteifenden antisowjetischen Politik die Geister der brau-

nen Unbelehrbarkeit mit dem Brustton des politischen Biedermannes »Haben wir doch schon immer gesagt!« überall aus *den* Löchern hervorzulugen begannen, in die hinein sie sich 1945 nicht tief genug verkriechen konnten — all das mußte erbitternd und alarmierend wirken und seinen Teil dazu beitragen, die Dankbarkeit gegenüber den westlichen Befreiern zu paralysieren. Es war die Zeit, in der die Fundamente gelegt wurden für das, was heute als »Unbewältigte Vergangenheit« keine Ruhe geben will.

Für den jugendlichen Autor konnte diese erste Arbeit in der *Weltbühne*, die einst von Siegfried Jacobsohn, Carl von Ossietzky und Kurt Tucholsky geleitet und redigiert worden war, nichts anderes als ein großes Ereignis darstellen.

Das Blatt war im Laufe des Jahres 1946, nach vergeblicher Bemühung um die Lizenzierung durch alle vier Besatzungsmächte in Berlin, schließlich allein mit sowjetischer Zustimmung erschienen. Der Großteil der Auflage ging bis zur Währungsreform nach Westdeutschland. Ich hatte einige Nummern in die Hände bekommen und war nachhaltig beeindruckt gewesen.

Die *Weltbühne* saß damals noch in der Mohrenstraße, erst später siedelte sie nach Pankow um. Ihr Mitherausgeber, faktisch aber Verlagsleiter, Verkaufsdirektor, Chefredakteur und Verantwortlicher in Personalunion, war von Anfang an der liebenswürdige, aber dafür unberechenbare Monomane Hans Leonard. Die auf dem Titelblatt als Herausgeberin genannte Maud von Ossietzky, die Witwe des großen Publizisten, hat nie etwas anderes als ihren Namen beigesteuert.

Bei einem ersten Besuch in Berlin, im Sommer 1947, ließ Hans Leonard kühle Getränke servieren, zahlte mir für den letzten Artikel Honorar, das, heute kaum noch vorstellbar, in beiden Teilen Deutschlands Gültigkeit hatte, und schickte mich zu Albert Norden.

Norden war damals noch nicht Mitglied des Politbüros der SED und einer der mächtigsten Männer nach Walter Ulbricht, wohl aber prominenter kommunistischer Emigrant aus den

USA, der auf der ersten Stufe seiner steilen Karriere stand. Er kannte Hamburg aus der Zeit vor 1933, war dort Redakteur an der *Hamburger Volkszeitung* gewesen, fühlte sich durch diese Vergangenheit, und vielleicht auch als Sohn eines Rabbiners, an dem Neuling aus dem Westen interessiert, und hatte Hans Leonard um Vermittlung der Bekanntschaft gebeten, sobald sich die Möglichkeit dazu ergebe.

In einem gewöhnlichen Pankower Miethaus stellte sich ein kluger, gepflegter, wohlwollend anteilnehmender Mann vor, der sich eingehend nach persönlichen Verhältnissen, nach Hamburg und seiner früheren Parteiorganisation erkundigte, um endlich vielsagend zu bemerken, daß *TASS,* die sowjetische Nachrichtenagentur, schon manchen *Weltbühne*-Artikel von der Wasserkante zitiert habe. Er legte mir ans Herz, für das rote Blättchen weiterzuschreiben. Später würde man dann sehen...

Kurz nach der Rückkehr aus Berlin fanden in der Blankeneser Villa eines Kaufmannes, der während des Krieges in das Konzentrationslager Fuhlsbüttel gebracht worden war, zwei Zusammenkünfte statt, eine bunte Teilnehmerschaft von Ärzten, Kaufleuten und Journalisten auf der einen, und zwei britischen Offizieren auf der anderen Seite. Es ging um die Frage: warum die kleinen Nazis hängen und die großen Drahtzieher mit Samthandschuhen anfassen? Warum keine Generalreinigung, auch wenn dabei Federn gelassen werden? Warum nicht einmal das Minimum an Härte gegenüber den wirklich Verantwortlichen?

Alle diese Fragen wurden in echter Fassungslosigkeit gestellt. Aus dem Kreis der anwesenden Deutschen hatte jeder die Alliierten 1945 als Befreier begrüßt, nicht in des Wortes infam-ironischer, sondern buchstäblicher Bedeutung. Was uns hier zusammengetrieben hatte, war tiefe Beunruhigung.

Die beiden Briten, Offiziere der Public Safety, die die deutsche Presse zu kontrollieren hatten, hörten sehr aufmerksam

zu, tranken Tee, wichen exakter Beantwortung aus und schauten meist zum Fenster hinaus. Das war verständlich — das Panorama der Unterelbe war faszinierend genug...
Die Herren kamen auch ein zweites Mal in ihrer Uniform, hörten wieder ruhig zu, beschwichtigten höflich, wichen Festlegungen aus, tranken Tee und schauten bewundernd auf den Strom.
Eine dritte Zusammenkunft fand nicht mehr statt — die Gesprächspartner hatten sich offenbar nichts mehr zu sagen.
Obwohl diese Begegnung kaum Einfluß auf die Deutschland-Politik der britischen Besatzungsmacht gehabt haben dürfte, wird der Leser gebeten, sie gut in Erinnerung zu behalten. Für diese Schrift wird sie ihre neuralgische Bedeutung noch erhalten.
Die Teilnahme an Bemühungen dieser Art konnte jedoch nicht verschleiern, wie nahezu restlos bereits alle Fäden zur Umwelt abgeschnitten waren. Ich hatte eine Erzählung geschrieben, die Geschichte eines Juden, der seine Eltern, seine Frau und alle seine Habe verliert und dennoch nicht verzweifelt — durch die Freundschaft eines deutschen Jungen, die ihn am Leben und in der Hoffnung erhält. *Neues Leben*, der Jugendverlag in Berlin, unter der Regie des FDJ-Zentralrates, prüfte die Arbeit und brachte sie kurz nach der Währungsreform in Buchform heraus. Sie war ohne Beeinflussung durch ein Kunstschema entstanden. Von der literarischen Produktion der elf Jahre ist sie das einzige, worin ich heute noch nachzulesen vermag, ohne nach der dritten Seite das Buch mit einem unbeschreiblichen Gefühl im Magen zuzuklappen.
Aber der Gedanke, die Erzählung einem hiesigen Verlag anzubieten, war mir nie gekommen.

Das Korrespondentenverhältnis zur *Berliner Zeitung* war das Nebenprodukt einer Reise nach Berlin, bei der es um den dringenden Erwerb eines Fotoapparates ging. Auf meinem Ostberliner Postscheckkonto hatte sich, durch die Mitarbeit an mehreren Organen der inzwischen konstituierten Deutschen Demokratischen Republik, eine beträchtliche Summe angesammelt. Damals, Ende 1949, konnten Bundesbürger, heute kaum noch glaubhaft, ein solches Konto ohne weiteres unterhalten und in Anspruch nehmen. In einem Westberliner Laden, nahe dem Potsdamer Platz, erstand ich zu dem phantastischen Wechselkurs des Tages von 1 : 6,8 einen wertvollen Apparat.

Gegen diese Schwächung der Währung der Deutschen Notenbank in Ostberlin war das Gewissen übrigens gut abgesichert worden — der Apparat sollte nur für die Zeitungen der Partei klicken! Interpretationen wie diese waren so gemeint, wie sie klingen. Eine gewöhnlich als feindselig ausgelegte Transaktion wurde deshalb auch keineswegs vor der Partei geheimgehalten und stieß denn auch nie auf Widerspruch, sondern wurde im Gegenteil nachgerade als klassisches Beispiel revolutionären Finanzgebarens im wohlverstandenen Sinne diskret zitiert.

Der Weg in die Jägerstraße trug alle Zeichen der Improvisation. Die *Berliner Zeitung* ist das größte Tagesorgan der »DDR« und gilt offiziell nicht als parteigebunden, was niemand ernst nimmt. Chefredakteur war damals Dr. Kertzscher, ein dunkler Mann in mittleren Jahren, intellektuell und von sachlicher Kühle, der Typ, mit dem die Partei niemals Schwierigkeiten haben wird. Die Unterredung war kurz. Die Nachrichtenübermittlung, so wurde vereinbart, sollte telefonisch erfolgen.

Als Korrespondent der BZ fuhr ich zurück.

Es ist möglich, daß es ohne die Ausweitung der publizistischen Tätigkeit beim Primär-Affekt geblieben und die Lues des organischen Mißtrauens gegen den Menschen im Falle eines weniger öffentlichen Berufs doch eingetrocknet wäre. Aber die Risiken des politischen Journalismus beschränken sich keineswegs nur auf die bürgerliche Welt.

Der 1. Oktober 1950 und seine Folgen

1950, im Jahr des ersten Deutschland-Treffens, kulminierte die Erfolgskurve der Freien Deutschen Jugend diesseits und jenseits der Elbe. Das Treffen selbst bildete einen Höhepunkt, den die Organisation nie wieder erreicht hat.

Mit vielen hundert Jugendlichen war es von Hamburg nach Lübeck, und dort vom Hauptbahnhof in Massen am hellichten Tag Richtung Demarkationslinie gegangen. An unserer Absicht, die Bundesrepublik illegal zu verlassen, konnte es für die zuständigen Organe keinen Zweifel geben. Dennoch wurden wir nicht gehindert. In einem Buschgebiet warteten wir auf die Dunkelheit und wurden auf Kreuzundquerpfaden hinübergeführt. Frühmorgens ging es mit der Eisenbahn weiter.

Ostberlin war ein einziges Heerlager der Jugend. Am Sonntag des großen Vorbeimarsches Unter den Linden nieselte es, aber niemand spürte die Nässe, als die Formationen von überallher in die riesige Allee einbogen und Siebzigerreihen bildeten.

In einem Gefühl neuer Zugehörigkeit streifte ich durch die Straßen, suchte die Redaktion in der Jägerstraße auf; erfuhr später von Hans Leonard, daß mein letzter Artikel über den Freispruch des »Jud-Süß-Regisseurs« Veit Harlan durch das Hamburger Schwurgericht die Zustimmung hoher Regierungsvertreter in Ostberlin gefunden habe; mischte mich in Niederschönhausen unter ein Parkett, das einem ungarischen Tanz- und Gesangsensemble zujauchzte, und konnte nachts vor Bewegung kaum schlafen.

Zurück in die Bundesrepublik ging es in der Nähe der Saline Schöningen, an einem strahlenden Maimorgen. Vorbei an einer grenznahen Fabrik, deren Arbeiter uns stumm betrachteten, hin zum Bahnhof, wo bewaffnete Uniformierte vor

der Sperre standen und uns zunächst den Durchgang wehrten. Und da war, zum erstenmal, dieses Gefühl — das ist feindliches Ausland!
Das Vaterland hieß: Deutsche Demokratische Republik!

Der Enthusiasmus des Pfingsttreffens, seine Schwungkraft hielten nicht lange vor. Die Freie Deutsche Jugend in der Bundesrepublik war wie ein unter Hochdruck stehender Kessel, deren Wärter wohl das Feuer zu schüren, aber mit der Kraft darinnen nichts anzufangen wußten. Die Masse der neuen Mitglieder und Sympathisierenden blieb etwa bis in den Sommer dabei, dann bröckelte es überall. Die größte Hamburger Gruppe, die von Altona, von zwanzig auf etwa hundert Mitglieder angeschwollen, sah sich nach einigen Monaten auf ihren früheren Umfang reduziert. Der Druck im Kessel ließ nach, wurde immer dünner und unterschied sich allmählich kaum mehr von der Atmosphäre draußen. Die Herzen konnten wohl begeistert, aber nicht gehalten werden. Dieser generellen Unfähigkeit, eine kontinuierliche Arbeit zur Gewinnung des Menschen zu leisten, entspringt die Kampagne-Taktik des Stalinismus — von Zeit zu Zeit müssen zur Belebung und Anfeuerung »Höhepunkte« geschaffen werden.
Nun war es wieder so weit.
Diesmal hieß es *Tag der hunderttausend jungen Friedenskämpfer*, ein herbstlich-westdeutsches Pendant zum frühlingshaften Berlin-Treffen, der Plan einer ebenfalls mächtigen Schau, die das inzwischen verlorengegangene Terrain zurückerobern und am 1. Oktober 1950 im Ruhrgebiet stattfinden sollte. Als diese zentrale Aktion verboten wurde, rief die Leitung, das Zentralbüro der FDJ, zu gleichzeitig stattfindenden entsprechenden Veranstaltungen in einigen großen Städten auf, darunter in Hamburg. Die Regierung Max Brauer aber ließ die Veranstaltung durch Dr. Nevermann verbieten — der *Tag der hunderttausend jungen Friedenskämpfer* war illegal geworden.

Die Polizei Hamburgs stand unter Großalarm. Die Frage war, ob sie erfahren werde, wo in der weitläufigen Millionenstadt das Verbot mißachtet werden sollte, denn daß es nicht befolgt werden würde, war selbstverständlich.
Sie erfuhr es nicht.
Und so formierten sich am Vormittag des 1. Oktober 1950 in der Großen Freiheit auf St. Pauli plötzlich unbehindert bis dahin scheinbar friedliche Passanten zu einer Kohorte, die unter dem Abgesang eines revolutionären Arbeiterliedes in die Reeperbahn einbog, inzwischen zu einer Legion angewachsen. Erst auf der Höhe der Davidwache stieß die Spitze auf drei einsame Polizisten, die hier Dienst versahen und sich mit ausgebreiteten Armen auf die Fahrbahn stellten. Tatsächlich wich die riesige, singende und in Sprechchöre ausbrechende Menge nach rechts ab und machte auf einem Platz Halt. Es folgte eine kurze Ansprache, dann die Aufforderung zur Auflösung.
Von der über vierundzwanzig Stunden in Bereitschaft stehenden Polizei keine Spur.
Aber ein großer Teil des Zuges, hauptsächlich Jugendliche, voller Kampfstimmung durch die gelungene Überraschung, löste sich nicht auf, sondern marschierte in loser Ordnung, die blaue Fahne der FDJ voran, durch die Straßen St. Paulis auf Altona zu. In der Palmaille, vor dem postenbewachten Haus des Bürgermeisters, kam es zu den ersten blutigen Zusammenstößen dieses Tages. Möglicherweise in der Annahme, der Sitz Max Brauers solle durch die Demonstranten gestürmt werden, zogen die Polizisten den Gummiknüppel — ein immer wieder unwirkliches Schauspiel, der gereckte Arm, schwingend, der sausende Stock, das Klatschen, zusammenbrechende Menschen ...
Steine flogen.
Vor dem Altonaer Rathaus, als motorisierte Polizeiverstärkungen erschienen, lösten wir uns auf.
Aber am Nachmittag ging es in der Nähe des Sternschanzenbahnhofs weiter. Dort nahm die Polizei den sogenannten

Wasserwerfer in Betrieb. Die Maschine in ihrer lächerlicheindeutigen Konstruktion wirkte eher provozierend als einschüchternd. Es hagelte Hiebe, überall Zusammenstöße, Schlagen, Strampeln, Abgeführte, Blut aus Nase und Mund. Der Schlag eines Gummiknüppels wird weniger dort gespürt, wo er trifft, sondern in den Kniekehlen. Seine Wucht ist ungeheuer.

In zwei aufeinanderfolgenden Nummern der *Weltbühne* erschienen von mir Reportagen über die Vorgänge dieses Tages. Ihre Wirkung war explosiv. Max Brauer knallte die roten Hefte in der Bürgerschaft der KPD-Fraktion auf den Tisch. Seine Erregung war verständlich, denn er war ein *nachgemachter Superamerikaner Altonaer Provenienz* genannt worden, und Dr. Nevermann ein *hagergesichtiger Bluthund*, indes sich andere Persönlichkeiten der SPD- und Verwaltungsführung mit nur wenig abgeschwächten Verbalinjurien bedacht fanden.

Diese entsprangen nun keineswegs ausschließlich der Beteiligung an den schweren Zusammenstößen vom 1. Oktober, sondern sie waren das logische Resultat der gewalttätigen Ideologie, die bereits seit vier Jahren auf mich einwirkte und deren Vorbilder sich in der *Hamburger Volkszeitung*, wo Max Brauer als *Blinder Häuptling des Rathauses* oder Konrad Adenauer als *Stiefellecker des Petersberges* apostrophiert zu werden pflegten, nur zu häufig angeboten hatten. Vielleicht wegen dieser Analogien rührte sich das Landessekretariat der Hamburger KPD nicht. Sein erster Sekretär war damals Willi Prinz.

Jahrzehnte in der Arbeiterbewegung können eine unverwechselbare Physiognomie, einen einmaligen Habitus prägen – so ein Gezeichneter war Willi Prinz.

Im Sommer hatte ich ihn aufgesucht. Die Lues hatte jahrelang schleichend gewirkt. Das äußerte sich nicht allein darin, daß in der *Hamburger Volkszeitung* eher der Bundeskanzler als ich zu Worte gekommen wäre, sondern vor allem in

der Auflösung der Unbefangenheit, wenn mein Name genannt wurde.
Die Feindschaft eines Angehörigen der Hierarchie hat gewöhnlich zur Folge, daß sich unterirdische Fronten bilden, an deren Ecken, Kanten und Vorsprüngen der Betroffene sich unentwegt stößt. Diese Fronten waren im vorliegenden Falle insofern ungleich, als auch in dieser Partei, gänzlich konventionell und unrevolutionär, die Forderung nach persönlicher Entscheidung von Für oder Gegen zu dem Mächtigeren hin tendiert.
Die Methode der schwelenden Diskriminierung, die wirksamer sein kann als jeder offene Angriff, mag überall unter Menschen und in jeder Organisation auftauchen. Unter den Gesetzen einer zentralistisch aufgebauten Partei jedoch erhält sie ihr spezifisches Gesicht und Gewicht. Sie zeugt und fördert, unterstützt durch das Trauma des Schuldkomplexes bei völlig reinem Gewissen, eine Erscheinung, die für eine große Schicht zu einem typischen Merkmal wird: die Katastrophenerwartung als integraler Bestandteil des Lebensgefühls, eine Erwartung, die einem wohlgemerkt nicht aus den Reihen der politischen Gegner, sondern der Gleichgesinnten suggeriert wird! Hat sie einmal das Individuum erfaßt, so wird sie zum bestimmenden Element seiner Gefühlswelt. Da der Betroffene ständig auf die Auflösung der Unbefangenheit in seiner Gegenwart stößt, rettet ihn nichts vor der Zwangsvorstellung, daß sich an höchster Stelle ununterbrochen negativ mit ihm beschäftigt wird. Hier kommt das Liebste, Teuerste und Höchste in Gefahr: seine Übereinstimmung mit der Obersten Gerichtsbarkeit! Angesichts dieser Fusionen gewinnen ein einziger Blick, eine halbe Geste, ein unerwarteter Besuch, ein abgebrochenes Gespräch, ein ausbleibender Brief, eine nicht eingehaltene Zusammenkunft, fast die Bedeutung von Leben und Tod. Die Katastrophenerwartung wird zu einer Frage der psychischen und physischen Gesamtexistenz, nicht einzelner Kategorien oder Schichten des Menschen, eine modernisierte, auf die Erde geholte

Version des mittelalterlichen Fegefeuers — der Stalinismus hat auch hier seinen Religionsersatz gefunden.
Es war diese Katastrophenerwartung, die mich zu Willi Prinz getrieben hatte, ein Phantom, dessen Konturen ich zwar nachzuzeichnen, dessen Wesen ich jedoch nicht zu erläutern vermochte. Wohl bestand eine direkte Assoziation zu dem Primär-Affekt, aber sie auszusprechen wäre wegen Mangels an jeglichem Beweis sinnlos gewesen.
Willi Prinz wußte denn auch mit diesem Phantom nichts anzufangen. Er hatte anderes zu tun. Von Max Reimann nach Hamburg entsandt, um die Sündenböcke für den bitteren Rückgang des öffentlichen Parteieinflusses in der *Stadt Ernst Thälmanns* »abzuschießen«, hatte er sich seiner festen Orders gegen die Landesfunktionäre Harry Naujoks und Karl Grunert bereits erfolgreich entledigt. Sie waren mit Schimpf und Schande davongejagt worden, ohne daß der Mitgliedschaft wirklich stichhaltige Fakten für dieses Vorgehen unterbreitet worden wären. Prinz, geborener Kölner, Veteran, nicht nach Lebens-, wohl aber nach Parteijahren, hatte noch eine ganze Liste zu erledigen. Als ich ihn aufsuchte, machte er den Eindruck eines vielbeschäftigten, kranken Landesfunktionärs. Er aß Milchbrei und lächelte, so wie man lächelt über die Halluzinationen eines jugendlichen Wirrkopfes, der sich bedroht fühlt und nicht weiß, von wem.
Aber dieses Lächeln hatte erstaunliche Folgen. Es wirkte um so beruhigender hier in diesem Zimmer der Ferdinandstraße, dem damaligen Hamburger Hauptquartier, als Prinz flankiert war von mehreren Kaderfunktionären, die offenbar schon lange nicht mehr lächeln konnten, vielleicht, weil sie bereits mehr wußten über das Schicksal, das aus dem »Säuberer« Prinz bald selbst einen »Gesäuberten« machen sollte...
Die Psychologie des Liebenden ist unerforschlich. Das belanglose, unverbindliche, etwas gelangweilte Lächeln des Ersten Sekretärs beschwor eine Periode illusionärer Unbeschwertheit herauf. Sie hielt sich auch nach Erscheinen der

beiden Artikel in der *Weltbühne,* da Prinz mich wissen ließ, daß die Formalbeleidigungen darin sowohl der Partei als auch mir selbst gegenüber äußerst unklug gewesen seien, aber nichts unternahm.

Der Krieg mit der staatlichen, der Zweiten Gerichtsbarkeit, der durch die Zustellung der Anklageschrift noch im November in ein neues Stadium getreten war, blieb samt seinen möglichen Folgen eine ferne, periphere Angelegenheit. Entscheidend war allein das Verhältnis zur Obersten Gerichtsbarkeit.

Es sollte bald darauf aus allen Fugen gehen.

Am ersten Weihnachtstag 1950 stapfte bei Nacht und Schnee eine Schlange von FDJ-Funktionären lautlos und unangefochten in der Nähe von Helmstedt über die Demarkationslinie — eine einsame Gestalt, die unsern Weg kreuzte, war wie angewurzelt stehengeblieben und dann von der Dunkelheit verschluckt worden.

Es ging zu einem kurzen Lehrgang, ohne daß wir je erfuhren, wo sich die Schule befand — wir durften das Gebäude nicht verlassen. Gegen Abschluß hieß es, daß wir den Jahreswechsel in der Hauptstadt erleben und an der Feier zum 75. Geburtstag des Staatspräsidenten, Genossen Wilhelm Pieck, teilnehmen würden.

In Berlin schickte mich Hans Leonard, der mir nach Zustellung der Anklageschrift alle greifbaren Westmarkbeträge der *Weltbühne* überwiesen hatte, wieder zu Albert Norden. Diesmal traf ich in ihm einen der höchsten Pressefunktionäre der »DDR« an, im *Amt für Information* am Thälmann-Platz, dort, wo die Stadt die schaurigste Stelle ihres von Dynamit und Phosphor zerstörten Antlitzes zeigte.

Norden gab in seiner distinguierten Art zu bedenken, daß die Beleidigungen Brauers in der *Weltbühne* zwar besser unterblieben wären, aber da die Sache nun einmal vor der westdeutschen Justiz rolle, werde jedenfalls die gesamte Presse der »DDR« bei dem kommenden Prozeß vorbehaltlos auf meiner Seite stehen. Norden bat um einen Lebenslauf, keine umfangreiche Arbeit, aber doch mit den wesentlichen Details und Daten versehen. Man werde dann weitersehen...

Die Geburtstagsfeier für Pieck, ein Monster-Akt von sieben Stunden, fand in der Werner-Seelenbinder-Halle statt. Ansprachen von Vertretern der ausländischen Bruderparteien, ausgewählte Tanz- und Gesangsensembles, eine Szene aus Brechts »Mutter Courage« — eine gigantische Vorstellung in einer gigantischen Halle. Pieck in der Ehrenloge, in seiner Nähe, mit weißer Mähne, vom Tode schon gezeichnet, Erich Weinert.

Die westdeutschen Gäste saßen links von der Bühne. Unter den Hamburgern, eine Reihe hinter mir, entdeckte ich den Chefredakteur der *Hamburger Volkszeitung*.

Ab Mitte Januar 1951 wurden die Meldungen in der *Berliner Zeitung* nicht mehr mit meinem Zeichen signiert, einen Monat später wurde die Nachrichtenübermittlung eingestellt. In einem kurzgehaltenen Schreiben wurde das Arbeitsverhältnis, ohne Angabe von Gründen, von der BZ gekündigt. Ich fuhr wieder nach Berlin. Dr. Kertzschers Augen hinter den scharfen Brillengläsern wichen aus — er stecke nicht dahinter, es sei von oben angeordnet worden. Alles, was er dazu bemerken könne, sei, daß der Abbruch wegen meiner Differenzen mit der Hamburger Parteileitung erfolgt sei.

Differenzen mit der Hamburger Parteileitung?

Ich suchte das ZK der SED auf. Zwei Tage wartete ich acht Stunden auf den Vertreter der Westabteilung, ohne von ihm empfangen zu werden. Es gab nur noch eine Stelle, an die ich mich wenden konnte — die Kaderabteilung der Hamburger Landesorganisation der KPD.

Diese Abteilung soll, ihrem Namen entsprechend, die Kader, das »Gold der Partei«, hegen und pflegen, leiten und lenken. Ihr ursprünglicher Sinn hatte darin bestanden, eine Leitungsinstanz zu schaffen, die für den einzelnen Genossen wie für die gesamte Mitgliedschaft ein Hort des Vertrauens in die kommunistische Pädagogik darstellt, besetzt mit bewährten Menschenkennern der Organisation, weitsichtigen, einfühlsamen und verständnisvollen Persönlichkeiten, Felsen der Parteigesetze und ihrer revolutionären und humanitären Ideale.

Was daraus geworden war, demonstrierte Magda L.

Seit der Wiedergeburt der Hamburger Landesorganisation nach dem zweiten Weltkrieg, gehörte sie zu ihrer Leitung. Sie hatte alle Macht- und Richtungskämpfe, sie hatte jeden Regierungswechsel in der Ferdinandstraße unbeschadet überstanden. Wer immer von der Hierarchie gekommen und gegangen war, Magda L. war geblieben, ein dauerndes und trotz ihrer allgemeinen Unbeliebtheit in der Mitgliedschaft offenbar unabsetzbares Möbel, eingeschworen auf den Apparat, unzertrennlich mit ihm verwachsen, eine molluske Gestalt, lediglich den biologischen Merkmalen nach ein weibliches Wesen. Es war ausgeschlossen, sich Magda L. jenseits des Apparates auszumalen, zärtlich oder zerknirscht, unglücklich oder ausgelassen, gar lächelnd. Alle diese Stufen auf der Skala menschlicher Ausdrucksmöglichkeiten wären an ihr nicht zu überprüfen gewesen — sie war seit Jahren die Seele des Inquisitionsorganismus in der Hamburger Parteiorganisation.

Wortlos hörte sie meinem Bericht zu. Dann erklärte sie, mit dieser Sache habe das Hamburger Landessekretariat nichts zu tun.

Ich war entlassen.

Und jetzt folgte ein kurzes Stadium des Widerspruchs und des Widerstandes, das die Zeichen einer normalen Reaktion auf Unrecht trug. Als die Kaderabteilung den mysteriösen Vorgang zu prüfen abgelehnt hatte, unterbreitete ich ihn der Funktionärsversammlung meines Stadtteils. Die Stadtteilleitung forderte daraufhin das Landessekretariat auf, den Fall sofort zu untersuchen.

Die Anrufung der Mitgliedschaft sollte weder als Akt persönlicher Courage noch offener Rebellion verstanden werden. Sie stellte die begreifliche und gewöhnliche Tat eines Menschen dar, der sich dem Unrecht durch einzelne ausgeliefert fühlt und sich nun an die vielen wendet, sie aufruft zu Hilfe und Beistand, daß ihm Recht werde.
Diese normale Reaktion aber war das schlimmste Verbrechen, das eine Partei kennt, deren Zentralismus nicht demokratisch, sondern despotisch ist und sein muß, um die immanenten Widersprüche zu unterdrücken. Es gibt in der Tat kein schwereres Verbrechen, als die im Parteistatut formulierten Grundsätze der kommunistischen Ethik wörtlich aufzufassen und gegen statutwidrige Erscheinungen in der Hierarchie die innerparteiliche Demokratie zu mobilisieren.
Genau das geschah hier aber, wobei sich die Empörung von unten auf die Frage zuspitzte: *Wer* den Abbruch der Korrespondententätigkeit gegen alle bekannten Regeln und offenbar hintenherum veranlaßt habe — und aus welchen Motiven.
Die Reaktion der Landesleitung war vegetativ — einer der Ihren, wenn auch ungenannt, war angegriffen worden. Als der Stadtteil eine Mitgliederversammlung einberief, schickte das Landessekretariat Magda L. dorthin. Repräsentantin der Hamburger Parteiführung, ausgestattet mit den Vollmachten des Sekretariats, Hüterin so heiliger Begriffe wie Wachsamkeit, war es ihre Aufgabe, die drei Methoden der modernen Inquisition mit gewohntem Erfolg zu erproben: den Ankläger, erstens, in die Rolle des Angeklagten zu rücken, ihn, zweitens, als Parteifeind abzustempeln und so, drittens, seinen Prüfungsanspruch aufzuheben.
Jedoch zunächst kam es anders.
Diese Stadtteilorganisation unterschied sich in keiner Beziehung vor irgendeiner anderen. Die Mehrheit der Mitglieder hatte ihre politische Apathie längst durch die unüberwindbare Abneigung, sich aktiv an der Arbeit zu beteiligen, dokumentiert. Während offiziell dafür der Einfluß bürgerlicher

Ideologien verantwortlich gemacht zu werden pflegte, lagen die echten Gründe bei der beträchtlich überalterten Mitgliedschaft ganz woanders — nämlich in dem Mangel an Vertrauen in die Politik der Parteiführung; ein Mangel, der durch die Kluft zwischen Wirklichkeit und Propaganda längst zum eigentlichen innerparteilichen Problem geworden war. Die Kurve der Aktivität war in den Jahren nach dem Kriege auch hier ständig gesunken, die ganze Arbeit ruhte auf den Schultern einiger Unermüdlicher, die sie, wie überall, unter Murren und Knurren verrichteten. Alle diese Männer und Frauen hatten zuerst erstaunt, dann resignierend erkennen müssen, daß der Partei die Massenbasis der Weimarer Republik in Westdeutschland versagt blieb; und es kursierte dafür eine gängige Erklärung: zwar treibe die Partei die richtige Politik, aber die Bevölkerung sei politisch zu indifferent, um das zu begreifen. Tatsächlich jedoch waren sie es selbst, die dieser Politik nicht voll trauten, und dieser Zustand der Zerrissenheit brachte jene geheime und für viele gar nicht formulierbare Unzufriedenheit mit sich, die sich daran gewöhnt hatte, latent zu bleiben. All das änderte nichts an der unerschütterlichen und eindrucksvollen Standhaftigkeit, mit der sie zur Partei hielten, die meisten schon über Jahrzehnte hin und durch die Hölle Hitlers; und es hatte etwas Ehrfurchtgebietendes an sich, wie sie die freiwillige Fessel, die Disziplin hieß, gleich nie abgeschirrten Sielen Tag und Nacht trugen. Dabei war nur wenigen der populäre Sinn für Ehrlichkeit und Anständigkeit abhanden gekommen. Die Kündigung der Korrespondententätigkeit eines Kommunisten durch eine kommunistische Zeitung ohne jede Angabe von Gründen — das wollte nicht passen zu den Prinzipien der marxistischen Arbeiterbewegung! Die provozierte Redlichkeit organisierte sich, ihre überlagerten Eigenschaften machten sich so nachdrücklich frei, daß sich der Saal bis auf den letzten Platz füllte, eine Beteiligung, wie sie durch den Aufruf zu aktiver Parteiarbeit nie zustande gekommen wäre.

Erst an diesem Abend bekamen die Verbalinjurien in der *Weltbühne* ihre innerparteiliche Bedeutung. Magda L. hielt das rote Heft hoch empor und rief, hier stecke das wahre Übel, dies sei Schädlingsarbeit, die zu überprüfen allein das Gebot der Stunde sei.
Oberste und Zweite Gerichtsbarkeit in trautem Verein!
Aber da war eine gewisse Halsstarrigkeit im Saal, gegen die Magda L. nicht ankam: Wer sei der Dunkelmann, der zwischen Hamburg und Berlin sein trübes Süppchen gebraut habe, hinter dem Rücken einer Partei, die der Welt Gerechtigkeit, Frieden und Sozialismus bringen wolle?
Magda L. zog unverrichteter Dinge ab, nachdem ihr noch die Konstituierung einer Stadtteilkommission abgerungen worden war, die der künftigen Untersuchung durch die Landesleitung beiwohnen sollte. Aber diese Untersuchung sollte nun eben, selbst um den Preis der Auflösung eines ganzen Stadtteils, nicht mehr vor den Mit-Genossen, sondern vor der Landeskontrollkommission stattfinden. Diesen Fall wollte sich Magda L. nicht wieder aus ihren Räumlichkeiten und deren gewohnter Atmosphäre herausbrechen lassen.
Die erste Handlung der Landeskontrollkommission Hamburg war die parteioffizielle Verwandlung des Anklägers in einen Angeklagten, durch die Einleitung eines Verfahrens gegen ihn.
Hatte die innerparteiliche Demokratie nicht funktioniert, so funktionierte der Zentralismus um so besser: Hilferufe an Albert Norden blieben ohne Antwort.

Das schwerste Verbrechen

In dem mehrjährigen stalinistischen Pogrom, der seit 1949, mit der Aburteilung des ungarischen Parteiführers Laslo Rajk, durch die Volksdemokratien gefegt war, stellte das Jahr 1951 einen Höhepunkt dar.
Ein Name geisterte damals durch die Partei, von allen ihren Organen, in welcher Sprache sie auch immer erschienen, angeprangert als ein Superagent des Monopolkapitals; die Zentralfigur aller konterrevolutionären und subversiven Umtriebe unter den Kommunisten der westlichen Emigration; begabt mit unüberbietbarer Heimtücke im Gewande des Freundes; Gewährsmann von Allen Dulles, dem Chef des amerikanischen Nachrichtendienstes; ein Kinderschreck der Propaganda und *deus ex machina* für ihre weltweiten Mißerfolge — *Noel H. Field!*
Derselbe Field übrigens, der, nach der Vertreibung des nationalen Unglücks Rakoczi von Ungarn in die mongolische Erholung, im Herbst 1956 aus einem ungarischen Gefängnis als rehabilitiert entlassen wurde — zu spät für alle, denen wie Rajk, Kostoff in Bulgarien und Slansky in der Tschechoslowakei unter Berufung auf ihre Verbindung zu Noel H. Field schon die Köpfe abgeschlagen worden waren...
Auch die KPD hatte soeben gerade ihr prominentes Opfer entboten, vorerst in voller Heimlichkeit. Willi Prinz hatte in der Nacht vom 7. auf den 8. Februar 1951 bei Lübeck-Herrnburg die Demarkationslinie illegal passiert, um an der 8. Parteivorstandstagung der KPD auf einem Staatsgut im mecklenburgischen Löwenberg teilzunehmen. Nach der Sitzung war er verhaftet und in das SSD-Gefängnis Berlin-Hohenschönhausen gebracht worden, wo er, ohne je eine Anklageschrift zu erhalten, drei Jahre, zwei Monate und neunzehn Tage gefangengehalten wurde. Ohne Urteil, aber

in Gnaden entlassen, wollte das ZK der SED ihn der Redaktion der *Leipziger Volkszeitung* zuführen. Ehe Prinz sich jedoch gezwungen gesehen hätte, Loblieder auf seine Kerkermeister anstimmen zu müssen, sagte er der »DDR« und der Partei, nach fünfundzwanzigjährigem Dienst in ihren Reihen, Valet.

Jetzt, so unmittelbar nach Prinz' Verschwinden, als niemand wußte, wer der nächste sein werde, war die Atmosphäre politischer Hysterie in der Hamburger Landesleitung von geradezu mörderischer Kompression. Nirgends aber konnte sie verdichteter sein als in der Landeskontrollkommission selbst — denn kein Angehöriger der Hierarchie ist mehr und unbedingter ihr Gefangener als jene Funktionäre, die diese Hysterie professionell zu verbreiten haben. Das war das Klima, in dem die erste Sitzung der Kontrollkommission gegen mich stattfand. Schwerstes Verbrechen war damals, irgendwelche Berührung mit westlichen Staatsorganen oder Amtspersonen zu haben oder irgendwann gehabt zu haben!

»Welche Verbindungen hast du zur britischen Besatzungsmacht?«

In einem kalten Raum waren zwei Tische mit den Stirnseiten gegeneinandergestellt, daran saßen die Mitglieder der LKK und der Stadtteilkommission.

Die Szene wurde völlig von Magda L. beherrscht. Dies war ihr Terrain, auf ihm kannte sie sich aus. Hier, im Zentrum ihres Lebens und ihrer Macht, in der Rolle des Parteirichters und -staatsanwaltes zugleich, verlor sie viel von der Unstetheit, ihrem linkischen Flackern, ihrer Unsicherheit. Den Bleistift in der Hand, bereit, sich Notizen zu machen, die sie mit einer Hand wie zufällig abschirmte, saß sie überlegen da.

Neben ihr, lautlos und selbständig, ungeheuer zuverlässig, pseudo-anwesend, die Protokollfunktionärin, Mutter zweier Söhne, ursprünglich eine hübsche Frau, jedoch in den Jahren dieser Tätigkeit in ein Krypto-Dasein geraten, ständig im Dunkel heiliger Geheimnisse. Ihre Emsigkeit war wortlos, ihre Zuverlässigkeit unerhört. Als Wesen aus Fleisch und Blut bot sie das Bild einer grauenhaften optischen Täuschung — sie war längst zu einem Stück unentbehrlichen Inventars der Kontrollkommission geworden.

Magda L. hatte ihre Frage gestellt.

Die Zusammenkünfte von 1947 mit den beiden Presseoffizieren in der Blankeneser Villa hatten nie den Gegenstand von Geheimnistuerei gebildet, vielmehr waren sie unter Genossen oft der Anlaß heftiger und drastischer Ausfälle gegen die Deutschland-Politik der britischen Besatzungsmacht gewesen, und gerade dieser Publizität hatte Magda L. es zu verdanken, daß sie jetzt das Seil in der Hand hielt, an dem sie den Angeklagten aufhängen wollte. Sie hatte überdies das Ereignis seines Imperfekt-Charakters entkleidet und es ins Präsens geholt — so gewann es an Zwielichtigkeit.

Die Genossen der Stadtteilkommission machten bestürzte Gesichter. Hatten die Zusammenkünfte wirklich keine andere als die ihnen bekannte Bedeutung gehabt? Hier klang alles so anders.

Ja, hatte wirklich jemals zur Debatte gestanden, wer die Korrespondententätigkeit hintenherum unterbrochen hatte? War nicht bereits eine ganze Reihe von Indizien beieinander, die diesen Schritt rechtfertigen konnten? Die Zusammenkünfte mit den Briten? Die Verbalinjurien in der *Weltbühne*? Die Mobilisierung des Stadtteils gegen die Landesleitung? Hatte die Partei nicht Grund zu Mißtrauen? Woher sollte sie die Zusammenhänge der Wahrheit erkennen? Mußte sie nicht wachsam sein? Und war es nicht besser, zehn Unschuldige zu treffen als einen Schuldigen durchschlüpfen zu lassen?

Dieser innere Monolog vollzog sich jedoch nicht mehr bei klarem Verstand. Seit Magda L.s erster Frage, die Anklage, Beweisaufnahme, Plädoyer und Verurteilung in einem war, zeigten sich die Folgen der luetischen Deformierung in mir in voller und sichtbarer Kraft. Ich war von einer Zwangsvorstellung in einen Nebel geschickt worden, der immer dichter wurde: Würde die nächste Frage lauten, warum vor einigen Tagen die Lübecker Polizei mich von allen Festgenommenen zuerst entlassen habe?

In der hanseatischen Schwesterstadt hatte vor einem britischen Militärgericht ein Verfahren gegen mehrere Hamburger FDJler stattgefunden, die auf Helgoland gelandet waren. Die völlig geräumte, einer Mondlandschaft gleichende Insel war damals noch Übungsobjekt zahlloser britischer und amerikanischer Bomber, und die FDJ an der Wasserkante hatte begonnen, im Schutze der Dunkelheit, an Bord von Fischkuttern, deren Besitzer hoch dotiert worden waren, Freiwillige überzusetzen. Ihre Anwesenheit sollte gegen die Bombardierungen protestieren. (Diese Aktion ging bis in den Herbst 1951 hinein, aber alle Gelandeten wurden jedesmal mit Polizeigewalt aufs Festland zurücktransportiert.)
Am Tage der Verhandlung waren fünfzig von uns nach Lübeck gereist, und es war vor dem abgesperrten Gerichtsgebäude zu Aufläufen, Flugblattverteilungen und Zusammenstößen mit der Polizei gekommen, in deren Verlauf etliche von uns festgenommen wurden, darunter ich beim Fotografieren der Tumulte.
Auf dem Revier ging es ziemlich rauh zu, es wurde das angewandt, was in der Fachsprache »Ordnungsgriff« genannt wird, und dabei gab es blutige Nasen.
Als Pressevertreter forderte ich meine sofortige Freilassung. Tatsächlich durfte ich nach etlichen Beratungen der Revierleitung die Wache verlassen, mehr, ich wurde im Dienstwagen zum Gerichtsgebäude gefahren und in den Saal hinaufgeleitet! Die Furcht vor einem Presseskandal hatte die Lübecker Polizei daran gehindert, überhaupt zu fragen, welcher Presse ich denn diene. Daß mein Ausweis von der *Berliner Zeitung* keine Gültigkeit mehr für mich hatte, hätte sie schließlich nicht wissen können...
Jetzt, hier vor der Kontrollkommission, wartete ich auf die Frage, warum ich als erster, und in einem Dienstwagen, ent-

lassen worden war — ein neues Indiz gegen mich! Wartete darauf mit wachsendem Kopfschmerz, bis nichts als die Angst davor Platz in mir hatte.
Die Frage wurde nicht gestellt.

Die zweite Sitzung der Kontrollkommission fand im Sommer statt.
Bis dahin hatte ich vier Monate Zeit gehabt, die Zwangsvorstellung in mir zu bekämpfen. Als ich wieder vor Magda L. stand — die Hamburger Landesleitung war inzwischen von der Ferdinandstraße in das abgeschlossene Haus der Nagelsallee umgezogen —, lebte sie stärker in mir denn je.
Es wurde unter dem Dach getagt, an Tischen, die mit rotem Tuch bespannt waren.
Wieder das Bohren nach dem über vier Jahre zurückliegenden Ereignis in der Blankeneser Villa, und wieder in mir nichts als die Aufhebung nahezu aller Verteidigungsfähigkeit durch das pochende, rasende, lähmende Warten auf diese eine Frage!
Nach etwa einer Stunde taumelte ich aus dem Gebäude auf die Straße. Noch war nichts heraus. Da ich bei Beginn des Verfahrens die Parteikontrollkommission in Düsseldorf angerufen hatte, würde das letzte Wort von dort kommen. Und das bedeutete wieder Monate der schlimmsten Ungewißheit.
Der Leser mag den Kopf schütteln und verständnislos fragen, warum ich diese Tortur hier, in der Bundesrepublik, ausgehalten habe, da ich doch mit einem Schritt hinaus als freier Mann durch Hamburgs Straßen hätte wandeln und diesem unheimlichen Apparat der organisierten Verdrehung und methodischen Selbstzerstörung ins Gesicht hätte lachen können.
Aber die innere Abhängigkeit ist keine Frage der Geographie. Es ist gleichgültig, wo der gläubig Liebende wohnt, ob in Moskau oder Paris, Warschau oder Hamburg. Sein Zustand der Wehrlosigkeit, der Preisgabe, der Lähmung und

der Bereitschaft zu Selbstverleugnung und Unterwerfung, dieser ganze Zusammenbruch der Persönlichkeit wird bestimmt durch eine Furcht, die immer besessenere Formen anzunehmen beginnt: die Zugehörigkeit zur Partei einzubüßen. Diese inbrünstige und anonyme Magie, genannt Liebe zur Partei, ist der Schlüssel für das gesamte Verhalten, in ihr laufen alle Fäden zusammen: *es gibt keine Alternative zur Partei!*
Das bewirkt die innere Ausweglosigkeit, die bedingungslose Selbstauslieferung und macht die Unterwerfung logisch. Und dabei vollzieht sich von allen Metamorphosen die schrecklichste: die Verwandlung des Liebenden in seine eigene Kontrollkommission.

»Laßt heiße Tage im Sommer sein«

Hatte das Vorjahr für die Partei und die FDJ ganz im Zeichen des ersten Deutschlandtreffens gestanden, so 1951 in dem der *III. Weltfestspiele der Jugend und Studenten* in Berlin — nach Prag (1947) und Budapest (1949).

Die westdeutsche Sektion der FDJ war in ihrem Verfall insofern etwas aufgehalten worden, als der Bundesgerichtshof in Karlsruhe sie wenige Wochen vor Beginn des Berliner Festivals verboten und damit in die Illegalität getrieben hatte. Die innerdeutsche Situation bot sich erheblich verschärft dar, und das bekam niemand deutlicher zu spüren als die Festivalwilligen aus der Bundesrepublik. Zusammen mit der Kulturgruppe der Hamburger FDJ nahm ich an sechs Versuchen teil, die Demarkationslinie von West nach Ost zu überschreiten.

Zuerst an der Lübecker Bucht. Als wir die kleine Bahnstation vor Neustadt verließen, stellte sich heraus, daß der »Lotse« fehlte. Das war am Spätnachmittag. Bis Einbruch der Dunkelheit hatten wir erkannt, daß er überhaupt nicht mehr kommen würde und wir auf eigene Faust handeln müßten. Wir zogen an die Küste und blieben dort zwei Tage und eine Nacht. Aber die Kutter, die uns an das Ostufer der Bucht tragen sollten, trafen nicht ein.

Der erste Versuch war gescheitert.

Zum zweiten versammelten wir uns in einem Waldstück in der Nähe Harburgs, an der Chaussee Hamburg-Cuxhaven. Streng aufgefordert, uns sämtlicher Geräusche zu enthalten, ging es in einem geschlossenen Lastwagen, blind, gedrängt und heftig gestoßen, etliche Stunden durch die Gegend. In völliger Dunkelheit wurden wir auf offener Landstraße ausgeladen und in ein nahes Wäldchen beordert. Bei reiner Luft sollte es weitergehen.

Die Luft war keineswegs rein. Denn unmittelbar an der Landstraße, vor unserem Wäldchen, in dem wir angehaltenen Atems lagen, hatten sich zwei einheimische Jugendliche aufgestellt und begonnen, in breitem Platt von Gott und der Welt zu erzählen.
Ich befand mich keine fünfzehn Meter von ihnen entfernt. Die Situation war unwirklich genug: Deutsche versteckten sich in Deutschland vor Deutschen! Das war grotesk, war wahnsinnig, war lächerlich! Die beiden schwatzten und schwatzten, indes unsere Mannschaft ihre Ehre und ihre Ausdauer daransetzte, die menschliche Natur zu verleugnen und die stummen Eigenschaften von Amphibien zu imitieren. Es war eine jener seltenen Stunden, da eine Traurigkeit übermächtig werden kann, an deren schweigender und über alle Maßen ehrlicher Pathetik man ersticken zu müssen glaubt. Sie schloß das unbändige Bedürfnis ein, lauthals loszuplatzen, auf die ahnungslosen Spaziergänger zuzustürmen und ihnen auf die Schulter zu klopfen: Schaut, ist das nicht total verrückt? Ist es nicht ein Spuk? Wollen wir damit nicht Schluß machen? Wahrscheinlich wären die beiden, ohne jede Kenntnis solcher Zusammenhänge, in hellem Entsetzen davongelaufen, aber der Hang zu dieser natürlichen Reaktion ist in all den Jahren in vielen von uns immer vorhanden gewesen, und es hat nicht geringer Kraft bedurft, ihn zu verdrängen.
Als die Stimmen sich schließlich doch entfernt hatten und die Gestalten von der Nacht verschluckt worden waren, schlich unser Haufe auseinandergezogen querfeldein und verbrachte den Rest bis zum Morgen weitab von der Landstraße unter Bäumen.
Diesmal befanden wir uns in der Nähe des niedersächsischen Ortes Hitzacker – die Elbe ist hier die Grenze. Wir hielten uns den ganzen Tag versteckt und bildeten nach Einbruch der Dunkelheit mehrere Trupps, die versuchen sollten, das Westufer zu erreichen. Es waren Landeboote von drüben zugesagt, die uns dann an das Ostufer holen sollten.

Aber niemand von uns glaubte so recht daran. Eigentlich warteten wir auf ein Wunder, denn wie sollten wir dieses auch hier immer noch beachtlich breite Hindernis nehmen? Unter uns gab es Mädchen von vierzehn, Nichtschwimmer. Ohne Hilfe von drüben bestand keine Aussicht, am nächsten Tag in Berlin zu sein.
Es ging über Stock und Stein, eine verödete Betonstraße entlang, durch Kiefernschonungen und Laubwald. Keiner kannte die Landschaft, und doch konnte die Richtung nicht verfehlt werden — Trommeln vom anderen Ufer wiesen den Weg. Aber gleichzeitig alarmierten sie auch die hiesigen Hüter der Ordnung — plötzlich, noch fern, Rufe, Schreie, Kommandostimmen, Gebell — Hunde! Im Laufe der nächsten Viertelstunde kam der Lärm immer näher. Dann Schritte, Taschenlampen, Hecheln.
Neben mir lag eine FDJlerin aus der »DDR«, die im Auftrag der Partei für ein Jahr in die Bundesrepublik, an die »Front des Friedenskampfes«, geschickt worden war und im FDJ-Kreisverband Altona gearbeitet hatte. Illegal unter uns in Hamburg, sollte sie bei dieser Gelegenheit zurückkehren. Das sonst als unerschrocken bekannte Mädchen zitterte nun wie Espenlaub, klammerte sich an mich, verbarg ihren Kopf — das Brechen der Zweige, die aus dem Dunkel nahende uniformierte Bedrohung, das Hecheln der Hunde, die Rufe der Gefaßten in der Nacht waren es viel eher als ihre eigene gefährliche Situation als Illegale, die sie wahnsinnig machten vor Angst. In diesen Minuten wurde sie ganz einfach das Opfer einer Propaganda, die jahraus jahrein die Staatsorgane der Bundesrepublik als faschistisch dämonisiert hatte. Ihre Angst legte sich sofort, als wir gefaßt und abgeführt wurden.
Die ganze Schar traf sich, bis auf wenige Ausnahmen, auf dem Polizeirevier von Hitzacker wieder, eine Stätte, die auf diese Invasion nicht eingerichtet schien und sofort von uns in eine FDJ-Domäne verwandelt wurde. Wir sangen unsere Lieder, brachen aus in die bekannte Parole *Ami go home*, leisteten mit der uns eigentümlichen Sturheit gegen alles

und jedes Widerstand und ließen nichts ungetan, daß weit eher wir dem kleinen Kommando als Dämonen vorkommen mußten. Den Verlauf der Nacht entschieden wir dann auch derart zu unseren Gunsten, daß das Revier sichtlich aufatmete, als wir des Morgens von Verstärkungen abgeholt und, schwer eskortiert, über Ülzen nach Hamburg gebracht wurden. Beim Hühnerposten am Hauptbahnhof ohne alle Formalitäten ausgeladen, beseelte uns nur eine einzige Frage: Wann und wo würde der nächste Versuch stattfinden? Er fand am Ratzeburger See statt, dessen nordöstlicher Teil an die »DDR« grenzt. Der Besitzer einiger motorisierter Vergnügungsboote riskierte hier, gegen entsprechende Bezahlung, seine Konzession und mehr, indem er Berlinreisende an Bord nahm und sie so nahe an das verbotene Festland schaffte, daß sie mit einem kühnen Sprung ostwärts abheuern konnten.
Heute jedoch weigerte er sich, da die lokale Kripo, seinen Worten nach, Verdacht geschöpft und ihn unter Beobachtung gestellt zu haben schien. Unverrichteterdinge mußten wir umkehren.
Der vierte Versuch sah uns auf dem Geestrücken bei Lauenburg. Im Gebüsch verborgen, warteten wir auch hier wieder auf einen Lotsen. Statt seiner richtete sich ein unbefangenes Liebespaar für die Nacht häuslich ein, allwo es sich mit Kichern, Küssen und allerlei anregenden Spielchen die Stunden um die ziemlich heißen Ohren schlug. Als es dem Pärchen endlich einfiel, nach all den süßen Anstrengungen der Liebe noch ein Auge voll Schlaf zu nehmen, war es um den unsern längst geschehen. Steif und taubenetzt, erklommen wir den höchsten Punkt der Geest, blickten auf das breite Band der Elbe, die hier Niedersachsen und Mecklenburg trennt, und hinüber auf das Gebiet nördlich des Stroms, wo sich nachts der Übertritt hatte vollziehen sollen.
In diesem Landstrich scheiterte auch der fünfte Versuch. Zwar war diesmal der »Lotse« gekommen, jedoch mit der Nachricht, die Grenze sei heute viel zu stark bewacht.

Seit über einer Woche versuchten wir vergeblich, von der Bundesrepublik in die »DDR« zu gelangen. Die Weltfestspiele hatten schon begonnen, unsere Hoffnung auf Teilnahme war tief gesunken, trotzdem sollte es einmal, ein einziges Mal noch versucht werden.

Dieser sechste Anlauf führte uns nach Lüneburg. Und dort auf dem Bahnsteig, die Dämmerung fiel schon herein, wurde mir eröffnet, daß wir in den Eilzug nach Kiel umsteigen würden, daß sich einige Kilometer nördlich der Elbe, kurz hinter Lauenburg, die Grenze keine dreihundert Meter vom Schienenstrang entfernt befinde, an dieser Stelle eine Hand an den Hinterkopf geführt werde und ich sodann die Notbremse zu ziehen hätte...

Ich sagte gar nichts, sondern nickte nur.

Unser Trupp bestand aus neunundzwanzig Jugendlichen. Wir hatten uns wohl wieder in Grüppchen aufgeteilt, aber schon in Lüneburg konnte es keinen Zweifel mehr geben, daß der staatliche Argwohn uns begleitete. Als wir den Eilzug nach Kiel bestiegen, gesellte er sich uns zu in Gestalt zweier Angehöriger des Grenzschutzes. Sie besetzten die Türen an den Stirnseiten des Waggons.

Je mehr sich der Zug von Süden der Elbe näherte, desto eindringlicher wurde ich das Objekt einer allgemeinen und sich steigernden nervösen Spannung. Obwohl die jungen Leute informiert worden waren, mich zu ignorieren, entsprach ihre Kaltblütigkeit den Notwendigkeiten der Stunde offenbar keineswegs. So starrten sie, als der Zug nun gar die Elbe überquert hatte, unverwandt erst auf die Bremse und dann auf mich, indes ich wiederum schmerzhaft konzentriert auf das verabredete Zeichen wartete. Es wurde gegeben, als ein Kontrolleur der Bundesbahn ausgerechnet meine Fahrkarte forderte. Ich machte einen Sprung und hängte mich mit dem ganzen Gewicht an die Notbremse, obschon die Kraft eines kleinen Fingers genügt hätte, den plombierten Faden zu zerreißen.

Die Bremsen kreischten und die überraschten Fahrgäste auch.

Auf beiden Stirnseiten hielten die Grenzer die Türen zu. Also die Fenster hinunter und hinaus – aus allen Öffnungen des Wagens kletterte es hervor, Jungen und Mädchen, Frauen und Männer, sie entquollen förmlich der Breitseite, sprangen, purzelten die Böschung hinab und enteilten in die Dunkelheit.
Die zurückgebliebenen Passagiere, vom Schreck sich langsam erholend, schimpften uns nach, die Lokomotive pfiff, und wir stolperten über Gräben, Weiden und Zäune der ersehnten Linie entgegen, die angeblich an dieser Stelle keine dreihundert Meter entfernt verlaufen sollte, erkenntlich an dem Flüßchen Stechnitz. Aber das Wasser kam nicht in Sicht, dafür jedoch ein Schatten, der plötzlich links vor uns aufwuchs: Ein Panzer? Ein Einsatzwagen? Eine Barrikade? Die unsicheren Lichtverhältnisse der vorgerückten Stunde erlaubten sich mit den unbotmäßigen Wanderern von Deutschland nach Deutschland einen makaberen Scherz – ein Gaul, der vor der herankeuchenden Menschenschar wie angewurzelt stehengeblieben war, schnob jetzt entsetzt vor der unerwarteten und lästigen Erscheinung in seinen Gründen, warf sich, noch weit erschrockener als wir, mit einem Ruck herum und galoppierte davon.
Hinter uns brüllte noch immer die Lokomotive des gegen alle Fahrpläne zum Stehen gebrachten Zuges, und links, ganz weit entfernt, blinkten Scheinwerfer auf. Aber nun konnte uns niemand mehr zurückholen, denn dort vorn glänzte, endlich, das schmale, nasse Band der Stechnitz – Schuhe, Strümpfe, Hosen aus, die Röcke hoch und bis zur Brust im Wasser hinüber!
Beim sechsten Versuch hatten wir es doch noch geschafft – morgen, Sonntag, würden wir in Berlin sein! Jubel ringsum, Lachen, selig lagen wir uns in den Armen, ehe wir landein zogen, der Volkspolizei entgegen, deren Taschenlampen schon aufblitzten. Es waren zwei junge, schwerbewaffnete Männer, die Hunde an Leinen führten. »Als wir den Zug quietschen hörten, haben wir gesagt: na los...«

Mit den anderen marschierte ich hinter den beiden durch die Nacht und sang begeistert und glücklich, nach der Melodie von Hanns Eisler, Johannes R. Bechers Text des Festivalliedes:

> »Laßt heiße Tage im Sommer sein,
> im August, im August blühn die Rosen ...«

Wir kamen gerade noch rechtzeitig nach Berlin, um am nächsten Mittag den großen Vorbeimarsch der internationalen Jugend zu sehen — das riesige, staubige Rund des Alexanderplatzes unter einer glühenden, überhellen Sonne, Trommeln, blaue Hemden, fremde, lachende Gesichter in dem endlosen Zug, Blumen, Umarmungen.

Ich stand am Fuße eines Gebäudes, dort, wo die Straßenbahn nach Weißensee einbiegt. Plötzlich ein Knall, Splittern, Klirren — aus irgendeinem Stockwerk war eine Fensterscheibe heruntergekommen und, einen Regen von Scherben versprühend, auf dem Pflaster zersplittert. Schreck durchfuhr mich wie ein elektrischer Schlag — war jemand verletzt worden? Würde es eine Untersuchung geben? Würden die Umstehenden notiert werden, als Zeugen oder mögliche Mitwisser? Wäre das nicht ein neues Indiz gegen mich?

Es war niemand verletzt worden und es gab keine Untersuchung. Der Zug hatte sich von der fallenden Scheibe keine Sekunde aufhalten lassen. Damit hätte es genug sein können. Aber es war nicht genug, jedenfalls für mich nicht. Denn ich entfernte mich nun, eilte fort von dem Gebäude, weg von der Gefahr, mitten hinaus auf den Platz, in die helle, pralle Sonne, tief hinein in die jubelnde, winkende, glühende Menge, so tief wie nur möglich — es kam auf räumliche, es kam auf körperliche Distanz von der Stätte des Unglücks an!

Diese Flucht geschah zur Rechtfertigung vor einer neuen Entdeckung, vor den Augen imaginärer Zuschauer, die mich von innen her beobachteten. Seit dem ersten Versuch bei Lübeck hatte ich diese Zuschauer schon in mir gespürt. Was ich seither tat, das tat ich, wie auf einer Bühne, vor ihnen. Sie begleite-

ten mich wie eine Kamera. Sie tasteten jede meiner Bewegungen ab, registrierten jedes Wort, jede Regung war ihnen offenbar und jeder Gedanke preisgegeben. Ein fremdes, lebendes Wesen hatte sich in mir eingenistet – *ich war zu meiner eigenen Kontrollkommission geworden!*
Erst in diesem Stadium wird die Macht über das Individuum grenzenlos. Dies ist die letzte Etappe der persönlichen Selbstentäußerung, in ihr waltet die schrankenlose innere Abhängigkeit von der Partei. Die Angötzung des Unfehlbarkeitsprinzips erfährt ihre Vollendung.
Aber Wunder des menschlichen Geistes: Die Stimmen der Unsicherheit und der Neugierde waren immer noch nicht völlig verstummt.

An einem dieser Berliner Abende, im »Hause der deutschsowjetischen Freundschaft« Unter den Linden, wurde der wortgewaltigste russische Lyriker der Moderne rezitiert – wie der Dichter Amerika gesehen und gefühlt hat; wie ein sowjetischer Arbeiter sich an der Einrichtung eines Badezimmers in seiner neuen Wohnung ergötzt; wie sich die Sonne zum Zwiegespräch in die kleine Stube des Dichters wälzt –. Der Schauspieler Troesch hatte einen großen Abend! Er verwandelte sich einmal in die Sonne, dann wieder in einen begrifflosen Steuereinnehmer, der die Arbeit des Dichters veranschlagt wie den Umsatz des Kaufmanns. Er machte seine Sache voller Hingabe, er rezitierte über eine Stunde – ohne Buch – so originell wie in der ersten Minute – und er provozierte in mir immer deutlicher, immer unüberhörbarer, *eine* Frage, die mich künftig nicht wieder loslassen sollte: warum hatte der Begründer der sowjetischen Lyrik, das größte lyrische Talent der Oktoberrevolution, dessen stolzes und dunkles Gesicht jeder von uns kannte, warum hatte dieser mächtige Mann, der die ganze Gewalt seiner Persönlichkeit erst offenbarte, wenn er sein Werk selbst vortrug und sich an Gegnern im Saale wetzen konnte – *warum hatte Wladimir Majakowskij Hand an sich selbst gelegt?*

DIE BEWÄHRUNG

Die Partei hat Vertrauen - hat kein Vertrauen - hat Vertrauen

Die Rückkehr in die Bundesrepublik wurde zu einer denkwürdigen Prozession.
Nachts von Berlin in endlosen Lastwagenkolonnen unterwegs, überquerten Tausende von uns — voran Hein Fink, der Erste Sekretär der Hamburger Parteiorganisation, Willi Prinz' Nachfolger — an einem Augustmorgen bei Helmstedt die Grenze. Es wurde kein Wort gesprochen, nur das Geräusch der Schritte war zu hören, ein langes, schweres Scharren. Offensichtlich erwartet, wurden wir ebenso wortlos von Grenzschutz, Polizei und Kriminalpolizei in Empfang genommen, auf einen großen Platz geführt, registriert und in Schüben zum Bahnhof geleitet, wo Sonderzüge bereits angerollt waren. Inzwischen hatte sich die Spannung gelöst und jeder abwandernde Schub wurde von den Zurückgebliebenen mit jenem Klatschen bedacht, bei dem die Hände rhythmisch über dem Kopf zusammengeschlagen werden, eine Zeremonie allgemeinen Hochgefühls, die auf gleiche Weise quittiert und von westlichen Beobachtern irrtümlicherweise immer wieder mit Selbstapplaus verwechselt wird.
Die Depression folgte auf dem Fuße.
In Hamburg war der Termin für den *Weltbühne*-Prozeß anberaumt worden, und als gleich zu Beginn der mehrtägigen Verhandlung vom Gericht erwogen wurde, ob eine Entschuldigung des Angeklagten bei den Klägern das ganze Verfahren möglicherweise überflüssig machen könne, bat ich um Bedenkzeit und suchte die Landesleitung auf. In all den Monaten war dort behauptet worden, dieser Prozeß werde das Ansehen der Partei auf das übelste schädigen, so daß ich jeden Kniefalls fähig gewesen wäre. In der Nagelsallee er-

klärte Magda L. jedoch ausdruckslos, dies sei meine, nicht die Angelegenheit der Partei.

Hatte es nicht einmal geheißen, die gesamte Presse der »DDR« werde zu gegebener Zeit eingreifen? Sie griff nicht ein, mit keiner Zeile. Auch die *Hamburger Volkszeitung* schwieg, was ihr um so leichter fiel, als sie gerade wieder einmal für neunzig Tage verboten worden war. Um so zahlreicher waren die schreibfreudigen Vertreter der sozialdemokratischen und der bürgerlichen Presse erschienen, denen die Informierung der Öffentlichkeit zuvorkommenderweise also ganz allein überlassen wurde.

Die Energieprobe während dieses Prozesses bestand für mich darin, meine Lähmung nicht zu zeigen. Nicht die Konfrontierung mit der Zweiten Gerichtsbarkeit, die fehlende Übereinstimmung mit der Obersten Gerichtsbarkeit war es, die mich lähmte. Bei jeder Antwort, jedem Satz, jedem Gedanken mußte diese Lähmung erst wie eine Mauer durchschlagen werden.

Das Landgericht Hamburg gelangte zu der Ansicht, daß das Brachialvorgehen der Polizei am 1. Oktober 1950 gegen die Demonstranten durch die Umstände nicht gerechtfertigt gewesen sei. Aber das war nicht Gegenstand der Anklage. Gegenstand der Anklage waren die Beleidigungen in meinem Artikel, und ihretwegen beantragte der Staatsanwalt vier Monate Gefängnis. Es schlug jedoch in diesem Saal ein fast väterliches Herz für den Angeklagten, und zwar unter dem Rock dessen, der sich, unserer Überzeugung nach, eigentlich als erbittertster Gegner hätte gebärden müssen — nämlich des Richters. So wurde der Strafantrag halbiert und auf zwei Monate Gefängnis und 150 Mark Geldstrafe, ersatzweise einen weiteren halben Monat Haft, erkannt.

Obwohl ein milderes Urteil nicht zu erwarten war, wurde Revision eingelegt — aus jenem Prinzip grundsätzlichen Widerspruchs und Widerstandes gegen alle Erscheinungen, Einrichtungen, Sprüche und Repräsentanten der bekämpften Ordnung, das die Existenz einer stalinistischen Fraktion, in welchen parlamentarischen Gremien und Ausschüssen auch immer, zu einem so unerträglichen Alpdruck werden läßt.

Zehn Monate nach Eröffnung des Parteiverfahrens wurde ich zur Landesleitung geholt. Dort stellte sich, in Gegenwart von Magda L., ein Vertreter der Düsseldorfer Parteikontrollkommission vor. Er sei eigens nach Hamburg gekommen, um sich mit meiner Angelegenheit zu befassen und das Resultat dem Parteivorstand zur endgültigen Entscheidung vorzulegen. Er wünsche, den gesamten Vorgang noch einmal geschildert zu hören — aus meiner Sicht.
In einem etwa halbstündigen Vortrag erfuhr der Vertreter der PKK von mir, wie falsch es gewesen sei, damals 1947, für die Teilnahme an den Blankeneser Zusammenkünften mit den englischen Offizieren nicht die ausdrückliche Erlaubnis der Partei eingeholt zu haben; wie gedankenlos es gewesen sei, die Beleidigungen gegen Brauer in dem *Weltbühne*-Artikel zu verwenden, und wie undiszipliniert, den Konflikt mit der *Berliner Zeitung* vor den KP-Stadtteil zu bringen. Keine Forderung, keine Klage!
Der Abbruch der Korrespondententätigkeit für die *Berliner Zeitung*, sagte der PKK-Vertreter langsam, nachdem er mich mit keinem Wort unterbrochen hatte, sei auf eine Beschwerde des Genossen Erich Hoffmann über die Artikel in der *Weltbühne* beim ZK der SED zurückzuführen, als er sich Anfang des Jahres zu Ehren des 75. Geburtstages von Wilhelm Pieck in Berlin aufgehalten habe. Und, mit einem Blick auf Magda L., fügte er unter Betonung hinzu: es sei die Ansicht der Partei, daß er damit nur seiner Gewissenspflicht nachgekommen sei, und über diese Pflicht gebe es keine Diskussion.
Die Zusammenhänge werden hier nicht mit Genugtuung, sie werden in Trauer niedergeschrieben. Stalinisten fragen zuweilen, zynisch oder tatsächlich verständnislos: »Was ist das eigentlich — Stalinismus?« Diese Selbstdegradierung einer mutigen Persönlichkeit wie Erich Hoffmann in einen Denunzianten; diese Verwandlung eines antifaschistischen Helden

in einen von hinten abdrückenden politischen Intriganten; diese jahrelange Geduld, die mit kriminalistischer Zähigkeit auf eine sichtbare Bestätigung ihres Mißtrauens lauerte; diese ganze Selbstaufhebung aller bekräftigten und über Jahrzehnte mit Blut so teuer verteidigten Ideale durch eben dieses organische Mißtrauen gegen den Menschen – das ist Stalinismus!
Jetzt hatte die Eröffnung des PKK-Vertreters jede Bedeutung verloren. Seit Verfahrensbeginn war fast ein Jahr vergangen, seine Ursache durch den Tausch von Rollen und Farben längst verschüttet worden. Klärung? Rehabilitierung? Gerechtigkeit? Es kam allein darauf an, nicht lebendig begraben, nicht in die kalte Welt jenseits der Partei gestoßen zu werden. Nur diese Hoffnung wog, galt, zählte, nur danach horchte ich. Und der Düsseldorfer ließ sie mir mit einem Nebensatz: »... wenn auch nur noch das geringste geschähe, werde die Geduld der Partei allerdings erschöpft sein.«

Das Urteil der Obersten Gerichtsbarkeit war zunächst unter der Hand von Fred P., dem Ersten Kreissekretär von Altona, zu erfahren: Strenge Rüge, mit Eintragung ins Parteibuch, verschärft durch Funktionsentzug auf die Dauer eines Jahres — zwar die schwerste Strafe vor dem Ausschluß, aber »Es ist nicht schlimm«, sagte Fred P., »schlimm wäre nur der Ausschluß gewesen.«
Fred P. war damals um die Dreißig, ohne erlernten Beruf und ohne alle Anverwandte, die sich um ihn hätten kümmern und ihn hätten pflegen können. Seine Bedürfnislosigkeit war sprichwörtlich, seine Arbeitsfreudigkeit unerschöpflich. Manchmal schlief er in dem Altonaer Büro. Obwohl körperlich nicht behindert, machte er doch einen kränklichen Eindruck, der durch seine Schwerhörigkeit noch verstärkt wurde. Er trug einen Hörapparat im Ohr. Er trug auch, trotz seiner Jugend, eine Zahnprothese, und wenn er innerlich bewegt war, saugte er sie hoch. Er war ein einfacher, unauffälliger und gleichbleibend freundlicher Mensch. Nie-

mand, der ihn kannte oder zu kennen glaubte, hätte ihn der erstaunlichen Tat für fähig gehalten, durch die er sich einige Monate später so sichtbar über seine Umgebung erheben sollte.
Die offizielle Übermittlung des Urteils erfolgte am nächsten Tag auf der Landesleitung formlos in Gestalt eines Schreibens der PKK. Das Parteibuch wurde für die Eintragung der Strafe einbehalten.
Es stand keinesfalls fest, daß ich es wiederbekommen würde. Die Rückgabe des Parteibuches geschieht in der Grundorganisation des Bestraften. Für dieses Ritual hatte die Landesleitung einen Vertreter der Kontrollkommission entsandt, Hermann H., ein Männchen um die Fünfzig, das die Angewohnheit hatte, umständlich und völlig verworren daherzureden, dabei belehrend den Zeigefinger zu erheben und, da es den Faden seines viel zu komplizierten Satzgefüges stets verlor, ins Stottern zu geraten. Schon bei seinen ersten Worten, denen wie gewöhnlich noch keinerlei Sinn zu entnehmen war, fühlte ich mich aufs höchste alarmiert – die Katastrophenerwartung hatte das Urteil der Obersten Gerichtsbarkeit überdauert und lag nur unter einem hauchdünnen Firn, den schon eine böse Ahnung zertrümmern konnte.
Hermann H. benötigte zehn Minuten, um folgenden Tatbestand darzulegen: in meinem Parteibuch fehlten Beitragsmarken. Statt ihrer waren mit gewöhnlicher Tinte Kreuze in die Felder eingezeichnet worden.
Eine neue Situation, hieß es, solange diese Lücke nicht geklärt sei, könne meine Angelegenheit nicht als bereinigt angesehen werden, solange sei ich überhaupt nur irrtümlich als Mitglied geführt worden, denn Genosse sei nur, laut Statut, wer seinen Beitrag regelmäßig entrichtet habe. Er hielt mir das Buch hin, ohne es aus der Hand zu lassen – da waren die leeren Stellen, keine Marken, sondern Kreuze, die ein jeder selbst hätte einzeichnen können. Wie war das damals noch gewesen? Was war geschehen? Unfähig, einen klaren Gedanken zu fassen, schaute ich in die Runde – aus.

Es war keineswegs aus, vielmehr wies ein Mitglied auf die gleichen Lücken in seinem Parteibuch hin und erinnerte an einen früheren Stadtteilkassierer, der als Betrüger entlarvt worden war. Innerhalb eines Jahres hatte er an die tausend Mark an Beiträgen veruntreut, was erst viel später herausgekommen war. Die Methode des Erfindungsreichen hatte auch darin bestanden, daß er in großer Eile erschienen war, seine letzten Marken gerade ausgeteilt haben wollte, dennoch den Beitrag annahm und dafür — vorläufig, wie er sagte — statt der Marken Kreuze in die Felder setzte. Er hatte überall unbeschränktes Vertrauen genossen, Verdacht war absurd, nicht nur, weil sein Vater ein angesehener Mann in der Organisation war, sondern weil er bald auch seiner Funktion wieder geregelt nachging. Darüber waren die unbeklebten Felder vergessen worden, und natürlich hatte der Kassierer gute Gründe gehabt, von sich aus nie wieder auf sie zurückzukommen.
Als das erklärt und belegt werden konnte, erhellte sich Hermann H.s Miene. Nach einem Urteil der Obersten Gerichtsbarkeit in gleicher Sache neue Recherchen einleiten zu müssen, lag nicht in seinem Sinne. Er war gewohnt, zu gehorchen und die Meinungen, Ansichten, Befehle der nächsthöheren Instanz als Heiligtum zu behandeln. Bei schriftlicher Klärung des Tatbestandes, teilte er nun in umständlichen Wendungen mit, könne das Buch auf der Landesleitung abgeholt werden.
Es war ein schmales Buch, mit einem grünen Pappumschlag versehen. Auf der letzten Seite stand, mit Dokumententinte eingetragen und mit Stempel versehen, die Strafe.
Durch den unerwarteten Schreck war es nur noch kostbarer geworden.

Einige Zeit später holte die illegale Hamburger FDJ-Leitung eine Anzahl Mitglieder, die gleichzeitig Genossen waren, in einer Eimsbütteler Wohnung zusammen. In Leipzig, so wurde uns eröffnet, tage das *IV. Parlament der Jugend,* und

wir hätten dreißig Hamburger Teilnehmer sicher und unbeschadet über die Grenze zu bringen.
Der Priwall, eine Landzunge gegenüber von Travemünde, die vom Westen nur mittels einer Fähre zu betreten war, wird ein Stück landein phantasielos von einem Stacheldrahtzaun, der sich bis ins flache Wasser hinzieht, durchschnitten. In unmittelbarer Nähe, wenige Meter entfernt, liegt eine Gaststätte. Dort sammelten sich im Laufe eines Sonntagvormittags, vereinzelt und ziemlich lustlos wegen des enttäuschenden Wetters, harmlose Ausflügler an, die der Aufmerksamkeit des Zollbeamten nicht wert schienen. Um so genauer jedoch wurden seine Runden beobachtet, und als gegen Mittag plötzlich das Stichwort fiel »Auf zur Polonäse!«, sich die Ausflügler wie alte Bekannte zu einem Zug formierten, die Gaststätte verließen und den Drahtzaun in östlicher Richtung passierten — da war diese Stelle der Grenze zur Zeit gerade unbewacht...
Drüben wartete schon die Volkspolizei im Gebüsch, und auf dem Wege zu den Lastwagen, die uns in das mecklenburgische Städtchen Schönberg bringen sollten, führte der Weg noch einmal hart an die Demarkationslinie heran, wo der inzwischen alarmierte, greifbar nahe und doch so ohnmächtige Zöllner uns fassungslos und schweigend nachstarrte.
In Schönberg nahm uns das moderne FDJ-Heim auf. Wir vertrieben uns die Zeit mit Tischtennis in der großen Halle, spielten draußen auf der Wiese Ball oder lagen faul im warmen Schein der Sonne, die wie zu unserer Belohnung die Wolkendecke durchbrochen hatte. Morgen sollte es weitergehen nach Leipzig, eine herrliche Woche lag vor mir. Die Partei hatte Vertrauen.
Am nächsten Tag wurde ich in das Haus gerufen und in einen kleinen Raum geführt. Dort saß, im blauen Hemd der FDJ, ein Mann, den keiner von uns bisher gesehen hatte. Er musterte mich eine Weile, dann fragte er, wer mich nach Leipzig delegiert habe?
Das Landessekretariat der FDJ, antwortete ich.

Er beugte sich über ein Blatt Papier. »Du stehst«, sagte er, »nicht auf der Liste und mußt deshalb sofort zurück.«
Unten wartete bereits ein Volkspolizist neben einem Wagen. Ihn und die verblüfften Freunde, von denen ich mich nicht verabschieden durfte, sah ich nur wie durch einen Nebel. In rasender Fahrt ging es nordwestlich über die Landstraße. Der Volkspolizist, ein junger Mensch, blickte dann und wann mißtrauisch zur Seite. Er stoppte in einsamer Landschaft vor zwei bewaffneten Posten, stieg aus, ging mit ihnen etwas abseits und sprach kurz und leise auf sie ein. Dann nickte er mir zu, ohne mich anzuschauen, und brauste davon. Vor meinen Füßen endete das Pflaster der Chaussee – westwärts, bis zum Schlutuper Schlagbaum, war sie über und über verunkrautet und aufgerissen. Nur die Bäume standen in der hellgrünen Pracht ihres Frühlingsschmucks zu beiden Seiten, und am Himmel schwebte ein einsames Wolkengebilde – seine Konturen sind unvergeßlich: eine Suppenschüssel, aus der ein Löffel ragte.
Die beiden Posten sahen mich ausdruckslos an, ohne Geste, ohne Gruß. Sie hatten die Gewehre geschultert und warteten, daß ich gehen würde.
Ich ging Schritt für Schritt über die aufgerissene, verwahrloste Straße, Mitglied der Kommunistischen Partei Deutschlands und der Freien Deutschen Jugend, dessen Name auf einer Liste gefehlt hatte, so daß es ausgewiesen werden mußte aus der Deutschen Demokratischen Republik, seiner eigentlichen Heimat, am hellichten Tage, wie ein krimineller Verbrecher.
Hinter dem Schlagbaum der Bundesrepublik standen zwei Knaben im Alter von elf, zwölf Jahren. Plötzlich waren sie verschwunden. Noch ehe ich die Endstation der Straßenbahn erreicht hatte, knirschten Bremsen neben mir. Ein Polizist öffnete den Schlag. Ich stieg ein. Der Wagen fuhr an den beiden Jungen vorbei, die so taten, als sähen sie nichts...
Nach kurzer Fahrt wurde vor einer Wache gehalten. In einen Raum geführt, gesellte sich mir bald ein Polizist hinzu, ein

älterer Mann, der Handschellen bei sich führte: er habe mich in die Stadt zu bringen, sobald der Transportwagen da sei. Und dann, mit einer Bewegung, als müßte er sich einen inneren Ruck geben, tastend und ohne jede Feindseligkeit, sagte er: seit Jahren versehe er hier an der Grenze Dienst, aber manchmal sei ihm, als könne er sie nicht mehr ertragen. Wie das denn werde mit der Wiedervereinigung? Und ob die beiden Teile Deutschlands wohl je wieder zusammenkommen würden?
Sofort war ich hellwach und begann, alle Sinne geschärft, vor einem Polizisten des Landes Schleswig-Holstein, der zuhörte und die Handschellen in die Tasche steckte, das Hohelied zu singen auf *den* Staat, der mich soeben wie einen Aussätzigen seines Territoriums verwiesen hatte — mochte der Wagen lange ausbleiben!
Das Fahrzeug blieb ganz aus, so daß wir mit der Straßenbahn in die Stadt fuhren — ohne Handschellen. Ich wurde in eine schmale, fensterlose Zelle gesteckt, deren Birne hinter Gittergeflecht die ganze Nacht hindurch brannte. Aber selbst bei völliger Finsternis hätte ich kein Auge zugetan.
Morgens ging es zum Verhör hoch, vor zwei Beamte, von denen einer schreibbereit an der Maschine saß. Mir war bei der Einlieferung der Personalausweis abgenommen worden, und aus der ganzen Haltung der Beamten ging hervor, daß sie von Hamburg erfahren hatten, wer ihnen ins Garn geraten war. Es gehörte nicht viel Scharfsinn dazu, mich mit dem illegalen Grenzübertritt auf dem Priwall in Verbindung zu bringen, aber warum ich ohne jede Sicherung, auf offener Straße, bei Sonnenschein, direkt auf den Schlagbaum zu in die Bundesrepublik zurückgekehrt war, konnten sie sich nicht erklären. Als sie es auch von mir nicht erfuhren, wurde gedroht, ich würde solange hierbleiben, bis der wahre Sachverhalt zu Protokoll gegeben wäre. Die Drohung verfehlte jeden Eindruck, denn es gab wenig, worin wir, ohne daß wir es je zugegeben hätten, soviel Vertrauen hatten wie in die

Gesetzlichkeit der Bundesrepublik. Am Mittag war ich ohne Geständnis frei, am Nachmittag in Hamburg.
Es ging sofort ein Bericht an die Kontrollkommission, dem jede Resonanz versagt blieb. Die Partei schwieg. Offenbar hatte sie doch kein Vertrauen.

Wenige Tage später aber wurde ich wiederum zu einer geheimen Zusammenkunft hinzugezogen, diesmal in Altona. Fred P. klärte uns auf, morgen werde im Ruhrgebiet eine große Demonstration gegen die Aufrüstung stattfinden. Trägerin sei die Freie Deutsche Jugend, Aufgabe ausgesuchter Genossen jedoch, sie zu schützen. Die Demonstration sei verboten worden, schwere Zusammenstöße mit der Polizei seien unvermeidlich.
Wir fuhren die Nacht hindurch und trafen am Morgen in Essen ein.
Schon unterwegs war zu erkennen, daß die nordrhein-westfälische Polizei sich in höchster Alarmbereitschaft befand. Die Gegend um den Essener Hauptbahnhof glich einer belagerten Stadt. Jeder Jugendliche wurde aufs Korn genommen, mancher hier schon festgenommen. Die Demonstration war für 13 Uhr am Eingang der großen Gartenbauausstellung (GRUGA) angesetzt worden, aber jeder Versuch, mit mehr als zwei Mann dorthin zu gelangen, scheiterte. Also einzeln durchschlagen!
Das mußte, trotz der hermetischen Absperrung und der polizeilichen Kontrollen bis in die Straßenbahn hinein, einem großen Teil doch gelungen sein, denn bereits gegen 12 Uhr schien sich die ganze mobile FDJ der Bundesrepublik vor der GRUGA zu drängen. Der Eingang war schwerbewacht. Überall Polizei, die Kinnriemen heruntergelassen. Die Berittenen trugen lange Stahlruten und die zum Zerreißen gespannte Atmosphäre teilte sich den Tieren mit — sie tänzelten, warfen die Köpfe, schnaubten. Und dann, als, kurz angeleint, Hunde erschienen, explodierte die Menge in furchtbarer Erregung — Sprechchöre, Schreie, herabsausende Gum-

miknüppel, stürzende Körper, durch die Luft geschleuderte Tschakos. Der Kampf war, von einer Sekunde auf die andere, in vollem Gange.
Nach einiger Zeit wichen wir, noch zusammengeballt, vor der bewaffneten Übermacht zurück. Über Essen schien die Sonne — Staubschwaden wogten gelb über dem Getümmel. Es wurde gerungen, geschlagen, gerissen. An ein allmähliches Auslaufen des Zusammenstoßes war bei der ungeheuren Erbitterung, die sich beider Seiten bemächtigt hatte, nicht mehr zu denken.
Auf einem freien Platz lockerte sich die Masse der Demonstranten etwas auf. Es lag jetzt eine größere Strecke zwischen der Polizeikette und uns. Steine flogen. Und plötzlich knallte es, mehrere Male, trocken, nicht anders, als wäre ein Tesching mit Platzpatronen abgefeuert worden. Mit etlichen anderen lief ich auf ein Gestrüpp zu, das einen tieferliegenden Bahnkörper säumte. Wir hockten da und warteten, daß die Polizisten kommen würden. Aber sie kamen nicht. Nach einiger Zeit erhoben wir uns. Der Platz war leer.
Auf der Rückfahrt hieß es, einer der Unseren sei bei der Schießerei getroffen und getötet worden. Das Gerücht bestätigte sich am nächsten Tag in unserer Presse. Wir hatten einen Märtyrer, nach dem in der »DDR« sogleich Schulen, Straßen, Jugendheime, Betriebe und Plätze benannt wurden, einen Helden der halben Nation, dessen Name in der Bundesrepublik niemand kennt — Philipp Müller, am 11. Mai 1952 — warum? wofür? — erschossen und geopfert, mittags, gegen 13 Uhr, auf einem staubigen Platz in Essen...
Aber nicht dieser Tod beeindruckte mich am tiefsten, sondern daß ich für diesen Tag mit ausgewählt worden war. Die Partei hatte doch Vertrauen.

Bewährung in der stalinistischen Partei — das ist die Übertragung der Temperaturunterschiede im Verbrennungsmotor auf das menschliche Individuum, ein fortwährender Wechsel von heiß und kalt, auf und ab, hoch und tief, was nur zum Teil organisierter Methode entspringt, die andere Hälfte ergibt sich aus dem Wesen der Organisation, ihren Gebräuchen, Sitten und Riten. Der Leser aber wird die Fähigkeit, diesen Wechsel als Dauererscheinung zu ertragen, nur dann begreifen, wenn er eine Vorstellung gewinnt von *der* Kraft, die hinter allem saß und jeden einzelnen von uns, ungeachtet aller persönlichen Erlebnisse und Erfahrungen mit der Partei und in der Partei, beseelte, ausfüllte und erfüllte — unser Verhältnis zur Sowjetunion!

Hoffentlich nur 50-Gramm-Gläser...

Im Kreise der Genossen war meine Allergie gegen Alkohol, besonders gegen klaren Schnaps, häufig Anlaß gewesen zu allerlei scherzhaft-düsteren Prognosen für den Fall einer Reise in die Sowjetunion. Es war mir geraten worden, mich wenigstens an ein Minimum von Wodkakonsum zu gewöhnen, andernfalls selbst Kenntnisse der russischen Sprache für die Katz' wären — die sowjetischen Genossen pflegten bekanntlich Zurückweisungen auch in ihrem eigenen Idiom nicht hinzunehmen.

Heimliche Versuche, mich dosisweise zu gewöhnen, scheiterten jedoch daran, daß mir schon vom bloßen Duft übel wurde. Die Abneigung gegen Alkohol war organisch, völlig unüberwindlich und in Wahrheit durchaus kein scherzhaftes Problem für mich, sondern der Grund echter und ernster Besorgnis und Betrübnis. War es nicht traurig, daß ich eigentlich recht froh sein durfte, bisher noch nicht in die Sowjetunion eingeladen worden zu sein? Daß ich schon auf deutschem Boden vor die gefürchtete Alternative gestellt werden würde, zu beweisen, was die Oberhand in mir besaß, diese Allergie oder die deutsch-sowjetische Freundschaft, konnte schließlich niemand voraussehen.

Es war in Potsdam. Die Sekretärin der dortigen Autorengemeinschaft hatte mir mit ihrer kleinen Tochter die Stadt gezeigt, ehe wir in das »Haus des Handwerks« einkehrten. Alle Tische waren besetzt, außer einem. An ihm saßen zwei sowjetische Soldaten, der eine jung und bärenstark, der andere älter und hager. Sie nickten, als wir auf die Plätze wiesen.

Nach einer Weile legte der Bär seinen riesigen Zeigefinger vor das Kind auf die Tischplatte. Das schaute erst schüchtern, dann neugierig, lächelte und griff danach. Zwei Minu-

ten später wußten wir, daß die beiden Soldaten aus der Nähe Moskaus stammten, und sie, daß mein Heimatort Hamburg hieß. Dieser Name bewirkte, daß plötzlich die Biergläser der beiden vor mir standen. Der Bär und der Hagere lächelten aufmunternd. Ich lächelte zurück, ohne allerdings Anstalten zu treffen, von dem freundlichen Angebot Gebrauch zu machen. Das Ergebnis dieser Bescheidenheit bestand darin, daß die Gläser noch näher an mich herangestoßen wurden, wobei die Spender, wollte mir jedenfalls scheinen, bereits etwas verwundert dreinschauten.
Ich nippte.
In diesem Moment rief der Hagere dem Ober etwas auf russisch zu, was die Sekretärin veranlaßte, mit besorgter Miene zu flüstern: »Hoffentlich sind es nur 50-Gramm-Gläser...« Es waren »nur« 50-Gramm-Gläser, also immer noch 49 Gramm Wodka für mich zuviel. Krampfhaft schaute ich zu, wie das Kind sich kreischend mit dem Hünen vergnügte, bis der abbrach und nach dem Glase griff – das Verhängnis war da, das Unvermeidliche nicht mehr aufzuhalten. Es lebe die Freundschaft zwischen Deutschland und der Sowjetunion! Es lebe die Freundschaft zwischen Hamburg und Moskau! Es lebe...
Der Rest ist um so rascher geschildert, als sich seine Einzelheiten der Kontrolle meines Bewußtseins entzogen. Es hieß dann, nach wiederholten und dringlichen Beteuerungen festester Freundschaft, sei ein ganz und gar Trunkener barmherzig abgeschleppt worden.
Das Beispiel ist nichts weniger als frivol. Es birgt das wesentliche Prinzip unseres Verhältnisses zur Sowjetunion – für sie durch dick und dünn zu gehen! Denn wir waren ihr dankbar. Wofür waren wir ihr dankbar?
Beim Malen von Parolen an die unmöglichsten und halsbrecherischsten Stellen, an Brücken, Mauern, auf Straßenpflaster; bei der Zerstörung antikommunistischer Plakate an den Litfaßsäulen; beim Einwerfen illegalen Materials in die Briefkästen, oder bei der Überquerung der Elbe im Boot, um

unsere Zeichen auch auf das andere Ufer zu tragen — immer wieder geschah es, daß einer oder mehrere von uns in flagranti gefaßt wurden. Auf die Wache gebracht, verweigerten wir zwar beharrlich jede Aussage, wurden jedoch sofort gesprächig, sobald sich auch nur der geringste Anknüpfungspunkt für eine politische Diskussion ergab. Und darin waren diese erwachsenen Männer uns gegenüber so gut wie ohnmächtig!
Nicht, daß unsere stalinistische Vereinfachung sie von vornherein in die Defensive getrieben hätte; auch der jugendliche Elan, mit dem wir die Stätte beherrschten, sobald unser Thema angesprochen war, könnte ebensowenig wie die Gewandtheit, mit der wir über Politik, Geschichte und Ökonomie sprachen, erklären, warum die örtlichen Polizeistationen eher froh waren, wenn eine Streife niemanden von uns mitbrachte. Was diese Männer, und fast alle anderen Diskussionspartner auch, mit denen wir unter einigermaßen gleichen Bedingungen je in Berührung kamen, so hilflos machte, war, daß sie der Selbstverständlichkeit unseres Überlegenheitsgefühls nichts entgegenzusetzen hatten!
Dieses Überlegenheitsgefühl bezogen wir von der Sowjetunion, und dafür waren wir ihr dankbar.
Wir fühlten uns wie ein Bohrkopf, der mit der Kraft mehrerer unlösbar gekoppelter Wellen arbeitete. Die erste dieser Wellen hieß »Partei«, die sektiererische Welt, in der wir lebten, atmeten und die zu unserm Haus geworden war; die zweite »Deutsche Demokratische Republik«, Realisierung unserer politischen Wünsche und Ziele, Hort gesamtdeutscher Zukunft, ein Staat, der uns ständig mit den Empfindungen, an einer gerechten Macht zu partizipieren, versorgte; die dritte, letzte und mächtigste Welle aber, unzerstörbare, historisch gewachsene Hüterin und Wahrerin der humanitas — die *Union der Sozialistischen Sowjetrepubliken.*
Und sie symbolisierte sich in *einem* Mann, in *einer* Person, in *einem* Menschen: in *Joseph Wissarionowitsch Stalin!*
Hier ruhte der para-religiöse Kern unserer Kraft, hier schlug

das Herz unserer Gesinnung und Überzeugung am echtesten, an diesem Fels zerschellten die unwissenden Heiden der Revierwachen. So sah der verschachtelte Mechanismus der politisch-emotionalen Pyramide aus, so zwischen ihrem Gipfel und Fuß die Senkrechte, als deren Bohrköpfe wir uns im Fleische des Feindes fühlten — in der glückhaften und wissenden Verbundenheit mit Stalin.
Ich erinnere mich an die Geburtstagsfeier im Jahre 1951. Die Landesparteiorganisation drängte sich im großen Saal der Nienstedtener Elbschloßbrauerei. Stalins überdimensionales Konterfei hing an der Stirnseite des Raums. Es hatte Ansprachen gehagelt, Lieder, Rezitationen, Tänze — ein Klima dampfender Anbetung und kollektiver Verzückung, wie es nur durch das persönliche Verbundenheitsbewußtsein entstehen kann ...
Sein hoher Grad war die Wurzel unserer Kraft.

In diesem Geiste hatte ich begonnen, mir Notizen zu machen, die allmählich zum Spiegelbild einer, meiner FDJ-Gruppe wurden, zur Darstellung unserer politischen Unternehmungen — als poetische Aktion. Das Manuskript erhielt den Titel *Westdeutsches Tagebuch,* ein Eldorado der Pseudonyme — auf die Taten jeder einzelnen Seite stand Gefängnis. Die Korrespondenz mit dem Verlag *Neues Leben* über dieses Projekt brachte mir die Bekanntschaft mit Charlotte W., eine Begegnung von bestürzender Originalität.
Sie war Lektorin im Ressort »Junge Autoren«, ermutigte mich sofort, das *Tagebuch* zu schreiben und verschaffte mir einen Vertrag. Sie schickte Zeitschriften und Bücher und machte auf Neuerscheinungen aufmerksam. Jeder Brief war eigenhändig geschrieben, obwohl sie für ihre Korrespondenz meist erst Zeit fand, wenn die anderen längst nach Hause gegangen waren. Warmherzige Anteilnahme, individuelle Förderung, persönliches Interesse für den Autor? Die Welt stand kopf — ein *Mensch*!
Ein furioses Kapitel in der jungen Geschichte des Verlages

hatte diese Frau vom Schriftstellerverband in der Friedrichstraße hierher verschlagen. Angestellte, darunter Lektoren, waren nach Einbruch der Dunkelheit über die nahe Sektorengrenze an der Leipziger Straße gewechselt und hatten West-Berliner Taxichauffeure überfallen und beraubt – ein Höllenskandal. In dem repräsentativen Verlag der FDJ fanden Verhaftungen statt, die Geschäftsleitung wurde abgesetzt, Entlassungen und personelle Umbesetzungen waren an der Tagesordnung. Im Zuge dieser Maßnahmen war Charlotte W. in die Markgrafenstraße gekommen.

Sie war mit einem Literaturkritiker verheiratet und, wie er, Mitglied der SED, eine glühende Kommunistin. Unsere Korrespondenz trug hymnischen Charakter. Charlotte W. wohnte fünf Minuten von der Stalinallee entfernt, und sie schrieb: Wenn man durch diese Straße gehe, fühle man sich in das Jahr 2000 versetzt. Sie sei ein Stück Wirklichkeit gewordene Zukunft, ein lebendiger Traum. Die Häuser schimmerten in der Sonne wie Paläste, der Luxus der Wohnungen sei unbeschreiblich und in ihnen wohnten Arbeiter. Für Ungläubige stünden Namen und Berufe auf großen Tafeln.

Das war der Stand ihrer Entwicklung — und der meinen. Es bedurfte keiner Vorverständigung. Schon nach kurzem schien es, als würden wir uns seit Jahren kennen.

Durch ihre Briefe geisterte ein Erlebnis, das sich ihr offenbar unauslöschlich eingeprägt hatte und das auch später in unseren Gesprächen immer wiederkehrte. Sie hatte das Kriegsende in Breslau erlebt. Am 7. Mai 1945, einem Montag, früh um sechs, nach dreimonatigem sinnlosen Widerstand, marschierte die Sowjetarmee ein. Die Gesichter der vorbeiziehenden Soldaten waren unnahbar und verschlossen, von so kalter Verachtung, daß Charlotte W., die unter Hitler im Zuchthaus gesessen hatte, zu weinen begann. Neben ihr stand ein Kind, und plötzlich brach einer der Rotarmisten aus der Reihe aus, hockte sich vor ihm nieder und preßte es gegen sich. Kameraden führten ihn wie einen Schwerverwundeten hinweg. Ein Jahr später sah Charlotte W. den Soldaten noch

einmal, auf der Kommandantur, wo sie um eine Bescheinigung bat, aber sie fand nicht den Mut, ihn zu fragen, ob er selbst ein Kind habe oder ob es ihm in dem von Deutschland angezettelten Krieg getötet worden sei.
Bei ihr wie bei mir war es der Haß gegen den Faschismus, der uns als stärkste Kraft zur Partei getrieben hatte.
Das Hymnische unserer Korrespondenz schloß Sachliches keineswegs aus, sondern ein. Charlotte W. feuerte mich an, das Manuskript des *Tagebuches* fertigzustellen und ihr sogleich einzusenden, damit die Druckgenehmigung des »Amtes für Literatur« eingeholt werden könne.
Druckgenehmigung? Genügte die Zustimmung des Verlages nicht? Wer waren die Prüfer des »Amtes«?
Diese Fragen wurden vorerst zurückgedrängt durch die Tat von Fred P., dem Ersten Sekretär der Altonaer Parteiorganisation. Sie schlug unter uns ein wie ein Kanonenschuß im Frieden.

Ohne nähere Begründung hatte Hermann H. mich gerade aufgefordert, einen Lebenslauf aufzusetzen und ihm zu überreichen.
Die allgemeine Erziehung eines Parteimitgliedes zielt darauf ab, diese rituelle Handlung als eine Art Beichte zu verstehen. Der Lebenslauf ist das Meßinstrument, an dem die Ergebenheit zur Partei abgelesen werden kann – durch die Bereitschaft zur Selbstkritik, das heißt, vor allem durch die Aufstellung eines Katalogs der eigenen Schwächen. In diesem Sinne war mein Lebenslauf als klassisch zu bezeichnen. Das hervorstechendste an ihm war die Bekenntniswut, die schon bei der Schilderung von Kindheitserlebnissen einsetzte.
In solchem Stadium beklagenswerter Abhängigkeit mußte die freiwillige Loslösung eines Genossen, der sich bis dahin nicht von einem selbst zu unterscheiden schien, unfaßbar erscheinen.
Dieser Genosse war Fred P.
Er hatte einen bescheidenen Anspruch an das Glück ge-

stellt, er hatte eine Frau kennengelernt – eine Tschechin, die keine Neigung zeigte, in ihre Heimat zurückzukehren. So hatte er sie der Partei unterschlagen. Er kannte die Frage, die ihm gestellt werden würde, nämlich, was das schon für eine sein konnte, die von Rechts wegen in die Tschechoslowakische Volksrepublik gehörte, sich stattdessen jedoch in der Bundesrepublik herumtrieb? Nur eine Agentin oder sonst irgendein minderwertiges Subjekt!
Fred P. hielt sie weder für das eine noch für das andere. Er liebte sie. Ob er selbst daran geglaubt hat, daß diese Liebe, um die er mit so vielen Gewissensbissen kämpfte, geheim und verborgen bleiben würde – in dieser Partei? Sie blieb nicht geheim und verborgen, sie kam ans Tageslicht und in den Griff von Kaderabteilung und Kontrollkommission, und dort wurde Fred P. vor eine Alternative gestellt, die wir alle kannten.
Ich traf ihn, als er auf dem Wege zur Landesleitung war. Zu Anfang des Jahres, als er mir die Entscheidung der PKK in meinem Verfahren mitgeteilt hatte, da hatte er gemeint, es sei »nicht schlimm«, und wir hatten beide gewußt, was er damit sagen wollte. Und nun er selbst? Er stand vor mir, saugte sein Gebiß hoch, drückte mir die Hand und sagte kein Wort. Ich habe ihn nie wiedergesehen, keiner von uns hat ihn je wiedergesehen.
Seine Entscheidung war so unausdenkbar, so unvorstellbar, daß darüber nur gewispert wurde. Fred P., einer vom Stamme der Unentwegten, Mittelpunkt der Altonaer Kader, Vertrauensmann der Landesleitung, zugezählt dem »Gold der Partei«, jenen Unzertrennlichen, die die Organisation »Mutter« nannten, Fred P. hatte die Partei verlassen...

Etwa drei Wochen, nachdem ich das abgeschlossene Manuskript des *Westdeutschen Tagebuches* an Charlotte W. geschickt hatte, erhielt ich, mit einem freudigen Begleitschreiben von ihr versehen, das politische Gutachten zugesandt (es gab außerdem ein pädagogisches und ein stilistisches), die enthusiastische Zustimmung eines als Außenlektor beschäftigten Lehrers, der schrieb, er habe das Manuskript in einem Zuge durchgelesen und selten so gern ein Gutachten abgegeben – dies sei echter, sei lebendiger *Sozialistischer Realismus*.

Ich fürchte, der Mann hatte nicht übertrieben. Was hier niedergeschrieben worden war, das war ein Ausschnitt aus dem Leben des Menschen als *zoon politikon* – eines durch und durch politisierten Geschöpfes. Die Hauptgestalten dieses *Tagebuches*, die ja alle existierten, entsprachen tatsächlich in hohem Maße jenem Wunschtypus, den in einem größeren Umfang zu schaffen die Partei sich außerstande gezeigt hatte: ihr blind ergeben, von der Wahrheit die Vorstellung eines leicht erkennbaren und ebenso leicht zu handhabenden Schemas; von irrationaler Zukunftsgläubigkeit besessen; Wesen, die missionarisch im Dasein standen und den Lebensreichtum reduziert hatten auf den Umfang tagespolitischer Aufgaben, von deren Bewältigung ihrer Meinung nach allen Ernstes der Friede der Welt abhing – synthetische Konstruktionen aus Fleisch und Blut, waren wir selbst *Sozialistischer Realismus* geworden!

Und dennoch kann bereits an dieser Stelle das Stichwort von der Emanzipation fallen – mitten in der Phase der Unterwerfung noch. Die Grenzen sind fließend und niemand wird mit Sicherheit angeben können, wo und wann diese Emanzipation von der inneren und äußeren Abhängigkeit, als dem Grundverhältnis zur Partei, ihren Anfang nahm, aber in eben dieser Phase beginnt die Emanzipation erst unsichtbar zu keimen, sich unbewußt zu regen, dann zaghaft zu atmen und schließlich nach ihren eigenen Gesetzen zu leben. Es ist dieser schwerfällige Prozeß, in dessen Ablauf die Zwangsvorstellung von der Berechtigung und der Notwendigkeit der Bewährung allmählich stirbt – und mit ihr der Schuldkomplex bei völlig reinem Gewissen.

Hier muß ein Stichwort fallen – »Amt für Literatur«. Dieses »Amt« war die oberste Zensurbehörde für die Schrift-

steller in der »DDR«. Nachdem ein Werk die Zustimmung des Verlages eingeheimst hatte, mußte es dem »Amt« vorgelegt werden. Dort wurde, Druckgenehmigung genannt, das letzte Wort gesprochen. Ohne die Druckgenehmigung ist keine einzige Buchzeile erschienen. Diese Funktion als oberste Zensurbehörde ist niemals zugegeben worden. Unter der Hand wurde sie bläßlich damit gerechtfertigt, daß Restbestände klassenfeindlicher Ideologien, unbemerkt von Autor und Verlagslektorat, sich in ein Werk einschleichen könnten.
Meine Feindschaft gegen dieses »Amt für Literatur« war ursprünglich; sie bestand, noch bevor ich selbst irgendwelche Erfahrungen mit ihm gemacht hatte. Sie war die natürliche Reaktion dessen, was verblüffenderweise an schriftstellerischer Unabhängigkeit immer noch in mir lebte, eine Feindschaft, die ich dann allgemein selbst bei den parteitreuesten Schriftstellern der »DDR« feststellte. Die Frage, ob ein Buch erscheinen wird oder nicht, ist für den Autor das jeweils entscheidende Problem seines Daseins, und darin gibt es unter den Schriftstellern aller Welt, aller Nationen und aller Gesellschaftsordnungen nicht den geringsten Unterschied. Mit dieser Grundhaltung des schöpferischen Menschen war die anonyme und letztentscheidende Existenz eines solchen »Amtes« unvereinbar, wie gläubig und diszipliniert ein Autor sonst auch immer sein mochte. Und tatsächlich hat zur Emanzipation der Schriftsteller in der »DDR« (die durchaus nicht immer zum Bruch führen muß) nichts soviel beigetragen wie das »Amt für Literatur«. Nur darf sie, solange sie sich lediglich in kulturellen Bereichen gebärdet, nicht mit dem echten politischen Zweifel verwechselt werden. Diesen Zweifel hat es für die überwältigende Mehrheit von uns vor dem XX. Parteitag der KPdSU nirgends gegeben.
Nachdem Charlotte W. mir mitgeteilt hatte, das *Westdeutsche Tagebuch*, dessen Autor-Pseudonym Jan Rolfs lautete, werde nicht, wie üblich in 10 000, sondern in 30 000 Exemplaren gedruckt, hüllte sie sich für ungewöhnlich lange Zeit in Schweigen. Schließlich, auf dringliche, von der Katastro-

phenerwartung diktierte Anfragen hin, schrieb sie unglücklich zurück, das »Amt« habe, obwohl das Manuskript dort bereits seit sechs Wochen liege, die Druckgenehmigung noch nicht erteilt — gewöhnlich dauere es vierzehn Tage. Und als Ende Januar 1953 die karge Behördenaufforderung eintraf, nach Verwerfung der Revision im *Weltbühne*-Prozeß durch den Bundesgerichtshof in Karlsruhe, mich als sogenannter Selbststeller vor den Toren des Gefängnisses Hamburg-Fuhlsbüttel einzufinden, lag die Druckgenehmigung immer noch nicht vor.

Und wieder also war es nicht der Gang mit der Zweiten Gerichtsbarkeit, der die meisten Energien beanspruchte.

... aber mich fror

Da die Bundesrepublik in der stalinistischen Publizistik als ein faschistisches Staatswesen fungiert (eine propagandistische Verzerrung, der sie selbst durch Unentschlossenheit und Nachsicht gegenüber den Handlangern des Dritten Reiches seit Jahr und Tag Nahrung zuführt), verwandelt sich die politische Strafhaft eines Parteimitglieds in eine Art Konzentrationslager-Ersatz und wird mit allen Zeichen des individuellen Heroismus versehen.
In Wahrheit jedoch von Befürchtungen auch nur über etwaige Sonderbehandlung weit entfernt, galt meine einzige Sorge vielmehr der Frage geistiger Beschäftigung während der Haft. Sie drückte sich in einem schweren Gepäckstück aus, das ich mitschleppte und das von dem staunenden Gefängnispersonal als Werke von Marx und Engels, Lenin und Stalin, Ilja Ehrenburg und Konstantin Fedin identifiziert und einbehalten wurde. Diese Maßnahme sozusagen noch auf der Schwelle, war dem Prinzip des notorischen Widerstandes und Widerspruchs ungemein förderlich. Nachdem ich eine Woche lang täglich dreimal die Herausgabe der Lektüre gefordert hatte, wurde ich von Fuhlsbüttel in die ehemalige Festungshaft-Anstalt des Vorortes Bergedorf gebracht.
Die Einlieferung eines Mitglieds der KPD in ein Gefängnis von so begrenztem Umfang stellte ein nicht alltägliches Ereignis dar. Daß sich jemand aus politischen Motiven einsperren ließ, provozierte eine dumpfe Neugierde. Zufall oder Absicht? – unter den antiquierten Lesemappen, die mir sogleich nach der Ankunft von einem jungen Kalfaktor in die Einzelzelle gelegt wurden, befand sich zuoberst eine mit farbigem Titelbild, das Porträt eines Mannes in Marschalluniform – Stalin. Ich trennte die Seite sofort heraus und versteckte sie unter der Matratze.

Es gab zwei Beschäftigungsmöglichkeiten, entweder zu flechten oder Bohnen zu sortieren. Für ein bestimmtes tägliches Pensum wurden dem Gefangenen die Aufenthaltskosten von drei Mark pro Tag erlassen. Es war Ehrensache für mich, dieses Pensum nie zu erreichen. Auch ließ ich mir, als ich erfuhr, daß der Oberinspektor Wert auf gute Rasur lege, einen Bart stehen. Und da die Bergedorfer Anstaltsleitung die Herausgabe der mitgebrachten Lektüre ebenfalls verweigerte, die traurig und überaus eklektizistisch bestückte Hausbibliothek mich aber unbedingt mit Rudolph Herzog bekanntmachen wollte, hing ich häufig am Fenster, in politische Diskussionen mit meist unsichtbaren Partnern über, unter und neben mir verstrickt.

Diese anonymen Bemühungen konzentrierten sich auf eine bestimmte Person, als mir eine Zelle im oberen Stockwerk zugewiesen wurde, von wo der Blick über die von einem Wehr leicht gestaute Bille bis hin zur Hauptstraße des Vorortes schweifen konnte. Schwäne schwammen auf dem Wasser, und weiter links wurde sogar die historische Bergedorfer Kirche sichtbar, ein ziemlich idyllisches Panorama, wenn man bisher nur gegen die hohe Mauer des Gefängnishofes gestarrt hatte.

Weit wichtiger aber war der Insasse der Nachbarzelle, ein junger Bursche, ein Abzahlungsschwindler größeren Stils, der seine krankhafte Sucht nach Nikotin dadurch zu befriedigen vermochte, daß er, Modezeichner von Beruf, raffiniert aufgemachte, von großer Sachkenntnis zeugende Pornographien verfertigte, Frauen mit bemerkenswert gebauten Leibern, stets hochbestrumpft und, allein oder mit männlichen Partnern, in obszön-eindeutigen Situationen. Gelegentlich schaukelte er mir eines seiner Werke an einer unten beschwerten Flechtleine beifallheischend herüber. An Abnehmern, die ihm dafür Tabak boten, hat es offenbar nie gemangelt.

Er war wissensdurstig, allerdings ansprechbar nur in der Pause zwischen zwei Depressionen. Dann forderte er mich auf, ihm die Politik der Partei zu erläutern, begann jedoch

bald zu greinen, die Welt, eingeschlossen die Kommunistische Partei, ja diese sogar keineswegs an letzter Stelle, sei einen Dreck wert. Er werde dem Elend ein Ende bereiten, ein Strick reiche bekanntlich immer noch, um einen vom Leben zum Tode zu befördern. Schließlich drohte er seinen Abonnenten laut an, er werde nie wieder einen Stift für sie anrühren, denn was sie trieben, sei der Öffentlichkeit hinreichend bekannt. Nachdem er sich eine Zeitlang so berserkerhaft aufgeführt hatte, erlahmte seine Kraft, sein Organ wurde matter und fünf Minuten später befand er sich wieder an der Arbeit. Nach einer Stunde drückte er das Gesicht gegen die Eisenstäbe, bat um Fortsetzung der gestrigen Schulung, konnte eine halbe Stunde, unter Umständen wortlos, zuhören, um sodann zu schwören, sein Leben fortan der Partei zu weihen, ehe er mächtig auf sie, die ganze Welt und besonders die Bergedorfer Anstalt zu schimpfen begann.
Diese vielversprechende Beziehung wurde jäh unterbrochen, als am Morgen des 5. März 1953 die Nachricht vom Tode Stalins eintraf.
Ich holte das bunte Titelbild unter der Matratze hervor und hing es an die der Tür abgekehrte Seite des Spinds. Ich setzte mich davor, tat überhaupt nichts mehr und wurde erst aufgeschreckt durch Gesang von der Hauptstraße her, abends, unverwechselbare Lieder der Arbeiterbewegung – eine Demonstration der Solidarität von außen, die einschneidende Folgen für den Rest meines hiesigen Aufenthaltes nach sich ziehen sollte. Zwei Aufseher mußten mich vom Fenster herunterholen – meine Stimme war völlig heiser geschrien. Noch in der Nacht wurde ich auf die andere Seite des Gefängnisses gebracht und am nächsten Morgen in eine Strafzelle gesperrt. Mit Sack und Pack, das Porträt Stalins unter dem Hemd auf der nackten Haut, zog ich in die vierte Unterkunft seit meiner Ankunft ein. Aber dort befestigte ich das Bild nicht mehr am Spind, an einer versteckten Stelle, sondern an einem Haken unter dem Fenster, daß ein jeder, der eintrat, es sähe.
Als ich nach dem morgendlichen Rundgang die Strafzelle

wieder betrat, war das Bild verschwunden – die Gefängnisleitung hatte es entfernen lassen. Zunächst stellte ich die karge Einrichtung auf den Kopf, mißhandelte sodann das hölzerne Mobiliar ausgiebig und trat schließlich in den Hungerstreik. Es nützte nichts.

Die Anstaltsleitung erklärte: das Herausreißen von Seiten aus den Lesemappen sei verboten. Da ich aber beim Essenholen, beim Haarschneiden und anderen Gelegenheiten durchaus auch in anderen Zellen Verstöße gegen dieses Verbot hatte feststellen können, wenn auch mit dem Unterschied, daß dort die Wände nicht mit Persönlichkeiten der Weltpolitik, sondern ausschließlich mit spärlich bekleideten Damen tapeziert waren, forderte ich das Bild ebenso regelmäßig wie ohne Erfolg zurück.

Dann begann ich mir Aufzeichnungen zu machen, die ich mangels anderen Papiers auf die Kuverts der zahlreich eingegangenen Post schrieb. Sie wurden mir bei der Entlassung ohne Ausnahme abgenommen. Aber die Konzeption für ein neues Buch stand fest.

An einem strahlenden Aprilmorgen befand ich mich plötzlich wieder vor dem Tor, eine Stunde eher als angekündigt, so daß ich den Funktionär verpaßte, den das Hamburger Landessekretariat mit Blumen zu meiner Begrüßung entsandt hatte...

Kurz darauf erschien das *Westdeutsche Tagebuch*, nun von demselben »Amt für Literatur«, öffentlich belobigt, das es erst in einer Auflage von 30 000 Exemplaren herauszubringen beabsichtigte, um dann ohne Angaben von Gründen sein Erscheinen überhaupt in Frage zu stellen, ehe es doch die Druckgenehmigung für 10 000 Exemplare erteilte. Aber das erfuhr ich nicht mehr von Charlotte W. – nach einer dreimonatigen Parteischulung war sie nicht in den Verlag *Neues Leben* zurückgekehrt, sondern als Lektorin bei dem Verlag der *Gesellschaft für deutsch-sowjetische Freundschaft* eingestellt worden.

Plötzlich veränderte sich der Ton unserer Korrespondenz. Charlotte W. schrieb von »Parasiten«, von »geistigen Nichtschwimmern«, die sich nur ein fettes Pöstchen sichern wollten; von Burschen, die meist in hohen Stellungen säßen, wo sie schalteten und walteten nach Gutdünken, einige bevorzugt behandelten, andere abschöben, die Aktiven am Kragen packten, wenn sie Fehler machten – »... und zu guter Letzt fressen die anderen einem solchen Halunken aus der Hand!« Ohne den Anlaß für diesen Wechsel des Tenors zu kennen, wußte ich genau, von wem sie sprach. Ich schrieb zurück, die berufsmäßigen Verleumder in der Partei, ihr bösartiger Aussatz, würde nach den Gesetzen der Zentrifugalkraft eines Tages abgeschleudert werden, jedoch bis dahin noch beträchtlichen Schaden anrichten.
Charlotte W. antwortete sofort in hoher Erregung: Zorn packe sie, wenn sie an diese niederträchtigen Schurken denke, die der Partei solchen Schaden zufügten. Habe sie nicht selbst erlebt, wie Gutwillige von panischem Schrecken erfaßt wurden, als sie deren Macht zu spüren bekamen? Würger seien das, die alles Keimende erstickten, und kein Mittel sei ihnen zu schade. Das Unheil, das sie anrichteten, mit ihrer »Wachsamkeit«, dem ständigen »Aufderlauerliegen nach Agenten«, mit ihrer Nase für »Fraktionsbildung«, sei grenzenlos, und natürlich setzten sie jede Kritik an ihnen selbst mit einem Angriff auf die Partei gleich.
So schrieb Charlotte W. Ihre Briefe waren zu Aufschreien der Wut und der Furcht geworden. Sie mußte im innersten Kern ihrer Persönlichkeit getroffen worden sein.
Was war geschehen?
Es war nur Stück um Stück zu erfahren. Ihre aufrichtige Anteilnahme, die Ernsthaftigkeit ihrer Berufsauffassung, ihre Fähigkeit, zuzuhören, waren nicht ohne Folgen geblieben – die Verlagsleitung von *Neues Leben* hatte sie, unter Zuhilfenahme solcher *termini technici* wie »Fraktionsbildung« und »Individualismus«, des Verbrechens bezichtigt, sich Freunde erworben zu haben unter den jungen Autoren. Noch ver-

dächtiger hatte sie sich gemacht, als sie trotz ihrer Tätigkeit in einem anderen Verlag mit einigen dieser Autoren weiterhin Briefwechsel pflegte. Kaderabteilungen hatten sich der Sache angenommen.

In dieser Situation mußte der 17. Juni 1953 Charlotte W. besonders schwer treffen. »Was wäre geworden, wenn die sowjetischen Freunde nicht hier gewesen wären?« stöhnte sie in dem ersten Brief nach einer Pause fassungslosen Entsetzens, und fuhr fort: »Seit Monaten spricht die Partei von Kritik und Selbstkritik, aber vielen schmeckt das natürlich nicht, sich auf die Finger sehen zu lassen.« Nur deshalb konnte dieser faschistische Aufstand auch solche Resonanz finden...

Dieser Briefwechsel war bemerkenswert. Zwei Mitglieder der Partei, beide selbst befangen im stalinistischen Denkschema, machten sich über die innerdeutsche Grenze hinweg in eruptiven Schmähungen gegen bestimmte Prototypen des Stalinismus unverblümt Luft — und trennten die Partei säuberlich von ihnen! Der Grimm als eine neue Version der alten Hymnik — das Bild der Partei überdauert den Aufstand der Bevölkerung gegen die Partei völlig unversehrt...

Es überdauerte ihn um so mehr, als die fiktive Welt der Wunschträume, in der wir lebten, uns seinen wahren Charakter, seine Motive, Voraussetzungen und seine Gewalt nahezu geschlossen vorenthielt. Es hat weder in der Landesorganisation Hamburg offiziell noch persönlich unter uns je eine kritische Diskussion über den 17. Juni gegeben, und mir ist keine Stimme bekannt geworden, die etwa auf die Katastrophennachricht hin eine prinzipielle Revision der Parteipolitik gefordert oder die über diesen Tag eine Erschütterung bis in die Grundfesten der politischen Überzeugung geäußert hätte. Von all dem konnte jedenfalls in der KPD keine Rede sein. Für uns stellte sich der Fall so dar, daß die Feinde der »DDR« und des Sozialismus die Proklamierung des sogenannten Neuen Kurses vom 9. Juni 1953 als ein Zeichen der Schwäche auslegten, die sie möglichst unvermittelt auszunutzen versuchten. Und zwar um so unvermittelter, als sie, unserer Meinung nach, wußten, daß der 1952 verkündigte beschleunigte »Aufbau des Sozialismus« ihnen künftig kaum Gelegenheit dazu lassen würde. So malte sich in unseren Köpfen dieser verzweifelte Ausbruch einer ganzen Bevölkerung als ein Akt »faschistischer Konterrevolutionäre in Zusammenarbeit mit den Agenten des Monopolkapitals«, weil wir uns in einem Stadium fast absoluter Wirklichkeitsentfremdung befanden. Insofern hat zwischen den Auffassungen der Mitgliedschaft von SED und KPD nie Übereinstimmung in der Beurteilung des 17. Juni bestanden, denn die erstere hatte ihn ja *erlebt!* Eine winzige Spur dessen, was das bedeutete, erfuhr ich selbst.

Ich erinnere mich deutlich des Schocks bei der einzigen, posthumen Gegenüberstellung mit einem »Denkmal« dieses Aufstandes – nämlich als ich im Spätsommer 1953 aus dem Fenster des Verlagsgebäudes *Neues Leben* auf die Markgrafen- und Leipziger Straße schaute und dort plötzlich die tiefen Abdrücke von den Ketten sowjetischer Panzer erblickte, die, wie mir berichtet worden war, im Juni vor dem Hause operiert hatten ... Eine Minute lang reckte sich der Schatten einer Frage in mir auf, verschwand aber wieder und war vergessen, weil die Zeit einer ehrlichen Beantwortung noch nicht gekommen war.

Als die Autorenexemplare des *Westdeutschen Tagebuches* von der Hamburger Zollkontrolle zurückgehalten wurden, fuhr ich selbst nach Berlin. In Bukarest fanden damals gerade die *IV. Weltfestspiele* statt, und irgend jemand aus der Abteilung »Deutsche Belletristik« des Verlages kam auf den Gedanken, mich dorthin zu schicken. Aber die Verwirklichung dieses Plans stieß auf Schwierigkeiten.

Das Gros der deutschen Teilnehmer war bereits nach Rumänien abgereist. Für die Nachzügler hatte der Zentralrat der FDJ im Hotel »Albrechtshof« an der Friedrichstraße eine Stelle eingerichtet, die nicht viel mehr tun konnte, als uns zur

Rumänischen Botschaft zu schicken, wo wir ausdauernd antichambrierten. Nach stundenlangem Geduldsspiel erklärte ein junges Botschaftsmitglied an vier aufeinanderfolgenden Tagen: Morgen würden die Visa mit Sicherheit aus Bukarest eintreffen.

Am fünften Tage zog ich mit dem FDJler vom »Albrechtshof« zum Zentralrat der FDJ Unter den Linden. Vielleicht würde von hier aus die bürokratisch verklemmte Tür aufzustoßen sein. Unten beim Portier bekam ich gewohnterweise, wie in jedem öffentlichen Gebäude des Berliner Ostsektors, einen Zettel, den ich abgezeichnet beim Verlassen des Gebäudes wieder abzugeben hatte.

In einem Stockwerk hoch oben machte sich ein Funktionär einige Notizen und sagte mir seine Unterstützung zu. Dann zückte er seinen Bleistift, um meinen Kontrollzettel abzuzeichnen ...

Aber wo war der Zettel?

Ich begann zu suchen, faßte in die Tasche, stülpte sie um — nichts.

Die beiden lachten.

Ich fing noch einmal von vorn an, suchte mich selbst von oben bis unten sorgfältig ab — wieder nichts.

Die beiden machten erstaunte Gesichter.

Mir brach der Schweiß aus. Hatte ich nicht in all den Jahren schon unzählige solcher Zettel empfangen und noch jedesmal zurückgegeben? Wie konnte mir das passieren — ausgerechnet im Zentralrat!

Die beiden waren todernst geworden. Ich suchte einmal schneller, einmal langsamer — nichts. Dann fiel mir das Exemplar des *Westdeutschen Tagebuches* ein, das ich mit mir geführt hatte und das auf einem Tisch lag. Ich schlug es auf — da war der Zettel, vorn auf der Seite, die geziert war mit der Widmung: *Der Deutschen Demokratischen Republik — unserm Kraftquell* ... »Unter den Linden« war es heiß, aber mich fror jetzt.

Nach einer Woche vergeblicher Bemühungen war jede Hoffnung auf Bukarest erloschen. Vor der Abfahrt nach Hamburg, auf dem Wege vom Verlag *Neues Leben* zum Bahnhof, kreuzte ich die Jägerstraße. Einen Augenblick Zögern, dann betrat ich das Gebäude der *Berliner Zeitung*. Dr. Kertzscher, immer noch Chefredakteur, empfing mich sofort. Fünf Minuten später war ich, nach zweieinhalbjähriger Unterbrechung, wieder Korrespondent der *Berliner Zeitung*. Was eine ganze Landesorganisation in Unruhe versetzt, die Kontrollinstanzen bis hinauf zum Parteivorstand mehrere Monate lang intensiv beschäftigt hatte, das war nun von einer Sekunde auf die andere wieder eingerenkt, als wäre nie etwas anderes angeordnet worden als eine fürsorgliche Schonfrist zur Wiederherstellung meiner Arbeitskraft.

Straffreier Antisemitismus und Wahlkampf 1955

Inzwischen war in einer Gruppe unserer Kreisorganisation Hamburg-Altona ein Parteimitglied von einem anderen während einer Versammlung, auf der es Meinungsverschiedenheiten gegeben hatte, als »Judenschwein« betitelt worden. Der Beleidigte wandte sich an das Kreissekretariat, das den Vorfall an die Landeskontrollkommission weitergab. Aber diese Instanz, die sonst hinter jedem schnelleren Atemzug Geheimnis und Verschwörung witterte und schon auf ein verdächtiges Wort seismographisch reagierte, zeigte angesichts dieses Deliktes, wie es sich handfester in einer antifaschistischen Organisation nicht vorgestellt werden konnte, keinerlei Eile. Sie zeigte nicht nur keine Eile zu seiner Ahndung, sondern legte dem Beleidigten, als er drängte, vielmehr nahe, sich »zu versöhnen«. Dann, nach geraumer Zeit, entsandte sie einen ihrer Vertreter in die Gruppe und bestand auf der Bagatellisierung der Beschimpfung, mit dem Hauptargument, der Beleidiger sei jung und entstamme, im Gegensatz zu dem Beleidigten, der Arbeiterklasse...
Damals war Hermann H. zum Repräsentanten der Hamburger Kontrollkommission aufgerückt. Er war musisch interessiert, hatte sich pedantisch durch einige Literatur hindurchgelesen, wußte manchen Namen zu nennen und konnte in bescheidenen Grenzen als Autodidakt gelten. Nachdem das *Westdeutsche Tagebuch* erschienen und von ihm, zugleich mit meinem ersten Buch, gelesen worden war, nahm sein Verhältnis zu mir eine fast väterliche Note an. Da er es liebte, seine Gedanken schriftlich niederzulegen, und zwar so umständlich und ausführlich, wie er sprach, ließ er mich in einer langen Abhandlung seine Kritik wissen. Unter exakter Angabe von Seiten- und sogar Zeilenzahl, führte er seine Stil-

korrekturen auf — Hermann H. gab mit Fleiß zu verstehen, wie er die beiden Bücher geschrieben hätte.
Ich besuchte ihn nun häufig in der Landesleitung, und es wurde jedesmal noch eine lange, wenn auch überaus einseitig verlaufende Sitzung daraus. Denn gleichgültig, welches Thema auch immer angeschnitten wurde, die nächste Stunde konnte getrost ihrem Selbstlauf überlassen werden. In der Pose des Dozierenden, begann Hermann H. sofort einen Monolog, und da er der komplizierten Satzbauten und Verschachtelungen bald nicht mehr Herr wurde, Wirrwarr zu reden, unfähig, klar zu denken und klar zu sprechen — einer der Herren über die achttausend Mitglieder der Hamburger Parteiorganisation.
Ich lauschte scheinbar aufmerksam und angestrengt, nickte und warf gelegentlich ein Wort ein, dessen Wirkung auf den Redefluß dem Effekt von Brausepulver, das in Wasser geschüttet wird, gleichkam. Hermann H. hatte mir nie etwas Originelles mitzuteilen, dennoch förderte ich diese Gespräche, um mich nach langem, stummem Zuhören mit der Miene eines Bereicherten und Aufgeklärten dankbar zu verabschieden. Dabei empfand ich immer stärker das Bedürfnis, den dozierenden Monolog durch irgendein unmögliches Wort zu unterbrechen, lauthals aufzulachen und Hermann H. unmißverständlich zu informieren, daß er ein konfuser Schwätzer sei.
Aber nichts dergleichen geschah. Wann immer ich Hermann H. darum bat, er fand Zeit für mich. Und ich bat häufig darum, denn was mich hierhertrieb, in die Räume der Landeskontrollkommission, was heimlichen Triumph und unverlierbares Grauen mischte, was unerhört und atemberaubend blieb, war das Empfinden, *hier nicht mehr als Angeklagter zu erscheinen!* Diese Gespräche, gerade hier, waren der sichtbare Beweis für die langersehnte Übereinstimmung mit der Obersten Gerichtsbarkeit. Ihr Besitz war zunächst kostbarer als die Stimme des Gewissens, Mitglied einer Organisation zu sein, in der — nach Auschwitz — Antisemitismus straffrei

war. Dieses »Judenschwein« blieb zwischen Hermann H. und mir unerwähnt.

Kurz vor der Wahl zum zweiten Bundestag 1953 wurde die Funktion des Ersten Stadtteilsekretärs von Altona frei. Für förderungswürdig erachtet, besetzte das Kreissekretariat sie mit mir.
Dieser Wahlkampf wurde von der Partei mit einem Aufwand an Material geführt, der im umgekehrten Verhältnis zur Zahl derer stand, die sich an ihm beteiligten. Die Stadtteilorganisation Altona bildete den Kern des Kreises V (Hamburg war in acht Kreise eingeteilt), ein ausgesprochenes Arbeiterwohngebiet, dessen Hälfte rechts von der Großen Bergstraße Schauplatz des sogenannten »Altonaer Blutsonntags« von 1932 gewesen war, des schweren Zusammenstoßes zwischen SA, dem Rotfrontkämpferbund und der Polizei. Er bestand aus elf Gruppen und stellte einen unverhältnismäßig hohen Anteil an den rund hundert Aktiven, die ihre ganze Kraft in den Wahlkampf dieses Jahres steckten. Die Kreisorganisation, die das riesige Gebiet von der Großen Freiheit bis zur schleswig-holsteinischen Landesgrenze am westlichen Stadtrand umfaßte, zählte etwa tausend eingeschriebene Mitglieder.
Trotz der zahlenmäßigen Beschränkung gab es kaum einen Hinterhof, in den wir nicht eindrangen mit unseren Sprechchören; keine Mauer, an der nicht unsere Losungen und Plakate prangten; keinen Knotenpunkt des öffentlichen Verkehrs, wo unsere Flugblätter nicht verteilt wurden. Und da wir bei unserer Agitation auf wenig Widerstand stießen, steigerten wir uns während der Wochen bis zur Wahl in einen Rausch hinein und sahen dem 6. September mit großen Hoffnungen auf die Überspringung der 5-Prozent-Klausel entgegen.
Die Ernüchterung setzte noch am Abend des Wahlsonntags ein. Zur Beobachtung der Auszählung waren etliche von uns in die einzelnen Wahllokale geschickt worden. Das Ergebnis

war vernichtend. Durch das Telephon des Kreisbüros traf aus allen Ecken und Enden eine Hiobsbotschaft nach der anderen ein. Selbst in jenen Gegenden, wo die Partei auf Grund bisheriger Resultate mit verhältnismäßig günstigen Stimmziffern rechnen durfte, etwa um den berühmten Altonaer Fischmarkt, war die Niederlage vollständig. Ebenso vollständig war auch unser persönliches Unglück. Es trat eine so deutliche Leere und Ratlosigkeit ein, daß wir einander nicht anschauen mochten.
Von diesem September 1953 hat sich die Partei nie mehr erholt. Das Datum war die Dokumentation dafür, daß sie nicht einmal das Vertrauen eines Minimums der Bevölkerung besaß. Als politischer Faktor hatte sie in Wahrheit ausgespielt. Natürlich gestanden wir uns das nie ein, aber die Tätigkeit der Kader war nach dieser sichtbaren Zäsur zum bloßen Selbstzweck geworden. Die eine Instanz arbeitete nur noch, um der nächsthöheren ihre Existenzberechtigung nachzuweisen. Jedoch gerade dieser längst schon dumpf empfundenen politischen Impotenz entsprang jene Philosophie der Drohung, die mich abermals in Konflikt mit der Zweiten Gerichtsbarkeit führte.

Obwohl ich die mir bei der Entlassung abgenommenen Aufzeichnungen für das neue Buchprojekt nicht benötigte, hatte ich sie in drei Briefen an die Gefängnisbehörde zurückgefordert. Der Tenor dieser Briefe lautete, daß die Einbehaltung der Aufzeichnungen eine Angelegenheit darstelle, die unter keinen Umständen vergessen werden würde, selbst »wenn ihre Bereinigung im rechtlichen Sinne erst in einigen Jahren möglich« wäre.
Die Gefängnisbehörde erstattete Anzeige und die Staatsanwaltschaft erhob Anklage gegen mich — wegen Drohung und Nötigung.
In erster Instanz kam das Amtsgericht Altona zu einem Freispruch. In der Begründung hieß es, eine zweifelsfreie Absicht von Drohung und Nötigung sei nicht zu erkennen. Es

komme nicht darauf an, was der Angeklagte sich dabei gedacht haben könne, sondern was er tatsächlich ausgedrückt habe.
Die Drohung war zwischen die Zeilen gesetzt, aus taktischen Gründen, nicht etwa, weil ich sie für illegitim hielt. Ihre Form entsprach lediglich den Umständen. In Wahrheit drohte jeder dieser drei Briefe mit der Ablösung des politischen und wirtschaftlichen Systems in der Bundesrepublik durch eine gesellschaftliche Konzeption, die jener der »DDR« entsprach. Die Philosophie der Drohung stand in völliger Übereinstimmung mit unserem Lebensgefühl. Immer wieder, wenn wir durch die Straßen gingen, fanden wir uns damit beschäftigt, »Gebäude zu verteilen« — in diesem Versicherungspalast werde das Hauptquartier der Hamburger FDJ aufgeschlagen; in jenen Neubau die »Jungen Pioniere« einziehen, und hinter einer repräsentativen Fassade in der Innenstadt die Landesleitung der Partei wirken!
Aber die Ablösung des Systems der parlamentarischen Demokratie in ihrer bundesrepublikanischen Form war ein Wechsel auf die Zukunft, der immer wieder prolongiert werden mußte, und da sich die Kluft zwischen den schönen Visionen unseres politischen Optimismus' und ihrer Realisierung so unerträglich weit auftat, hatte die Philosophie der Drohung eine wichtige und unmittelbare Funktion gewonnen — an der Erhaltung unserer Selbstachtung beizutragen! Erst die Verbindung unseres pauschalen Überlegenheitsgefühls mit diesem konkreten Minderwertigkeitskomplex aus der Impotenz des politischen Alltags; erst der Gegensatz zwischen dem erhabenen Bewußtsein, die Welt von morgen sozusagen schon in der Tasche zu haben, und der Kläglichkeit der politischen Praxis hier und heute, schufen die spezifische Fanatisierung.
Auch die zweite Instanz, das Hamburger Landgericht, erkannte auf Freispruch.

... und übahaupt

Anfang März 1954 fand in Leipzig ein *Kongreß Junger Autoren* statt, zu dem der Deutsche Schriftstellerverband der »DDR« mich einlud, zu spät für die Beschaffung einer Aufenthaltsgenehmigung allerdings, so daß ein Telegramm der Kongreßleitung diese Legitimation ersetzen mußte. Würde es sie ersetzen?
Es wäre ein Irrtum, anzunehmen, daß von der allgemeinen Verkrampfung, die sich im Zuge vor und bei der Kontrolle durch die Volkspolizei breitmachte, Angehörige der Partei verschont geblieben wären. Viel zu vertraut mit der organisierten Willkür, unterschieden sich meine Empfindungen von denen der anderen Reisenden nur dadurch, daß ich für den Fall, von ihr hier betroffen zu werden, Rechtfertigungen bereithielt, *betreffend* die Wachsamkeit und die Notwendigkeiten der Staatssicherheit. Das Entsetzliche des Vorgangs, die ununterdrückbaren, und bei der Kontrolle durch die Organe der Bundesrepublik nie aufgetauchten, Beklemmungen während der Personalausweisung von Deutschen vor Deutschen in Deutschland, ging bei den legalen Grenzübertritten in all den Jahren, bis zuletzt, nicht ein einziges Mal spurlos an mir vorüber.
Und nun gar fuhr ich ohne das gesetzliche Papier, wenn auch mit starken Namen auf meiner Seite — das Telegramm war unterzeichnet von Kuba (Kurt Bartels). Der Volkspolizist in Schwanheide machte seinen Begleiter auf die Unterschrift aufmerksam. »Kuba!« sagte er anerkennend. Passiert!
Der *Kongreß Junger Autoren* fand in einem Messehaus der Leipziger Hauptgeschäftsstraße statt und dauerte zwei Tage. Er stand im Zeichen dreier bekannter Vertreter des *Sozialistischen Realismus*, wovon zwei Gäste aus der Sowjetunion waren — der Lyriker Jewgeni Dolmatowski und Was-

sili Ashajew, Autor des tausendseitigen Romans *Fern von Moskau*, der Geschichte vom Bau einer Ölleitung in Sibirien, für uns, gleich hinter Fadajews *Junge Garde*, so etwas wie eine Pflichtlektüre.

In den Pausen ging ein Gerücht um – Ashajew habe seinen Stoff tatsächlich fern von Moskau selbst erlebt und sich mit ihm buchstäblich freigeschrieben – aus einem Lager.

Lager? Ashajew saß vorn als Ehrenmitglied des Präsidiums neben seinem Landsmann Dolmatowski, er hatte gesprochen, als überzeugter Kommunist, hatte sein Land, den Sozialismus, die sowjetische Literatur gepriesen. Lager!

Der Dritte war ebenfalls ein Gast aus der Sowjetunion, Alfred Kurella, einige Jahre später der höchste Kulturfunktionär in der »DDR« und Kandidat des SED-Politbüros. Nach zwanzigjähriger Emigrationszeit war er aus der Sowjetunion zurückgekehrt, für eine neue und wichtige Aufgabe, wie es geheimnisvoll hieß.

Kurella trat überhaupt mit dem Odium des Geheimnisses auf. Von ihm als Schriftsteller war uns kaum mehr bekannt als eine schmale und nicht sehr interessante Schrift *Ich lebe in Moskau*, und dennoch trat er bei diesem Debüt mit einem fast schon legendären Ruf unter uns. Er war ein Sproß des deutschen Großbürgertums, früh zur marxistischen Bewegung in Deutschland gestoßen, und bald nach dem ersten Weltkrieg von Lenin, später von Stalin mit internationalen und konspirativen Aufgaben betraut worden. Während des zweiten Weltkrieges hatte er im *Nationalkomitee Freies Deutschland* eine wichtige Rolle gespielt. Als Übersetzer wurde ihm Rang zugemessen.

Was die Versammlung gleich für ihn gewann, war, daß er stotterte und dennoch sprach. Kurella leidet an einem Sprachfehler, der ihn mitten im Satz, im Wort verstummen läßt, als sei ihm der Atem ausgegangen oder als funktionierten seine Stimmbänder nicht mehr. Er schnappt dann nach Luft und setzt nach einer Weile sichtbarer und krampfhafter Bemühungen dort wieder ein, wo er sich selbst unterbrochen hat.

Von dieser Antrittsrede vor den jungen Leuten seines Berufes habe ich einen Ausschnitt behalten, an den ich später, als ich Alfred Kurella aus nächster Nähe kennenlernte, immer wieder denken mußte, weil das Gesagte so charakteristisch war für seine Persönlichkeit. Er hat nämlich die Art, einem simplen oder gar erfundenen Inhalt durch die *Form* des Vortrags die Note des Originellen zu geben: Noch kürzlich habe er mit einem Bauern aus Tadshikistan ein Gespräch geführt, bei dem der Mann eine erstaunliche Kenntnis der deutschen Probleme und der zerrissenen Hauptstadt bewiesen habe. Wer in Deutschland aber verfüge auch nur über die Kenntnis, wo Tadshikistan geographisch liege?
An diesen beiden Tagen sprachen Dutzende von Rednern, die sich alle in völliger Übereinstimmung mit sämtlichen Problemen der Literatur zu befinden schienen. Jeder Beitrag war ein Bekenntnis zum *Sozialistischen Realismus,* auch der meine. Nirgends eine Spur von Widerspruch, Auseinandersetzung oder Polemik.
Dieses Bekenntnisses also selbst voll, begriff ich das Gebaren zweier Kongreßteilnehmer neben mir nicht. Eine ältere, gepflegte Dame und ihr Begleiter horchten zunächst aufmerksam und gespannt hin, wenn jemand nach vorn trat, als warteten sie auf irgend etwas Bestimmtes. Aber dann sanken sie zurück und tauschten noch jedesmal unter sich verständnisinnige Zeichen der Belustigung, der Empörung und der Resignation aus, ein Mienen- und Gebärdenspiel, das seinen Höhepunkt bei einem bestimmten Diskussionsbeitrag feierte, nämlich dem des literarischen Wunderknaben Walter Ulbrichts, einst beachtliches lyrisches Talent, nun längst nur noch Propagandist und Agitator, ein Typ, der alle Wandlungen, Biegungen und Verbiegungen, wenn sie nur stalinistisch waren, mitmachte, und zwar ohne jedes schlechte Gewissen und ohne innere Konflikte, Plakat und Stimme seines Herrn und Meisters, Polterjahn und Poet mit beträchtlichen, aber längst verspielten Anlagen, schon über die Vierzig, jedoch durch seine ungestümen Manieren jünger wirkend, be-

kannt als rührender Vater und unüberbietbar engstirniger Genosse — *Kurt Bartels*, genannt *Kuba!*
Von all dem wußte und begriff ich damals nur wenig, deshalb fragte ich mich: was bewegt die beiden neben mir eigentlich so?
Noch auf der Rückreise, die über Berlin ging, dachte ich über sie nach, wurde dabei jedoch abgelenkt von einem jungen Mann im Abteil — runder Schädel, intelligente Augen hinter Brillengläsern, das blonde Haar nach einem bekannten Vorbild gestutzt, die ganze Person diesem nachgeahmt: einer von Bert Brechts Regieassistenten vom Theater am Schiffbauerdamm, Autor eines gerade im Verlag *Neues Leben* erschienenen, vielversprechenden Lyrikbändchens, unentwegter Rezitator von Morgenstern, Ringelnatz, von Liliencron, Brecht und Heinz Kahlau — so hieß er. Es wurde eine vergnügliche und erbauliche Reise.
Als ich Kahlau wiedersah, über zwei Jahre später, war die Welt des Leipziger *Kongresses Junger Autoren* zusammengebrochen — und er sollte diesen Zusammenbruch öffentlich beim Namen nennen.
Noch aber stand sie, stand sie fest da und hatte sich in dem ersten Teil des DEFA-Filmstreifens *Ernst Thälmann — Sohn seiner Klasse* niedergeschlagen. Seine Uraufführung fand im Friedrichstadtpalast statt. Das brechend volle Haus nur geladener Zuschauer erhob sich, als Walter Ulbricht in der Mittelloge Platz nahm. Im Mittelpunkt dieses Films stand der Hamburger Aufstand von 1923. Die Wirkung auf mich war beträchtlich. Ich dankte dem Lektor des Verlags *Neues Leben,* Walter P., der mir die Karten besorgt hatte, und applaudierte mit den anderen, als die Hauptdarsteller und der Drehbuchautor, Willi Bredel, vorn erschienen.
Es hieß, der zweite Teil *Ernst Thälmann — Führer seiner Klasse*, würde im nächsten Jahr aufgeführt.

Fast zwei Jahre nach dem ersten Briefaustausch, lernte ich auf diesem Leipziger Kongreß endlich Charlotte W. persönlich kennen.

Obwohl die Entscheidung der Partei in ihrer Angelegenheit bereits vor einigen Wochen zu ihren Gunsten ausgefallen war, bebte ihre Stimme noch, wenn sie darüber sprach. Sitzungen hatten stattgefunden, Zeugen waren verhört worden, Monate der Ungewißheit langsam verstrichen. Da sie aber, wie sie sagte, unter dem Schutze der »besten Genossen« gestanden habe, sei der Anschlag auf sie vereitelt worden.

Gemeint waren der Schriftsteller F. C. Weißkopf und seine Frau, die unter dem Pseudonym Alex Wedding schreibt. Besonders zwischen ihr und Charlotte W. war eine enge Freundschaft entstanden, und das anerkannte und prominente Ehepaar hatte die Angriffe abgeschlagen. Der Fall war, wenn auch grollend, zu den Akten gelegt worden.

»Aber natürlich liegen sie noch auf der Lauer«, sagte Charlotte W. und wiederholte es mehrfach. Sie machte den Eindruck, als rekonvalesziere sie von einer schweren Krankheit, ein Prozeß, der von der Furcht vor einem Rückfall verlängert wurde.

Ich besuchte sie in einem jener altmodischen Berliner Mietshäuser, die unten ein hölzernes Tor haben. Wir waren unfähig, über etwas anderes als unser Trauma zu sprechen, drei, vier verbissene Stunden lang, bis nach Mitternacht. Beim Abschied vertraute Charlotte W. mir an, daß sie, nach mehr als zehnjähriger kinderloser Ehe, nun ein Kind erwarte. Und wenn dieses Kind, so sagte sie, einmal in die Schule gehe, müsse die Macht der »Finsterlinge« in der Partei gebrochen sein, endgültig und für immer – endgültig und für immer, wiederholte sie, als ich schon draußen auf der Treppe stand.

Das zweite Berliner Pfingsttreffen, vier Jahre nach dem ersten, war der Schwanengesang für die FDJ in der Bundesrepublik. Sie befand sich mitten in der Auflösung.

In Hamburg war dieser Zustand seit etwa einem Jahr daran

sichtbar geworden, daß die sogenannten »zentralen Aktionen« immer seltener wurden. So wurde das blitzschnelle Auftauchen aller verfügbaren Kader des ganzen Landesverbandes in irgendeinem Teil der Stadt genannt. Meist fand es bei Dunkelheit oder Dämmerung statt – plötzlich Feuer, Fackelschein, eine Kolonne formierte sich, Gesang, Sprechchöre und Schlußkreis. Bis die Polizei eintraf, hatte sich der Spuk schon verflüchtigt.

War es 1952 noch gelungen, mit der zusammengefaßten Kraft des Landesverbandes etwa die Versammlung einer rechtsradikalen Jugendorganisation im Hamburgischen Museum für Völkerkunde zu sprengen, so war die Beteiligung an den »zentralen Aktionen« im Laufe des Jahres 1953 so zusammengeschrumpft, daß ihre Fortsetzung den Verfall der Organisation nur öffentlich demonstriert hätte. Das eindrucksvolle Bild äußerer Geschlossenheit, nun, da wir in glühender Juni-Sonne vom Alexanderplatz zum ehemaligen Lustgartengelände marschierten, um dort an den Vertretern von Regierung und Partei vorbeizudefilieren, stimmte weniger denn je.

Es waren zwei andere Ereignisse aus jenen Tagen, die hier Erwähnung finden sollen.

Der Interzonenpaß war inzwischen abgeschafft worden und die innerdeutschen Reiseerleichterungen enthoben die Festivalteilnehmer des Zwangs, sich, wie 1950 und 1951 noch, auf Schleichwegen nach Berlin durchzuschlagen. Am Lauenburger Grenzposten wurde lediglich nach dem Reiseziel gefragt – Westberlin! – und dann der Schlagbaum gehoben. Mittlerweile Besitzer eines Motorrollers geworden, gehörte ich einer Kraftfahrergruppe an.

Die Anschaffung des Rollers war übrigens der Partei von mir genau belegt worden, die Art des Fahrzeugs und sein voller Preis, ferner alle Einzelheiten der Finanzierung mit zwei Wechselverpflichtungen – eine selbstverständliche Maßnahme in einer Organisation, in der sich schon das Tragen

eines neuen Anzugs mit dem Verdacht bezahlten Verrats verband.
Hinter Boizenburg löste sich unsere Kavalkade auf. Ich blieb bei einem älteren Genossen aus Altona, der seine DKW-Maschine vom Rost befreit, das unverwüstliche Modell frisch lackiert und sich in den nur noch mangelhaft gefederten Sattel geschwungen hatte. Noch vor Ludwigslust bekamen wir Begleitung – ein motorisierter Volkspolizist versuchte uns mit unmißverständlichen Gesten an die Bordkante zu drängen, wobei er schrie, wir hätten die Geschwindigkeitsbegrenzung in Ortschaften nicht beachtet. Das traf zweifellos zu, aber wir riefen: »Auf dem Wege zum Deutschlandtreffen – Freundschaft!« und fuhren weiter – unverfolgt, obwohl die Maschine des Polizisten über den doppelten Hubraum verfügte.
Nach einiger Zeit sperrte ein bemalter Balken die Straße. »Ihren Laufzettel, bitte!« forderte ein Uniformierter. Laufzettel? Dies war unsere erste Reise über die Straßen der »DDR«, wir waren ohne jede Erfahrung und Kenntnis, sonst hätten wir schon in Boizenburg bemerken müssen, daß wir zwar mit Lebensmitteln und Benzinmarken, nicht aber mit dem sogenannten Laufzettel versehen worden waren, der unterwegs zwecks Kontrolle an einer bestimmten Stelle der Strecke vorgezeigt werden muß, ehe er einem am Berliner Grenzposten abgenommen wird. Was also auch hier anders tun als zu rufen: »Auf dem Wege zum Deutschlandtreffen – Freundschaft!«, auf unsere bundesrepublikanischen Nummernschilder zu weisen und Gas zu geben? Der Schlagbaum hob sich.
Da wir in Hamburg ausdrücklich die Weisung bekommen hatten, nicht durch Westberlin zu fahren, sondern den Ostsektor von Süden her zu erreichen – ein Umweg von gut fünfzig Kilometern – bogen wir nach Potsdam ab. Wer das Kontrollritual auf den Straßen der »DDR« kennt, begreift, wie unglaublich die Tatsache war, daß zwei Kraftfahrer ohne Laufzettel über die Landstraßen sausten. Aber wir hatten

nicht nur keinen Laufzettel, sondern waren auch noch von der streng vorgeschriebenen Einspur abgewichen, das verdächtigste Delikt, dessen sich der ahnungslose Zeitgenosse schuldig machen konnte. Unser Zustand stellte so ungefähr das Äußerste an Gesetzlosigkeit dar, daß sich auf den Straßen dieses Staates denken ließ.

Kurz hinter der Avus-Abzweigung standen plötzlich zwei Volkspolizisten auf der sonst trostlos öden Autobahn und hoben große, bunte Halteschilder. Aber wir riefen zum dritten Male: »Auf dem Wege zum Deutschlandtreffen – Freundschaft!« und fuhren, das freundliche Nachwinken der beiden allen Verkehrsvorschriften zum Trotz erwidernd, auf und davon.

An der nächsten Barriere endlich Berlin – blaue Hemden, Händeschütteln, Hurra, Limonade!

Wir waren ohne Laufzettel und auf eigentlich verbotenen Wegen doch angekommen. Für einige Sekunden mußte ich in dem Trubel an die hektischen Augenblicke im Zentralratsgebäude der FDJ denken, als ich dort im vorigen August nach dem Kontrollzettel gesucht hatte, um eines Wisches, eines toten Fetzens Papier, eines überflüssigen Zettels willen in die Karikatur meiner selbst verwandelt. Aber noch provozierte die verschämte Liberalität, bei Sonderanlässen wie diesem Treffen, nicht den Widerspruch gegen die Absurdität des gewohnten Reglements.

Das zweite Erlebnis spielte sich in Weißensee ab.

Dort pflegten die westdeutschen Festivalteilnehmer in Privat- und Massenquartieren untergebracht zu werden, die Hamburger diesmal in einer Schule und deren Turnhalle. An einem Nachmittag lag dort zwischen Barren, Recks und Leitern ein halbes Dutzend von uns auf Stroh, ziemlich erschöpft von einer vormittäglichen Exkursion in die heiße Innenstadt. Es waren Parteiarbeiter, die ich seit Jahren kannte, Praktiker des politischen Kampfes, die gern all die Unbequemlichkeiten und Improvisationen dieses Aufent-

haltes auf sich genommen hatten. Außer uns war in der riesigen Turnhalle nur noch ein junger Mensch, der am Kopfende meines Lagers hantierte, kein Teilnehmer am Großen Treffen, sondern ein Berliner Handwerker, mit Zange und Feile.
Irgendeiner von uns, die ihm zuschauten, hatte ein Gespräch mit ihm begonnen, und dabei sagte der Junge in seinem unverfälschten Dialekt: »Nee, ick halte nischt von diesem Treffen – und übahaupt...« Er sagte das verhalten, aber wir hatten es gehört und standen auf. Natürlich war dies nicht der erste Widerstand, auf den wir hier stießen, jeder von uns war ihm schon in der »DDR« begegnet. Aber an diesem Jungen war etwas, was den Vorfall heraushob, vielleicht seine Ruhe. Er war sogleich ein Sonderfall, nicht irgendeine Seele, sondern Bürger dieses Staates, Arbeiter, jung. Die ganzen Umstände schienen klassisch für eine jener Bekehrungen zu sein, wie wir sie zuweilen gerade bei den am heftigsten Widerstrebenden erlebt hatten. Und was sollte er schon unserer Phalanx von siegesschweren Argumenten entgegensetzen? Rieten wir ihm doch, die Erdkarte von 1914 einmal mit der von 1954 zu vergleichen – ob er eine Vorstellung besäße, was sich in diesem kurzen Zeitraum alles verändert habe? Und zu wessen Gunsten? Auch fragten wir, wann wohl die Industrieproduktion der Sowjetunion mit ihrer ungleich höheren Zuwachsrate die absoluten Ziffern der USA eingeholt und überholt habe, und zu welcher Macht China noch zu unseren Lebzeiten avancieren würde? Gegen wen sich also ganz offensichtlich das Machtwort der geschichtlichen Entwicklung richte?
In dieser Weißenseer Turnhalle wurden unsere Lieblingsvisionen, der große historische Bogen, die »Perspektive«, beflügelt von der Aussicht auf die Bekehrung einer besonders renitenten und darum auch besonders wertvollen Seele, wortgewandt, leuchtend und völlig vergebens beschworen.
Denn weder das Phänomen der sowjetischen Zuwachsrate noch die künftige und baldige Milliarde chinesischer Men-

schen machten den geringsten Eindruck auf den jungen Mann, ebensowenig wie die historischen Veränderungen nach dem zweiten Weltkrieg, und die triftigen Gründe zu ihrer Entstehung. Er stand da ganz allein unter uns, mit seinen Werkzeugen in der Hand, hörte zu und sah uns an, mit einem Blick, in dem Spott saß, ohne zu beleidigen. Dann und wann schüttelte er den Kopf und wiederholte, er halte trotzdem nischt von diesem Treffen, »... und übahaupt«.
Wir hatten keinen Grund, Ausfälle gegen den Staat zu parieren, er sagte nur schlicht, ohne große Worte und unerschütterlich nein. Nicht *ein* Gedanke, nicht *ein* Wort war ihm unter die Haut gedrungen. Wir hatten in den Jahren durchaus ein Gefühl dafür bekommen, ob jemand »angeschlagen« war oder nicht. An diesem Nachmittag konnte es keinen Zweifel geben — dieser junge Berliner Handwerker war immun gegen das, was wir Sozialismus, Fortschritt, Zukunft nannten.
Einige Wochen vorher war ich, des puren Vergnügens halber, nach Paris gefahren. Auf der Fahrt dorthin hatte ich mich dabei entdeckt, daß ich fortwährend nach den Zeichen und Emblemen der Partei fahndete — im nächtlichen Liège (Belgien hatte gerade gewählt) wallende, rote Fahnen; im nordfranzösischen St. Quentin ein säuberliches *pas d'armes aux Nazis;* auf den Champs-Elysées ein Kinoplakat *Ballet Russes —Un grande film en coleurs — La reconstruction de Moscov, Sovcolor;* Buchauslagen auf der Rue de Rennes, Jean Marcenacs *Pablo Neruda,* Marx' *La Russie et l'Europe,* dazwischen, in einem aufgeschlagenen Buch, eine Fotografie — Romain Rolland mit Maxim Gorki. Und Enttäuschung auf der Rückreise — Belgien hatte seine roten Fahnen eingeholt.
Jetzt stand ich vor diesem jungen Berliner und grübelte, was ihn zu dem gemacht hatte, der er war. Dabei waren wir beide Geschöpfe der gleichen Kraft — seine Immunität und mein Fetischismus waren von ihr geprägt worden: zu grundverschiedenen Formen.
Diese Kraft war das stalinistische System und seine Partei.

Der Fall Franz Heitgres

In diesem Frühling und Sommer wurde die Hamburger Parteiorganisation von innen her schwer erschüttert. Am 23. März 1954 war in der *Hamburger Volkszeitung* eine *Erklärung der Parteikontrollkommission zum Ausschluß von Franz Heitgres* erschienen, und obwohl inzwischen einige Monate vergangen waren, rumorte es immer noch.
Diese Vorgänge um Franz Heitgres – von September 1945 bis November 1946 Senator für Wiedergutmachung und Flüchtlingswesen (neben dem späteren Gesundheitssenator Friedrich Dettmann der einzige Kommunist in der Hamburger Senatsgeschichte überhaupt) und langjähriger Vorsitzender der *Vereinigung der Verfolgten des Naziregimes* (VVN) in der Britischen Zone – sollen hier wiedergegeben werden. Mit dem Faden der Handlung verknüpft, widerspiegeln sich darin klassisch jene Methoden, mit denen der Apparat Menschen vernichtet, ohne ihnen physisch auch nur ein Haar zu krümmen.

Mit 16 Jahren, 1922, baute Franz Heitgres in Hamburg-Lokstedt die KPD-Jugend auf. Mit 17 Jahren war er Kurier beim kommunistischen Oktoberaufstand von 1923. Ein Jahr darauf wurde er Fakturist, dann erster Verlagsexpedient bei der *Hamburger Volkszeitung,* eine konspirative Funktion, in der Heitgres, bis 1930, illegale Druckerzeugnisse und den Vertrieb der Zeitung bei Verboten zu organisieren hatte.
Solche Verbote waren nicht selten. In Hamburg erhielten sie ihren besonderen Akzent durch den Staatsvertreter, der die Beschlagnahme auszuführen hatte – den Kriminalrat der Politischen Polizei, Hermann Will. Der Beamte ging so betulich zu Werke, daß Heitgres, der als Expedient im Besitz der Druckereischlüssel war, nicht nur Gelegenheit fand, wich-

tige Pakete beiseite und in Sicherheit zu bringen, ehe er den durchaus nicht ungeduldigen Kriminalrat einließ, sondern durch dieses wohlwollende Verhalten oft sogar die gesamte Herausgabe der in Druck befindlichen Nummer ermöglicht wurde. Diese Beziehung zwischen zwei Angehörigen so unterschiedlicher Organisationen fand 1930 ein vorläufiges Ende.

Anfang der dreißiger Jahre war es der KPD gelungen, in der Roten Sportbewegung Wasserkante 28 000 Mitglieder zu vereinen. Heitgres schied aus der *Hamburger Volkszeitung* aus und wurde Redakteur bei dem Organ dieser Sportbewegung, dem *Roten Sport,* dann Vorsitzender der Bewegung, eine Funktion, der er sich im Dezember 1932 plötzlich durch Beschluß der Parteibezirksleitung enthoben sah. Die Begründung, zwischen Tür und Angel abgegeben: er habe die politische Schulung nur mangelhaft durchgeführt. Gleichzeitig aber erhielt er von der Partei den Auftrag, in Thüringen die Leitung der dortigen »Roten Sportbewegung« zu übernehmen, die doppelt so groß war wie die in Hamburg.

Heitgres fuhr nicht nach Thüringen, da dieser Auftrag in offenem Widerspruch zur Begründung der Funktionsenthebung stand. Als er eine Entscheidung durch das Zentralkomitee beantragte, wozu er laut Statut berechtigt war, schloß die Bezirksleitung Wasserkante ihn wegen Bruchs der Disziplin aus der Partei aus. Diesen Ausschluß hatte ihm sein engster Freund, ein Mitglied der Bezirksleitung mitzuteilen. Heitgres Protest an das Zentralkomitee ging unter im Qualm und Feuer des Reichstagsbrandes. Aber die neue, furchtbare Situation für die Mitglieder der nun illegalen und sofort fanatisch dezimierten KPD löschte den Ausschluß. Heitgres begann, die ehemaligen kommunistischen und sozialdemokratischen Arbeitersportler über die politischen Ereignisse zu informieren. Zum Hauptstützpunkt der sportlichen Widerstandsbewegung wurde in den folgenden Jahren der Barmbeker Verein *Paloma*. Dabei erhielt Heitgres unvermutet einen unschätzbaren Helfer – den von der Geheimen Staatspolizei übernommenen Kriminalrat Hermann Will! Nur daß es bei der Wiederaufnahme ihrer traditionellen Beziehungen nun nicht mehr um Sein oder Nichtsein einer Zeitung, sondern um Leben und Tod von Menschen ging. Denunziationen und ein sich vervollkommnendes Überwachungssystem machten zwar 1938 die illegale Arbeit in diesem Sportverein unmöglich, aber die Verbindung zwischen Heitgres und Hermann Will blieb bestehen.

Nach Ausbruch des Krieges sammelte sich um den Hamburger Buchdrucker Max Kristeller ein Widerstandskreis von jungen Antifaschisten, darunter Frontsoldaten, dem auch Franz Heitgres und seine Frau angehörten. Doppelte Vorsicht war geboten — Max Kristeller galt nach den sogenannten Nürnberger Rassegesetzen als »nichtarisch«.

Im Herbst 1942 nahm an einer dieser Zusammenkünfte ein gewisser Alfons Pannek, genannt Ali, teil. Er galt als völlig vertrauenswürdig. Ehemaliger Redakteur der *Hamburger Volkszeitung*, hatte in der Internationalen Brigade gegen Franco gekämpft, war gefangengenommen, an Deutschland ausgeliefert und hier verurteilt worden. Es war das erste Mal, daß Pannek sich in diesem Kreis befand. Die Zusammenkunft war hauptsächlich auf sein Betreiben zustandegekommen. Seine Vergangenheit machte ihn tabu, auch Heitgres hegte keinen Verdacht gegen ihn. Jedenfalls solange nicht, bis Pannek das Gespräch immer wieder in eine bestimmte Richtung zu lenken versuchte: nämlich zwei auf Urlaub befindlichen Soldaten von der Ostfront die Möglichkeit der Sabotage durch falsches Einstellen der Artilleriemeßgeräte zu suggerieren. Nachdem Heitgres und seine Frau in der Küche Max Kristeller vergeblich gewarnt hatten, verließen sie die illegale Zusammenkunft.

Am 9. Mai 1943 wurde Max Kristeller durch die Gestapo verhaftet. Heitgres erfuhr noch am selben Tage davon. Die entscheidende Frage: ob Max Kristeller vom »Judendezernat« oder von der Politischen Abteilung verhaftet worden war. Im ersten Falle würde die Verhaftung nicht unbedingt

mit dem illegalen Kreis in Verbindung stehen. Heitgres setzte sich mit Hermann Will in Verbindung, um diese wichtige Auskunft zu erhalten. Am 10. Mai 1943 rief Will zurück und verabredete einen Treffpunkt. Als Heitgres dort erschien, wurde er von dem berüchtigten Hamburger Gestapomann Henry Helms in Empfang genommen und verhaftet. Den Anruf von Will hielt Heitgres jetzt für fingiert. Zur gleichen Zeit wurden sechs weitere Mitglieder des illegalen Kreises, darunter ein Soldat an der Ostfront, festgenommen. Heitgres' Kassiber-Warnungen vor Alfons Pannek waren draußen entweder nicht genügend beachtet oder nicht weitergegeben worden. Später sollte sich vor einem britischen Militärgericht die Spitzeltätigkeit Panneks herausstellen. Um den Preis des Verrats hatte er sich von der Todesstrafe losgekauft.
Nach sechswöchiger Vernehmung in dem Gestapogefängnis Hütten wurde Heitgres nach Fuhlsbüttel in Einzelhaft übergeführt. An Max Kristeller wurde das Gestapoverhör 3. Grades erprobt. Seine Schreie gellen seinen Kameraden noch heute in den Ohren. Kristellers Gefährtin wurde hingerichtet, ebenso der Soldat. Im Juni 1944 wurde Heitgres in das Konzentrationslager Neuengamme gebracht, am 8. Februar 1945, zusammen mit fünf anderen Politischen, wieder ins Untersuchungsgefängnis zurücktransportiert. Der große Wettlauf zwischen dem Tod und der militärischen Niederlage Deutschlands hatte begonnen. Die Mitteilung des Anwalts, daß vom Volksgerichtshof die Todesstrafe beantragt worden sei, überraschte Heitgres nicht. Tagungsort sollte Lübeck werden. Aber am 3. Mai 1945 kapitulierte die Stadt Hamburg vor Montgomerys »Desert rats«. Bis zum 21. Mai noch im Untersuchungsgefängnis, organisierte Heitgres unter den Politischen die erste Schulung.
Nach der Entlassung baute er das *Komitee ehemaliger politischer Gefangener* in Hamburg auf und war im August 1945 maßgeblich beteiligt an der ersten, von der amerikanischen Militärregierung noch nicht genehmigten Zusammenkunft

aller Lagerkomitees in Stuttgart-Untertürkheim, der Keimzelle der VVN. Die Kameraden aus den Konzentrationslägern trugen Heitgres die Ehre an, in seinen Verfolgtenpaß die Nummer 1 zu setzen.

In der KPD sprach niemand mehr von dem Ausschluß des Jahres 1932. Heitgres wurde in die Leitung der Hamburger Parteiorganisation aufgenommen und, als der damalige Bürgermeister Rudolph Petersen ihn berief, mit ihrer Einwilligung Senator. Hermann Will, der Gestapobeamte wider Willen, wurde mit Hilfe der VVN alsbald aus dem Internierungslager herausgeholt.

Im Mai 1949 lief der große Prozeß gegen ehemalige Hamburger Gestapoleute an. Unter den Angeklagten befand sich auch Henry Helms. Bei der Vernehmung des Belastungszeugen Hermann Will zu den Geschehnissen am 10. Mai 1943 gab es eine Überraschung. Darüber berichtete die *Hamburger Volkszeitung* vom 21. Mai 1949:

»Durch die Vernehmung des Kriminalrats a. D. Hermann Will, der schon vor 1933 zur Bekämpfung ›kommunistischer Umtriebe‹ eingesetzt war, wird überraschend Heitgres' Verhaftung aufgeklärt. Will stand mit Heitgres in geheimer Verbindung und gab ihm Informationen über Maßnahmen der Gestapo, so daß Heitgres seine Freunde warnen konnte. Eines Tages vereinbarte Will fernmündlich mit Heitgres einen ›Treff‹ am Gestapogebäude. Statt Will erschien Helms und verhaftete Heitgres, der bisher glaubte, Wills Anruf sei fingiert gewesen. Offenbar verwirrt durch das Kreuzverhör, bei dem er sich in Widersprüche verwickelte, bestätigte Will dem Gericht, daß er selbst jenen Anruf tätigte, und enthüllte damit sein schändliches Doppelspiel.«

Nun konnte von »Doppelspiel« keine Rede sein, und Heitgres selbst war der letzte, der daran glaubte. Hermann Will hatte vielmehr, nach so vielen starken Stunden auch eine schwache gehabt und die Nerven verloren. In einem Brief vom 26. Mai 1949, kurz vor seinem Tode, schilderte er Heitgres völlig zerknirscht seine Situation an jenem Tag vor sechs Jahren. Henry Helms, der seit langem etwas gewittert haben mochte, habe ihn mit den Worten begrüßt: »Jetzt ist Ihr Freund Heitgres reif!« und ihn dann aufgefordert, sogleich ein Treffen mit ihm zu verabreden. Will berichtete Heitgres von seiner inneren Unruhe, von seiner Furcht vor Helms, und davor, daß dieser Nachforschungen anstellen könne, wenn sein Verdacht sich bestätigen sollte. So habe er damals den Hörer abgenommen.

Heitgres gab eine Erklärung ab, die keinen Zweifel daran ließ, daß seine Haltung zu dem Helfer aus schweren Zeiten durch dieses Versagen nicht getrübt worden sei. Aber nicht Hermann Wills Schwäche, sondern die völlig eindeutige Interpretation der damaligen Beziehungen zwischen ihm und Franz Heitgres durch die *Hamburger Volkszeitung* möge der Leser im Gedächtnis behalten.

Mehrfach rühmte diese Zeitung das prominente Parteimitglied. In einem Artikel hieß es:

»Im Sportklub ›Paloma‹ gelang es dem bekannten Arbeitersportler Franz Heitgres, eine große Zahl ehemaliger aktiver Sozialdemokraten und Kommunisten zusammenzufassen und auf Grund alter Organisationsverbindungen dieses Vereins und neuer illegaler Anknüpfungspunkte sportliche Treffen sogar in Kopenhagen durchzuführen. Denunzianten und Spitzel der Gestapo versuchten dieser Widerstandsgruppe Einhalt zu gebieten, aber überall, wo durch das Eingreifen der Gestapo Lücken gerissen wurden, fanden sich immer wieder Kräfte der früheren Arbeitersportbewegung mit neuen Widerständlern zusammen.«

Ein anderes Mal, im Herbst 1950, schilderte die *Hamburger Volkszeitung* den »Fall Kartaschow«. Kartaschow, ein sowjetischer Stabsarzt, 1944 in deutsche Gefangenschaft geraten, war wegen seiner unbeugsamen Haltung bald mit mehreren anderen sowjetischen Offizieren in das Konzentrationslager Neuengamme eingeliefert worden. Dabei wurden die Personalakten der neuen Häftlinge durch die Gestapo der Politischen Abteilung und dem Kommando für Arbeitseinsatz übergeben. Der politische Gefangene Waldemar Moll, Dolmetscher für Russisch in der Politischen Abteilung des KZ-Kommandanturstabes Neuengamme, nahm Einblick in diese Akten und ersah, daß die Gestapo an das Reichssicherheitshauptamt Berlin einen Antrag gestellt hatte, in der um »Sonderbehandlung« Kartaschows (Tod durch den Strang) ersucht wurde. Moll unterrichtete sofort seine Kameraden in Revier und Arbeitskommando. Es wurde beschlossen, den schwer bedrohten Kartaschow zu retten. Eile war geboten, die Bestätigung des Reichssicherheitshauptamtes zur »Sonderbehandlung« war in etwa einer Woche zu erwarten. Kartaschow »verstarb« im Revier von Neuengamme. Er erhielt die Personalien eines tatsächlich gestorbenen Landsmannes und lebte unter dessen Namen weiter, nachdem die Personalkarteien in der Politischen Abteilung, auf dem Arbeitskommando und dem Revier entsprechend geändert worden waren. Um ganz sicherzugehen, wurde der sowjetische Stabsarzt für eine gewisse Zeit unter seinem neuen Namen in der Infektionsabteilung des Häftlingsreviers untergebracht, das von der SS nicht betreten wurde, und später in dem Außenkommando Drütte bei Braunschweig. Das Himmlersche Reichssicherheitshauptamt erhielt auf dem üblichen Wege die Meldung, daß der kriegsgefangene sowjetische Offizier Kartaschow an »Herzkreislaufschwäche« verstorben sei. Die *Hamburger Volkszeitung* vom September 1950 nannte bei der Aufzählung der politischen Häftlinge, denen Kartaschow das Leben verdankte, auch Franz Heitgres.

Unmittelbar darauf wurde Heitgres, in einer Landessitzung, der Willi Prinz vorstand, gefragt: »Was hast du eigentlich damit gemeint, daß es *drei* Fassungen der *Geschichte der KPdSU* gebe?«

Fragesteller war Franz Ahrens, der spätere Chefredakteur des westdeutschen Parteizentralorgans *Freies Volk*. Dieser Franz Ahrens war in den Nachkriegsjahren zum engsten Vertrauten und Freund von Heitgres geworden. Als Ahrens einmal von einer sogenannten Sonderschulung aus der »DDR« zurückgekehrt war und Heitgres von den Lektionen über die bolschewistische Partei berichtete, hatte dieser, unter vier Augen, eingeworfen, er habe drei Versionen kennengelernt. Niemand sonst hatte zugehört. Jetzt plötzlich holte Franz Ahrens den lange zurückliegenden Vorfall hervor und legte ihn auf den Tisch des Hamburger Parteisekretariats. Weshalb?
Dann fiel Prinz, auf dessen Abschußliste auch Franz Heitgres gestanden hatte, aber selbst, und mit ihm die Frage von Franz Ahrens. Bald darauf jedoch wurde Heitgres seiner VVN-Funktion entbunden. Statt ihrer erhielt er den Auftrag, in Hamburg und Niedersachsen das *Komitee zur Verteidigung demokratischer Rechte* aufzubauen, eine Hilfsorganisation für in Straf- oder Untersuchungshaft geratene Parteimitglieder, »Sympathisierende« und deren Angehörige. Seit 1951 leitete Heitgres die Beobachtung aller politischen Prozesse in der ehemaligen Britischen Zone — bis zum Februar 1953.
In diesem Monat faßte das Sekretariat des Parteivorstandes in Düsseldorf den Beschluß, Franz Heitgres von jeder »zentralen Funktion« zu entbinden, was faktisch Funktionsentzug bedeutete. Aber dieser Beschluß wurde nicht begründet. Von seinem Inhalt erfuhren sowohl Heitgres als auch das Hamburger Landesekretariat, das fortwährend mit Düsseldorf in Verbindung stand, über Dritte, die der Partei nicht angehörten. Monatelang schwebte über diesem Beschluß der Schleier des Zögerns und des Unbehagens. Erst am 29. April 1953 wurde er Heitgres offiziell mitgeteilt — ohne Begründung... Gleichzeitig erhielt er die Aufforderung, er möge mit seiner Familie nach Düsseldorf übersiedeln.
Wieder, wie 1932, Verbot der Funktion und eine gleich-

zeitige Anweisung, die im Widerspruch dazu stand! Und wieder, wie 1932, erhob Heitgres Einspruch, zuerst mündlich, dann, als mehrere Monate weder zu einer Bestätigung noch zu einer Revision des Beschlusses reichten, obwohl inzwischen kein Reichstagsbrand daran gehindert hätte, schriftlich. Umsonst. Da das Sekretariat des Parteivorstandes immer noch keine Gründe für seinen eigenen Beschluß genannt hatte, blieb nur der Schluß, daß es sie selbst nicht kannte.
Heitgres, auch finanziell völlig fallengelassen von der Partei, begann, sich nach einem Broterwerb umzusehen. Was ihm zu Ohren kam – das Erstaunen des Parteivorstandes, daß er überhaupt jemals eine zentrale Funktion ausgeübt habe, und die offenkundige Ignoranz dort, was seinen Lebenslauf betraf, den er in bekannter Manier wohl ein halbes Dutzend Mal abgefaßt hatte – war nicht geeignet, seinen körperlichen und seelischen Zustand aufzubessern. Trotzdem übte er immer noch Disziplin, in welch zwielichtige und verzweifelte Position sie ihn auch vor den Genossen rückte. Auf ihre Fragen, was gegen ihn vorliege, warum er untätig sein müsse, vermochte er keine Gründe anzugeben, da er sie nicht kannte. Wenn in Unkenntnis dieser Gründe bei ihm, dem Repräsentanten des *Kommitees zur Verteidigung demokratischer Rechte,* unglückliche Väter und verzweifelte Mütter erschienen, griff er zu Ausflüchten, zu Ausreden, immer noch bereit, lieber sich selbst als die Partei diskreditieren zu lassen.
Dann, vier Jahre nach Franz Ahrens' Attacke unter Willi Prinz, nahm dessen Nachfolger, Hein Fink, den Faden wieder auf. Er erschien in Heitgres' Grundorganisation, Erster Landessekretär der KPD, Hamburgs höchste Parteiautorität, und erklärte, Franz Heitgres und seine Frau seien 1943 auf einer illegalen Zusammenkunft gewesen, auf der auch der Spitzel Alfons Pannek war. Franz Heitgres und seine Frau hätten vorzeitig die Sitzung verlassen, und darauf wurden sechs Mann verhaftet. Wer also sei Franz Heitgres? Er habe mit der Gestapo zusammengearbeitet, und zwar mit Hermann Will. Er habe dies ohne Wissen der Partei getan, und

das sei als verräterische Handlung zu bezeichnen. Heitgres habe bis heute der Partei keine klare Auskunft gegeben.
Aber weder der Aufwand an Autorität noch das Ungeheuerliche der Beschuldigungen erfüllten zunächst ihren Zweck. Warum, wurde Hein Fink gefragt, wenn das alles stimme, zwölf Monate Zögern? Mit sieben zu sechs Stimmen lehnte die Grundorganisation den Ausschluß Franz Heitgres' ab. Als das Landessekretariat das Abstimmungsergebnis nicht anerkannte, traten fünf langjährige Mitglieder der Gruppe aus der Partei aus. Jetzt waren jene, die für den Ausschluß gestimmt hatten, in der Überzahl. Das Landessekretariat Hamburg meldete an Düsseldorf weiter: Franz Heitgres von seiner Grundorganisation mit klarer Mehrheit ausgeschlossen.

In der von der *Hamburger Volkszeitung* am 23. März 1954 abgedruckten *Erklärung der Parteikontrollkommission zum Ausschluß von Franz Heitgres aus der KPD* hieß es: Das Sekretariat des Parteivorstandes bestätige den Beschluß der Grundorganisation 301 in Hamburg, die Franz Heitgres ausgeschlossen habe, da er die Partei über seine Vergangenheit irregeführt, sich der systematischen Zersetzungsarbeit schuldig gemacht und eine feindselige Haltung gegen den Parteivorstand eingenommen habe.
Als Ausschlußbegründung gab die Erklärung an: In den letzten Monaten des Jahres 1932, als es klar wurde, daß schwere Auseinandersetzungen mit dem Faschismus bevorstünden, habe Heitgres seine Arbeit in der Sportbewegung bewußt nachlässig durchgeführt. Im Dezember jenes Jahres habe er sich geweigert, dem Beschluß der Partei nachzukommen, in Thüringen eine Funktion aufzunehmen. Die Partei habe damals diese Feigheit eines in Hamburg bekannten Funktionärs mit dem Ausschluß beantwortet. Heitgres habe der Partei bisher keine genaue Aufklärung über die Jahre 1933 bis 1945 gegeben und könne seine Behauptungen, er sei im antifaschistischen Sinne tätig gewesen, durch nichts beweisen. Auch stehe fest, daß er während der Nazizeit zehn Jahre lang

direkte Verbindung zu dem Gestapomann Hermann Will gehabt habe, über die er bis heute der Partei keine klaren Auskünfte vermittelt habe. Seine Behauptung, diese Verbindung mit der Gestapo gehalten zu haben, um illegal kämpfende Kommunisten zu schützen und zu warnen, sei unwahr. Heitgres sei des weiteren bis heute nicht bereit gewesen, die wahren Gründe seiner im Jahre 1943 erfolgten Verhaftung zu nennen. Anstatt nun, selbst wenn er in der Vergangenheit falsche und unklare Angaben gemacht habe, diese mit der Partei zu bereinigen, häufte er nicht nur immer neue Unklarheiten auf, sondern beklage sich gleichzeitig auch in der raffiniertesten Weise bei der Mitgliedschaft der Partei und der Widerstandsbewegung.
Diese Tatsachen machten es notwendig, Franz Heitgres aus der Kommunistischen Partei auszuschließen.
Soweit die Erklärung der PKK.
Seit 1945 waren neun Jahre vergangen, neun Jahre, in denen die Düsseldorfer und die Hamburger Parteileitung Zeit und Gelegenheit im Überfluß gehabt hätten, sich zu informieren – wenn sie sich über Heitgres' Vergangenheit tatsächlich im unklaren gewesen wären. Aber das waren sie ihrem ganzen Verhalten nach nicht, im Gegenteil, sie hatten ihn mit hohen Funktionen betraut, Einzelheiten seines Widerstandes und seiner persönlichen Haltung als vorbildlich veröffentlicht und den Charakter der Verbindung zwischen ihm und Will ausdrücklich in der *Hamburger Volkszeitung* bestätigen lassen. Aber dann war der Befehl gekommen – aus Berlin. Nach seinen Gründen zu forschen, hieße, die Natur und die Struktur der stalinistischen Partei zu verkennen. Ihr Bedürfnis nach Sündenböcken ist notorisch, ihr Motiv irrational, ihr Zwang zum Opfer von prähistorischer Schaurigkeit.
Heitgres erhob keinen Einspruch. Die Oberste Gerichtsbarkeit hatte ihre Macht über ihn, der ihr dreißig Jahre gedient hatte, verloren. Nur noch einmal bäumte er sich auf, als die Lüge auch in der VVN zu wirken begann. Sein Verfolgtenpaß zeigte immer noch die Nummer 1. Heitgres beantragte

beim Hamburger Landesvorstand der VVN eine Untersuchung gegen Hein Fink, der dieser Organisation ebenfalls angehörte. Und sein Prestige in der VVN war immer noch so stark, daß wirklich ein Untersuchungsausschuß eingesetzt wurde. Sechs von seinen neun Mitgliedern gehörten der KPD an.
Was jetzt folgte, kann als einmalig gelten.
Das Protokoll des sorgfältigen Zeugenverhörs verzeichnet siebzehn Namen, darunter den von Hein Fink. Und hier, ein winziges Stückchen nur jenseits der Bedingungen, die die verschworene Lüge sich selbst erschaffen hatte, hier geriet Hein Fink in das eigene Netz. Er widerruft seine Behauptung, daß Heitgres Widerstandskämpfer ins KZ gebracht habe, und er widerruft sie in dessen Gegenwart!
Am 17. Juni 1954 kam der Kontrollausschuß der VVN Hamburg einstimmig zu dem Untersuchungsergebnis, daß Franz Heitgres in der Zeit von 1933 bis zu seiner Verhaftung 1943 illegal gearbeitet habe; daß seine Verbindung zu dem Gestapomann Hermann Will den gehörten Zeugen bekannt war und Heitgres diese Verbindung benutzte, ihm bekannte Widerstandskämpfer zu warnen; daß das Zusammentreffen mit Alfons Pannek nur einmalig gewesen, dessen Spitzeltätigkeit später bestätigt und der Verlauf der illegalen Sitzung, an der Pannek teilgenommen habe, richtiggestellt worden sei. Der Kontrollausschuß schlug dem Landesvorstand vor, der nächsten VVN-Delegiertenkonferenz eine Erklärung über das Untersuchungsergebnis zukommen zu lassen.
Von sechs eingeschriebenen Mitgliedern der KPD majorisiert, hatte dieser Ausschuß den Parteivorstand, das Hamburger Landessekretariat und die *Hamburger Volkszeitung* der Lüge und der Verleumdung überführt.

Die Folgen ließen nicht auf sich warten. Sie können einem parteiinternen Schreiben der Hamburger Landeskontrollkommission vom 26. Juli 1954 entnommen werden. Danach waren der Genosse Alex K. und die Genossin Gertrud B. von »zentraler Stelle zur Behandlung des Falles Heitgres nach B. beordert« worden. B. ist natürlich die schlichte Abkürzung für Berlin, von wo der Befehl kam, und von wo nun Rechenschaft gefordert wurde, warum die Lüge nicht reibungslos funktioniert habe. Die LKK zog sogar eine eventuelle Verdammung Hein Finks in den Bereich der Eventualitäten, und schrieb vorsorglich für diesen Fall: »Vollkommen unverständlich bleibt es, daß sich der Genosse Hein Fink vor der VVN in eine Gegenüberstellung mit dem H. einließ, anstatt zu erklären, daß er mit Agenten keine Gespräche führe«, um dann zu schlußfolgern, »..., daß die Mitglieder der Partei, die dem Kontrollausschuß angehörten, aber auch der Genosse Hein Fink, sich nicht über die Bedeutung der Erklärung des Parteivorstandes bezüglich des Ausschlusses von Heitgres im klaren gewesen waren. Sie sind weder von der Agentenrolle des H. überzeugt noch von der führenden Rolle der Partei. Wäre dies der Fall gewesen, hätte die Untersuchung nur auf der Grundlage der Erklärung des Parteivorstandes erfolgen können.«

Die Revolution hatte also das Gesicht der Lüge angenommen, aber die Lüge macht bekanntlich unsicher. Deshalb beauftragte die LKK das Hamburger Sekretariat der VVN, unverzüglich in jedem Kreis einen politisch zuverlässigen Genossen als Verantwortlichen der Partei für alles, was den Fall Heitgres betreffe, zu benennen. Wo dies der VVN nicht möglich sein sollte, hätten die Kreisleitungen der Partei von sich aus ein Mitglied für diese spezielle Aufgabe einzusetzen. Um keine Unterschätzung dieser Aufgabe zuzulassen, müsse dieses Mitglied von allen anderen Funktionen vorübergehend entbunden werden. Das Sekretariat der VVN und auch die Kreissekretariate hätten das Landessekretariat der Partei laufend zu unterrichten. Die LKK führe Kontrollen durch und gäbe den betreffenden Genossen laufend die erforderlichen Aufträge.

Selbst in diesem Dokument des organisierten Betrugs, das

allein bestimmt war für den Verkehr zwischen der LKK, dem Landessekretariat der Partei und dem Vorstand der VVN Hamburg, kommt es zu einem Kommentar, der nicht unterschlagen werden soll. Heitgres, heißt es darin, berufe sich darauf, daß er 1943 verhaftet worden sei. Die Arbeiterbewegung habe aber genug Beispiele aufzuweisen, daß die reaktionären und faschistischen Regierungen auch ihre Beauftragten ab und zu einsperrten, wenn es galt, sie vor der offenen Entlarvung zu bewahren. Die großen Prozesse gegen Rajk, Kostoff und Slansky hätten der Arbeiterklasse dies mit aller Deutlichkeit bewiesen. Heitgres führe, wie die Brandler, Buber-Neumann und die Trotzkisten, weiter die Aufträge der Monopolkapitalisten durch und genieße, durchgehalten von der Großbourgeoisie und deren Institutionen, die Vorteile eines bürgerlichen Lebens.
Diese Vorteile des von der Großbourgeoisie durchgehaltenen Franz Heitgres bestanden in dreijähriger Erwerbslosigkeit, ehe er endlich in der Buchhaltung einer Hamburger Werft unterkam — vernichtet in seiner Kraft, zerschlagen in seinen revolutionären Hoffnungen.
Das Ergebnis des VVN-Kontrollausschusses wurde nie einer Delegiertenkonferenz vorgelegt und nie veröffentlicht. Dagegen wiederholte ein Vierteljahr darauf, am 11. September 1954, *Die Tat*, das westdeutsche Organ der VVN, den Inhalt der PKK-Erklärung zur Begründung des Ausschlusses von Franz Heitgres auch aus der VVN.
Von seiner internen Rehabilitierung erfuhr Heitgres erst ein Jahr später. Mit der Bemerkung, daß unter dieser Last sein Gewissen nicht mehr leben könne, wurde ihm das schriftliche Untersuchungsergebnis des Kontrollausschusses übergeben — von einem seiner Mitglieder!

Ich kannte Franz Heitgres seit 1945. Sein Name stand unter meinem Verfolgtenpaß. Es war von allem Anfang an ein herzliches Verhältnis zwischen uns gewesen und hatte keiner Vorverständigung bedurft. Der offene Mann unterschied sich zu augenfällig von der dumpfen Beschränktheit des humorentwöhnten Apparatschiks, als daß ihm die Sympathien weiter Kreise, auch jenseits der Partei, nicht sicher gewesen wären. Viele von uns Jüngeren, wenn sie nach Vorbildern suchten, dachten an Franz Heitgres. Was seine Anziehungskraft ausmachte, war, daß er eine Atmosphäre des Vertrauens, nicht des Mißtrauens um sich verbreitete, wohin er auch kam. Seine unwahrscheinliche Leistung bestand darin, daß er mehrere Jahrzehnte der Partei angehörte und trotzdem ein Mensch geblieben war.

Ich glaubte kein einziges Wort von der PKK-Erklärung, und ich habe niemanden getroffen, der es geglaubt hätte. Franz Heitgres galt mir als so integer wie vorher. Aber hatte die Partei nicht ihre Entscheidung gefällt und hatte sie ihn nicht geächtet?

Diese Entscheidung brachte mich in den ersten bewußten Gewissenskonflikt.

Ich sah den Ausgestoßenen einmal auf einer VVN-Kundgebung am Urnen-Denkmal der Konzentrationäre auf dem Ohlsdorfer Friedhof, mitten in der Menge, zu der er hier früher gesprochen hatte. Er sah mich nicht, aber ich sah ihn. Ich wußte, daß es richtig gewesen wäre, zu ihm hinzugehen, vor aller Augen zu ihm hinzugehen und ihm die Hand zu reichen und zu sagen: Ich glaube kein Wort von dem Unsinn, der über dich verbreitet worden ist, niemand glaubt davon ein Wort! – aber ich tat es nicht, ich blieb wie angewurzelt auf meinem Platz stehen.

Später rief ich Franz Heitgres einmal an, unter irgendeinem Vorwand, in irgendeiner belanglosen Sache. Obwohl ich dabei ganz allein war, sprach ich trotzdem gedämpft, mit einer Hand sozusagen das Auge der Kontrollkommission in mir selbst zudeckend. Denn George Orwell irrte mit seinem *1984*, er irrte mindestens um dreißig Jahre – der »Große Bruder« existierte schon 1954, in der Gestalt dieses schrecklichen inneren Auges, das wie ein selbständiges, fremdes Wesen wirkte

und von dem ich mich auch in gänzlicher Einsamkeit und dunkelster Nacht beobachtet fühlte.
Ich hatte Franz Heitgres angerufen, um ihm zu zeigen, daß ich nicht an die Lüge über ihn glaubte. Aber mußte seine Opferung nicht einen tieferen, mir verborgenen Sinn haben? Die Partei hatte doch immer recht!
Hatte die Partei wirklich immer recht?
Irgend etwas stimmte nicht mehr.

Von der Selbstsuggestion
eines Schulungssekretärs

Irgend etwas stimmte nicht mehr.
In der Schweiz ging es um die Fussballweltmeisterschaft. Die Bundesrepublik Deutschland und Ungarn standen sich im Endspiel gegenüber. Sonst keineswegs Fussball-Enthusiasten, sassen etliche von uns im Altonaer Parteibüro vor dem Radio, mit roten Köpfen, vorgebeugt, und liessen sich kein Wort entgehen. Unsere Reaktionen waren einheitlich abhängig vom Spielverlauf — strahlende Gesichter, wenn es vor dem deutschen Tor brannte, betroffene Mienen, wenn der Kampf zu tief ins ungarische Feld rückte...
Und da plötzlich, angesichts dieser Szene, kam mir die Erinnerung an ein Ereignis, das fast auf den Tag genau sechzehn Jahre zurücklag. Damals, im Juni 1938, knockte der amerikanische Neger und Weltmeister aller Boxklassen, Joe Louis, den Mann, der ihn zwei Jahre zuvor nach grandiosem Kampf in der zwölften Runde für die Zeit auf die Bretter geschickt hatte, in der 1. Runde aus — Max Schmeling. Der Kampf war frühmorgens aus dem Madison Square Garden vom Rundfunk übertragen worden. Was sich in den nächsten Tagen in einem Deutschland tat, das den Taumel seines Grössenwahns gerade durch die erste gefahrlose Annektion europäischen Bodens, Österreichs, bestätigt sah, hatte sich mir eingebrannt — das Kampfereignis war nicht hingenommen worden wie ein sportliches Ereignis, sondern wie eine nationale Katastrophe!
Aber hier, mehr als anderthalb Jahrzehnte später, in diesem Altonaer Parteibüro, entdeckte ich, dass in mir ein ähnlicher Vorgang zu walten schien, wenn auch mit umgekehrten Vorzeichen — die Katastrophe bestand nun gerade in einem deutschen Sieg! Wenn die Bundesrepublik einen andern Geg-

ner geschlagen hätte, die Mannschaft irgendeines Staates der westlichen Hemisphäre, herzlich gern – aber nicht die einer Volksdemokratie!

Die Bundesrepublik gewann und wir lästerten ihren Sieg, schmähten und ironisierten ihn, und während wir so redeten, spürten wir alle, daß irgend etwas mit uns nicht stimmte. Aber was eigentlich nicht?

Mehr als irgendeine andere Person, trug in den nächsten zwölf Monaten Frieda R. dazu bei, mir Antwort auf diese Frage zu geben.

Dem Äußeren nach hätte sie eine Schwester der einstmals prominenten rumänischen Kommunistin Anna Pauker sein können – die gleiche unweibliche Frisur, das rundherum abgeschnittene Kurzhaar, die gleichen vorgeschobenen Schultern, und die gleiche Art, in der Erregung die Faust hochzuschleudern. Die Ähnlichkeit war verblüffend.

Als die Partei mich jetzt mit der Funktion eines Kreissekretärs für Agitation und Propaganda betraute, kam ich in nähere Berührung mit Frieda R., die dem Kreissekretariat schon seit langem angehörte.

Diese Frau war eine menschliche Landschaft für sich. Im Gegensatz selbst zu den eifrigsten der anderen Sekretariatsmitglieder, die alle gelegentlich einen Anlaß fanden, dieser oder jener Sitzung fernzubleiben, fehlte Frieda R. nie. Auch ließ sie keinen falschen Zungenschlag gelten, wie er uns zwar geschulten, aber immerhin doch auch nur gewöhnlichen Sterblichen unterlaufen konnte, wenn etwa jemand »die Russen« sagte, anstatt »unsere sowjetischen Freunde«. Dann fragte Frieda R., ob sie richtig gehört habe, und da sie stets richtig hörte, kam sogleich mahnend ihre Korrektur. Ihr oberster Grundsatz hieß Wachsamkeit. Ihr Leben war von ihm beherrscht. Sie vertraute, abgesehen von den Mitgliedern jeder höheren Leitungsinstanz als der des Kreissekretariats, nur einem kleinen Kreis von Auserwählten. Sonst hielt sie jeden, der in ihre Nähe geriet und den sie nicht oder nur mangelhaft kannte, zunächst einmal für einen potentiellen Agenten.

Wie sehr dies ihre Grundhaltung gegenüber der Umwelt überhaupt war, erwies sich daran, daß selbst all die, die sie gut und lange kannte, sich vor ihr stets aufs neue zu bewähren, das heißt, sich von dem Verdacht des potentiellen Agententums zu befreien hatten. Dieses schon jahrzehntelang wirkende Mißtrauen hatte sie geprägt, hatte ihre besseren Eigenschaften zerstört und ihrem Dienst an der Partei jenen typischen Charakter von Anonymität verliehen, die sich nie mit einer Person individuell so tief einläßt, daß sie für deren Handlungsweise je verantwortlich gemacht werden konnte.
Dort, wo dieser Typus wirkt, herrscht er auch. Sein Motto: »Die Partei — das bin ich«, ist um so eindrucksvoller, als der Anspruch darauf von keinerlei Selbstzweifeln beeinträchtigt wird. Frieda R. war eine Respektsperson, die in Altona nicht ihresgleichen hatte. Sie war sozusagen eine Magda L. auf Kreisebene.
Um so mehr mußte sie der erste Widerstand verblüffen.

Während einer Delegiertenkonferenz des Kreises, der eine Parteibuchkontrolle zur Unterstreichung ihrer Bedeutung vorangegangen war, wurde der Erste Sekretär herausgerufen. Er holte mich gleich darauf nach.
Draußen stand ein junger Mann, der seinen Namen nannte, seinen Wohnort, den Grund seines Aufenthaltes in der Bundesrepublik und sein hiesiges Domizil— er habe immer schon an einer Versammlung von Genossen der KPD teilnehmen wollen, gerade als Schriftsteller. Das alles in unverfälschtem Sächsisch. Es war Hans-Joachim B. aus Leipzig-Holzhausen.
Wir sahen ihn uns an, hörten ihn an, ließen uns seine Papiere vorweisen, nahmen ihn mit hinein und stellten ihn der Versammlung vor. Seine Anwesenheit wurde ohne Gegenstimme und mit Beifall akzeptiert. Frieda R. saß in der ersten Reihe. Nach Schluß der Versammlung bat Hans-Joachim B., ob er diese letzte Nacht in Westdeutschland nicht bei einem Genossen unterkriechen könne, denn von seinen Verwandten,

bei denen er bisher gehaust habe und die ihn politisch nicht verstünden, habe er die Nase voll. Eine solche Herberge habe er sich seit langem gewünscht.
Ich fuhr ihn in einen Außenbezirk, wo ständig Unterkünfte bereit gehalten wurden. Es war der Bezirk Frieda R.s. Auf dem Wege dorthin berichtete Hans-Joachim B. von seiner Arbeit und von einem Institut für Literatur, das die Regierung der »DDR« in Leipzig zu errichten gedenke, unter der Leitung von Alfred Kurella.
Bevor wir uns verabschiedeten, tauschten wir unsere Adressen aus. Dieses Institut interessierte mich sofort. Hans-Joachim B. versprach mir, mich zu benachrichtigen, sobald nähere Einzelheiten bekannt werden würden.
Damit hätte ein informatives Ereignis sein vorläufiges Bewenden haben können — wenn Frieda R. nicht gewesen wäre.
Wenige Tage nach der Delegiertenkonferenz, vor Eröffnung einer Kreisleitungssitzung, kam sie auf mich zu und fragte, woher ich Hans-Joachim B. kenne. Für sie sei er ein Fremder, und sie sei bei der Zulassung dieses Fremden nicht befragt worden. Sie stand da vor mir wie die Personifizierung des stets wachen Verdachtes, einer weitverzweigten und bisher kunstvoll verborgenen Verschwörung gegen die Partei auf die Schliche gekommen zu sein. Und für ein paar Sekunden wandelte die alte Furcht mich wieder an. Würden die Angaben des Besuchers einer näheren Prüfung wirklich standhalten? War es nicht tatsächlich leichtsinnig gewesen, ihn einfach mit hineinzunehmen, ohne auch nur das geringste von ihm zu kennen?
Noch vor Verlesung der Tagesordnung meldete Frieda R. sich zu Wort. Die Wachsamkeit sei auf das Höchste mißachtet worden! Ein Fremder, den weit und breit niemand kenne, sei zu einer Konferenz zugelassen worden, bei der es, wohlbemerkt, eine Parteibuchkontrolle gegeben habe. Hier sei etwas faul, und ihr scheine es, als wisse der Sekretär für Agitation und Propaganda, der den Fremden auch unterge-

bracht habe bei Genossen, mehr über diese mysteriöse Angelegenheit.
In diesem Augenblick kam mir die Eingebung, Frieda R. mit einem Bluff zu parieren. Wie denn, fragte ich erstaunt, ihr sei der Name Hans-Joachim B.s noch nie in der Presse der »DDR« begegnet? Sie wisse nicht, daß dieser junge Schriftsteller gerade ein vielversprechendes Buch über den Kampf der deutschen Arbeiterklasse zwischen 1919 und der Gegenwart bei einem Hallenser Verlag in Druck gegeben habe? – während sein Theaterstück über Maxim Gorki ganz ausgezeichnete Kritiken einheimse? Sie wisse nicht, daß der junge Mann längst kein Unbekannter mehr sei? Zwar, auch ich habe Hans-Joachim B. persönlich vorher nicht gekannt, aber als aufmerksamer Beobachter des kulturellen Lebens in der »DDR« sei mir sein Name selbstverständlich bekannt!
Allerdings! fiel mir in diesem Augenblick der für die Schulungsarbeit des Kreises verantwortliche Sekretär eifrig ins Wort, ein blonder Mittzwanziger, dessen studentische Laufbahn durch die Mitgliedschaft zum westdeutschen Zentralbüro der FDJ vor Jahren ein jähes Ende genommen hatte – allerdings sei auch ihm dieser Name bekannt! Zugegeben, zuerst habe er gestutzt, als das neue Gesicht in der Konferenz aufgetaucht sei, aber dann, als der Name gefallen sei, Hans-Joachim B., da sei er beruhigt gewesen, denn den kenne er natürlich aus so mancher Publikation in Zeitungen und Zeitschriften der »DDR«, und also habe er keinen Grund für einen Einspruch gesehen.
Der Selbstsuggestion des Schulungssekretärs lag die simple Gefahr zugrunde, daß, wenn Frieda R.s Mißtrauen obsiegte, leicht das ganze Kreissekretariat für die Zulassung des fremden Besuchers verantwortlich gemacht werden konnte, ausgenommen selbstverständlich die wachsame, immer rückengedeckte Frieda R. – deshalb das schöne Feuer des ehemaligen Studenten. Was ich übrigens an Einzelheiten über Hans-Joachim B.s literarische Tätigkeit aufgetischt hatte, das hatte er mir auf dem Wege zum Quartier mitgeteilt.

Frieda R. saß wie vom Donner gerührt da, eine Kulturignorantin, die soeben eine hanebüchene Unkenntnis auf den Gebieten des Literatur-, Zeitungs-, Zeitschriften- und Theaterwesens der »DDR« offenbart hatte. Sie sagte gar nichts mehr und kam mit keinem Wort jemals wieder auf Hans-Joachim B. zurück. Aber es war klar, daß sie diese Stunde nie vergessen würde.

Paris - verboten...

Anfang 1955 begannen sich unangekündigt und unbegründet Verzögerungen in der Honorierung durch die *Berliner Zeitung* einzustellen. Da jede Art von finanzieller Transaktion in die Bundesrepublik zu den selbstverständlichen Tabus zählte, fragte ich zunächst nicht nach. Dann, als keine Änderung eintrat, versuchte ich, die Sache an Ort und Stelle zu regeln. Der Genosse in der Jägerstraße, der in einem dunklen Hinterzimmer für die Abteilung »Devisen« zuständig war, erging sich in vagen Andeutungen über zeitlich begrenzte Schwierigkeiten, bekräftigte seinen und der Zeitung guten Willen und zeigte sich gegenüber allen Fragen nach dem nächsthöheren Verantwortlichen völlig unnachgiebig. Er sprach stets nur halblaut, als fürchtete er, die Wände hätten Ohren, aber als ich ihm einmal auf der Straße begegnete, sprach er genauso verhalten. Aufgabe und Umstände hatten diesen Mann in dem dunklen Hinterzimmer in einen Wisperer der Konspiration verwandelt – halblaute Sätze, leise Beschwörungen, vorsichtige Hinweise auf den guten Willen und absolute Unnachgiebigkeit in der Frage der höheren Verantwortlichkeit, obwohl ich hartnäckig auf ihr bestand. Hartnäckig, weil jeder, der lange genug in der Partei war, eine Vorstellung hatte von den Unsummen, die flüssig gemacht wurden für die tonnenweise Erzeugung von Agitationsmaterial, das ebenso tonnenweise in den Kreisen, den Stadtteilen und den Wohnungen der Mitglieder verfaulte. Der Apparat war immer dann solvent, wenn sich seine Anstrengungen um ein fiktives Publikum bemühten, insolvent wurde er erst beim Anspruch eines Individuums.

Die Honorierung der Korrespondententätigkeit kam nur stockend wieder in Gang, ohne jede Verläßlichkeit. Alle Versuche, über die Chefredaktion der BZ und über den Presseverband an die entscheidende Instanz zu gelangen, scheiterten. Hier waltete eine Anonymität der Verantwortlichkeit, die sich unmittelbar darauf in einer anderen ihrer zahllosen Varianten äußern sollte.

Meine vorjährigen Eindrücke von der französischen Metropole hatten sich unabgenutzt in mir erhalten. Zeitungen der Bewegung in der Bundesrepublik und in der »DDR« hatten Reportagen darüber gebracht und seit Monaten war eine zweite Reise nach Paris das bevorzugte Thema im Altonaer Parteibüro, eine Quelle für jene Vor- und Ratschläge, die wohlmeinende Laien in Verbindung mit diesem Namen augenzwinkernd zu geben pflegen. Im Vorjahre, als Stadtteilsekretär, hatte ich das Vorhaben dem Kreissekretariat angezeigt, und das hatte genügt. Jetzt, als Kreissekretär, ging ich auf Anraten der anderen Sekretäre drei Tage vorher zur Landesleitung, mir dort den Segen zu holen.

Chef der Kaderabteilung Hamburg war damals Willi W., ein Mann von fünfundfünfzig Jahren etwa, Mitglied der Partei von Jugend an, bieder und ohne jeden blassen Schimmer vom Reichtum und der Vielschichtigkeit des menschlichen Wesens. Selbstverantwortlichkeit galt ihm als Fremdwort und jede persönliche Entscheidung als zynischer Frevel, Eigenschaften also, die ihn für das Amt des Kadersekretärs geradezu prädestinierten.

Als ich ihm meine Absicht vorgetragen hatte, wurde er erst weiß um die Nase, dann erklärte er, solcher Fall sei ihm in seiner Praxis noch nicht unterlaufen. Schließlich forderte er mich auf — wenn ich denn unbedingt auf diese Reise bestehen würde — ein schriftliches Gesuch einzureichen. Er hielt es eine Stunde später in Händen.

Nach achtundvierzig ereignislosen Stunden suchte ich den Kaderchef wieder auf, um zu erfahren, es sei der Parteivorstand in Düsseldorf, der über das Gesuch entscheiden müsse, noch sei jedoch keine Rückantwort da.

Diesen letzten Tag vor der geplanten Abreise verbrachte ich auf der Hamburger Landesleitung. Die Angelegenheit sollte

nun immerhin ihrer Dringlichkeit wegen telephonisch geregelt werden, aber anscheinend waren alle Drähte ins Rheinland dauernd besetzt. In der schwindenden Hoffnung, daß, wenn überhaupt noch etwas zu erreichen war, dies nur durch meine Anwesenheit erreicht werden konnte, hielt ich mich unverdrossen in der Nagelsallee auf.
Um mich herum der hektische Betrieb der Zentrale. Besucher wiesen sich, bevor sie eingelassen wurden, per Parteibuch aus, Telephone schrillten, Stimmen erschollen, Türen klappten. Auf den Fluren die bekannten Gesichter der Hauptfunktionäre. Es wurde beratschlagt, empfangen, entlassen, geschrieben und geredet, aber bei all diesen Werken kam nicht soviel heraus, daß über meinen Antrag entschieden werden konnte. Auch am nächsten Morgen, der mich wieder am gleichen Platze sah, fehlte jede Nachricht aus Düsseldorf, wie Willi W. mir zurief, kurzen Atems und sichtlich verwundert über die Naivität meiner Nachfrage, zwischen Tür und Angel, Papiere in den Händen, maßlos beschäftigt. Alle Bitten, mich selbst mit Düsseldorf in Verbindung setzen zu dürfen, wurden abgelehnt. Da war eine Mauer, hinter der die Anonymität der Verantwortlichkeit sich wie das heilige Feuer gehütet sah!
So verstrich der Abreisetermin. Der Gedanke, ohne die ausdrückliche Erlaubnis der Partei in das westliche Ausland zu reisen, war so absurd für mich, daß er mir gar nicht kam. Als ich, genau zwei Jahre später, Paris wiedersah, hatte ich niemanden mehr gefragt, ob ich fahren dürfe. Aber noch trugen meine Empörung, Trauer und Erbitterung das Korsett des bedingungslosen Gehorsams, Disziplin genannt. Sie hatte Gelegenheit, sich sogleich aufs neue zu beweisen.

Es war beschlossen worden, für die Bundesrepublik eine Zeitschrift der *Jungen Pioniere*, der Unterorganisation der FDJ, herauszubringen. In der Partei wurde, trotzdem jeder vom Gegenteil überzeugt war, immer noch so getan, als ob die *Jungen Pioniere* durch das Karlsruher Verbotsurteil der FDJ nicht betroffen worden wären, und auf dem Altar dieser Selbsttäuschung sollte nun jemand geopfert werden, damit das Organ mit dem Anstrich der Legalität erschiene. In seinem Impressum hatte ein Name aufgeführt zu werden, der sich bei Nachprüfung als real erweisen würde und dessen Träger von seinem Beruf her diese Signierung glaubhaft machen konnte – mein Name.

Ich ließ mich ohne Widerspruch opfern, obwohl von vornherein klar war, daß dies eine abermalige Aburteilung durch das Gericht mit sich bringen werde. Meine Zustimmung verstand sich, da die Partei in Gestalt desselben Willi W.s, der die Erlaubnis für die Paris-Reise außerhalb seiner Verantwortlichkeit gestellt hatte, ja bereits entschieden hatte, ohnehin als bloße Formsache. Diskutiert wurde lediglich über mein Verhalten später vor Gericht. Da ich nun aber weder mit der Herstellung noch mit der Redaktion noch mit dem Vertrieb oder der Finanzierung auch nur das geringste zu tun haben würde, kamen wir überein, gegebenenfalls ausnahmsweise einmal die Wahrheit und nichts als die Wahrheit zu sagen – nämlich daß ich, um den gesetzlichen Vorschriften zu entsprechen, lediglich meinen Namen hergegeben habe. Nur einmal reiste ich mit dem tatsächlich verantwortlichen Funktionär, einem jungen Genossen aus der »DDR«, in dessen Händen die Fäden zusammenliefen, nach Kiel, wo die Zeitschrift gedruckt wurde, ließ mich dort zur Beruhigung der Geschäftsleitung sehen und eine Feier ausrufen, bei der mehrere Toasts auf gute Zusammenarbeit ausgebracht wurden.

Ich sah niemals ein Exemplar dieser Zeitschrift mit dem Titel *Junge Freundschaft* und meinem Namen im Impressum. Daß er aber dennoch darin gestanden hatte, sollte ich durch kommende Ereignisse erfahren, die allerdings keine Anonymität der Verantwortlichkeit gestatteten.

Wie wenig die Konfrontation mit dieser Anonymität im Apparat noch das Grundverhältnis zur Partei berührte, äußerte sich in der Korrespondenz zwischen Hans-Joachim B. und mir. Nach einer langen Dankadresse für die Teilnahme an unserer Konferenz, nach ausführlichen Meditationen über seine Eindrücke in der »Stadt Ernst Thälmanns«, und über seine Zuversicht, daß weder die KPD verboten werde noch die SPD sich dem Werben um die Aktionseinheit auf die Dauer entziehen könne, hatten wir uns an einer Frage festgebissen: warum Erich Kästner und Axel Eggebrecht nicht »zu unseren Leuten« zählten.

Beide waren Antifaschisten und Antimilitaristen und standen dem Sozialismus sehr nahe, vor allem Eggebrecht — warum waren sie nicht Mitglieder der Partei? Warum bekannten sie sich nicht zu ihr? War nicht alles ganz selbstverständlich, war nicht klar, wo Menschlichkeit und Unmenschlichkeit sich etabliert hatten? Wo die Zukunft leuchtete und das Vergangene dem Orkus entgegendämmerte? Nicht sonnenklar, auf wessen Seite das Gute wirkte und auf wessen das Böse? Und war unser Leben unter diesem Aspekt nicht eine einzige ununterbrochene Großartigkeit, gleichgültig, was einem selbst auch immer in den Niederungen des persönlichen Umgangs an individuellem Ungenügen, ja an Boshaftigkeit begegnet war? Warum standen Männer wie diese beiden nicht in unseren Reihen?

Uns fehlte jeder Schlüssel, um zu begreifen; wir suchten in unserer Korrespondenz nach ihm, ohne jede Chance noch, ihn überhaupt finden zu können. Wir grübelten und teilten uns diese Grübeleien mit. Die Welt war, immer noch, in Schwarz und Weiß, in Gut und Böse nach den eindeutigen und bekannten Grenzen eingeteilt. Was »nicht mehr stimmte«, lag an der Peripherie. Das Zentrum wurde noch nirgends berührt.

...Warschau - erlaubt

Im westdeutschen Zentralorgan der *Gesellschaft für deutschsowjetische Freundschaft* hatte ein in der Bewegung bekannter Publizist, Werner Steinberg, die Shdanowsche Interpretation der herrschenden Literaturphilosophie, des *Sozialistischen Realismus,* vorsichtig anzuzweifeln gewagt und dabei vorgeschlagen, nach neuen Wegen zu suchen und einen neuen literaturtheoretischen Begriff zu prägen. Die Zeitschrift hatte zur Diskussion aufgerufen, und der Titel einer geharnischten Philippika gegen solchen Vorschlag lautete: *Es heißt — Sozialistischer Realismus!* Sie war von mir.

Damals hatte ich gerade die Gefängnis-Erzählung fertiggestellt. Ein Vergleich zwischen ihr und dem Erlebnisrohstoff vermag einen gewissen Einblick in die innere Struktur des *Sozialistischen Realismus* zu vermitteln, dessen Produkt diese Erzählung ohne alle Abstriche war. Einen Einblick vor allem in sein entscheidendes Merkmal, nämlich die Ersetzung der Wirklichkeit durch unsere Wunschträume, was im Grunde auf nichts anderes hinausläuft, als den allmächtigen Gegensatz zwischen Theorie und Praxis mit Hilfe der Literatur zu vernebeln.

Das Rückgrat der Fabel ruhte auf solchem Wunschtraum-Sockel. Ein junger Kommunist kämpft in einem Hamburger Gefängnis einen verbissenen Kampf um zwei Seelen — um die eines jugendlichen Republikflüchtlings, und um die eines alten sozialdemokratischen Aufsehers. Der Kommunist verläßt das Gefängnis zusammen mit dem Sozialdemokraten, der — Aktionseinheit der Arbeiterklasse! — wegen allzu tatkräftiger Sympathien für den Helden suspendiert wurde, und mit der Gewißheit, daß der Republikflüchtling nach der Entlassung in die »DDR« zurückkehren wird.

Eine Unterkomponente dieser dem *Sozialistischen Realismus*

so immanenten Methode der Ersetzung von Wirklichkeit durch Wunschträume, bildete darin das Verhältnis zwischen dem Helden und den kriminellen Häftlingen. Es erscheint eine geheime, hintergründige und komplexe Solidarität, die in Wahrheit nicht bestand und nicht bestehen konnte, hier nun aber den aktiven, auf die Veränderung der gesellschaftlichen Verhältnisse und des gesellschaftlichen Bewußtseins zielstrebig hinarbeitenden Helden zum Leit- und Vorbild werden läßt, das Taten auslöst und moralische Wandlungen vollbringt.
Nur bei einem Strang dieser Erzählung, bei der Abspulung eines ihrer Fäden, bedurfte es keiner Konstruktionen und keiner Vergewaltigung der Wirklichkeit, hier deckte sich die Darstellung mit Erlebtem und Empfundenem — bei den Vor-Vorgängen um das Stalinsche Porträt! Jede literarische Erhöhung hob sich von allein auf, das Manuskript wurde ein Dokument der inneren Beziehung zu dem nun schon zwei Jahre toten Abgott — an seinem Bild fand sich nicht die Spur einer Schramme.
Ganz im Sinne der strengen Einhaltung des *Sozialistischen Realismus* war meine Entgegnung an Werner Steinberg abgefaßt. Es folgten noch einige Stimmen, ehe Alfred Kurella, von der Redaktion als hohe Kapazität in den Fragen der Literaturphilosophie darum gebeten, das Schlußwort sprach. Sein Tenor: »Es heißt — Sozialistischer Realismus!«
Dieser ersten Begegnung mit Kurella auf dem Schriftwege folgten zwei persönliche.
Ich hatte inzwischen beim Deutschen Schriftstellerverband in der Friedrichstraße den Antrag gestellt, am ersten Lehrgang des Leipziger Instituts für Literatur teilzunehmen. Der Antrag war wohlwollend aufgenommen und befürwortend an die Kulturabteilung des Zentralkomitees der SED weitergeleitet worden, wo die endgültige Auslese vorgenommen wurde und Kurella eine gewichtige Stimme besaß. Mein Artikel und sonstige Recherchen mußten ihn günstig für mich gestimmt haben. Als Kurella nach dem Moskauer Schriftsteller-

kongreß des Frühjahrs 1955 nach Hamburg kam und über dieses Ereignis sprach, gab er seiner Hoffnung Ausdruck, dieses erste deutsche Literaturinstitut werde im Herbst seine Pforten für Schriftsteller beider deutscher Teilstaaten öffnen. Einige Wochen später ließ er mich nach Ostberlin holen. Der Professor vergewisserte sich nochmals meines Einverständnisses und erklärte, ich könne mich, ungeachtet einer folgenden schriftlichen Bestätigung, als Teilnehmer betrachten. Mit seiner Lebhaftigkeit, seiner großen Klugheit und seinem spröden Charme machte Kurella einen starken Eindruck auf mich, wenngleich Wärme in seiner Gegenwart nicht aufkommen konnte.

War, was die »DDR« betraf, nun alles geregelt, so fehlte noch die Erlaubnis der KPD für die neunmonatige Übersiedlung nach Leipzig. In Hamburg unterbreitete ich meine Absicht schriftlich dem Landessekretariat, das diesmal die Entscheidung nicht in das Ermessen des Parteivorstandes, sondern in das der Kreisleitung stellte.

Diese beschloß im Juli ohne Gegenstimme oder Stimmenthaltung, mich zu gegebener Zeit für den Besuch des Instituts von meinen Funktionen zu entbinden und nach Leipzig zu entlassen. Ende des Monats traf die offizielle Bestätigung Kurellas bei mir ein.

Inzwischen hatte ich das Manuskript meiner Erzählung an den Verlag *Neues Leben* geschickt, der mich Anfang August bat, zu einer letzten Redigierung nach Berlin zu kommen. Daß ich zwei Tage später in Warschau sein würde, hatte ich mir nicht träumen lassen.

Im Frühsommer hatte ich, gleichzeitig mit dem Gesuch um Aufnahme am Literaturinstitut, den Schriftstellerverband gebeten, eine Lanze für meine Teilnahme an den in zweijährigem Turnus stattfindenden Weltjugendfestspielen, diesmal in der polnischen Hauptstadt, zu brechen. Ich hatte die verdorbene Situation des Jahres 1953 in der Rumänischen Botschaft geschildert, und der Erfolg bestand darin, daß

mir die westdeutsche Festivalzentrale in Stuttgart-O alle Unterlagen einschickte, die sie sofort ausgefüllt zurückbekam. Dabei war es geblieben. Schweigen, auch als ich wiederholt beschwörend anmahnte, und zwar um so beschwörender, je näher der August heranrückte. Dann hatte ich es aufgegeben. Jetzt, in Berlin, nachdem ich eine Nacht über dem Manuskript zugebracht und mich morgens auf dem Weg zum Verlag gemacht hatte, legte sich mir im Schacht der U-Bahnstation Stadtmitte von hinten eine Hand auf die Schulter und eine verblüffte Stimme rief: »Ich denke, du bist längst in Warschau?«
Es war ein in der Westabteilung des Schriftstellerverbandes beschäftigter Funktionär, den ich vor einem Jahr kennengelernt und der, wie sich nun herausstellte, meine Papiere eigenhändig zusammengestellt und weitergegeben hatte. Er nannte mir den Ort, wo die Papiere liegen mußten. Es war Donnerstag, Sonntagabend würden die Festspiele zu Ende sein.
»Wann fährt ein Zug nach Warschau?« fragte ich.
»Um Mitternacht. Du könntest morgen Mittag dort sein.«
Die Unterlagen befanden sich tatsächlich am angegebenen Platz, sehr sicher, in einem Safe. Etwas verwundert darüber, daß ich so spät kam, wurden sie mir ausgehändigt. Nachzufragen, wer die Benachrichtigung vergessen oder unterschlagen hatte, wäre sinnlos gewesen. Ich war froh, daß ein unglaublicher Zufall die Reise doch noch zustande bringen sollte.
Um o Uhr verließ der Expreß Berlin-Moskau den Ostbahnhof. Inzwischen hatte ich festgestellt, daß meine Unterlagen insofern nicht ganz vollzählig waren, als die Fahrkarte fehlte. Den Schaffner an der Sperre schien das nicht zu stören. Er besah sich die Einladung und ließ mich passieren. Was dagegen bei der Kontrolle im Zug und an der Grenze geschehen werde, daran wagte ich nur höchst ungern zu denken.
Nichts geschah, denn eine Gruppe Farbiger, Afrikaner von

der Goldküste, zehn Männer und, winzig heller getönt, eine wunderschöne junge Frau, sämtlich in England immatrikuliert, enthoben mich durch Aufnahme in ihren Kreis sämtlicher Sorgen – mitten unter ihnen, wurde ich weder von dem Kontrolleur noch von den Grenzposten vor und hinter der Oder nach der Fahrkarte gefragt, und wäre wahrscheinlich auch dann nicht gefragt worden, wenn es bis nach Wladiwostok durchgegangen wäre.

Die Afrikaner, eine Musikgruppe, waren bereits in der polnischen Hauptstadt gewesen. Auf der Hinreise nach Warschau vom Wolfsburger Volkswagenwerk eingeladen, eine Vorstellung zu geben, waren sie soeben dieser Einladung nachgekommen und fuhren nun wieder an die Weichsel zurück. In Posen stiegen drei polnische Priester in das Abteil, und da sich in ihm auch zwei Schweden, ebenfalls mit unserm Ziel, befanden, konnte man sich eine illustrere internationale Gesellschaft kaum vorstellen. Zur Hauptsprache wurde, makaber genug, deutsch erklärt. Zwischendurch, im Laufe der Nacht, griffen die dunklen Studenten nach ihren drums, kleinen Trommeln, deren Fell sie unglaublich gewandt mit ihren Fingerspitzen gerbten. Man sprach über Gott und die Welt, aber kaum über Politik und Persönliches.

Nur einer erzählte jedem unaufgefordert seine Geschichte, ein Deutscher, fünfundzwanzig Jahre alt. Er hatte vor einigen Jahren die Bundesrepublik verlassen und mit der Fremdenlegion vertauscht, hatte in Vietnam gegen Ho Tschi Minhs Truppen gekämpft, war übergelaufen und auf seinen Wunsch in die »DDR« gebracht worden. Er hatte ein Buch über seine Erlebnisse als Legionär geschrieben, das er dauernd in der Hand hielt und von dem er etliche Exemplare in Warschau den Vertretern Nordvietnams übergeben wollte. Er reichte Aufnahmen herum, die ihn auf Rednertribünen zeigten, als gewichtiges Mitglied mehrerer Präsidien – einer jener kurzlebigen politischen Wunderknaben, bei deren Aufspürung, Zurschaustellung und Verschleißung der Stalinismus so unerhörtes Talent beweist.

Ohne jede organische politische Entwicklung oder individuelle Überzeugung, war er verdorben worden, noch ehe er überhaupt zu sich selbst finden konnte. Die Privilegien, die ihm genau solange zukommen würden, wie er als Schaustück von propagandistischem Wert war, genoß er mit größter Selbstverständlichkeit. Er hatte einfach umgeschaltet, hatte, als ihm der indochinesische Dreck nicht mehr behagte, die Seiten gewechselt und seither den Agitationspopanz gemacht. Wenn der Zug hielt, riß er sofort das Fenster nach der Bahnseite herunter, fläzte sich hinaus, gab schallend den Deutschen bekannt und gebärdete sich von der jovialsten Seite der Brüderlichkeit. In seinem Auftreten lag soviel borniete Herablassung gegenüber den schweigenden Polen, daß der Mensch nur schwer zu ertragen war.

Ich vergaß ihn bald unter der inneren Erschütterung, mit der ich über Polens Erde fuhr, jener Erde, auf der die Schlote von Auschwitz, von Treblinka und Maidanek geraucht hatten, bei der Ausrottung der europäischen Juden, der schrecklichsten Tragödie der Menschheitsgeschichte in knappen sechsunddreißig Monaten, vom Herbst 1941 bis zum Herbst 1944. Hierher, in dieses Land verschleppt zu werden, das war für mich der entsetzliche Alptraum jener langen Tage, Wochen, Monate und Jahre gewesen, das Todesurteil, die Gewißheit, auf der Schlachtbank des industriellen Serienmordes zu verenden.

Ich stand lange am Fenster des Zuges und schaute hinaus in die Nacht, in das Land, in dem der Orgasmus der Brutalität seine fürchterlichsten Triumphe gefeiert hatte, das nun aber bewohnt war vom sozialistischen Humanismus und einen herrlichen Weg ging unter dem Jubel einer bereitwilligen und glücklichen Bevölkerung! Hatte ich dieses Glück nicht regelmäßig in den wundervoll kolorierten Heften des Polnischen Informationsdienstes entdeckt, die mir nach Hamburg geschickt wurden? Hier hatte es keinen 17. Juni gegeben, und hier würde es ein solches Datumssymbol für eine unverbesserlich reaktionäre Bevölkerung auch nie geben. Das polni-

sche Volk, von den unvermeidlichen und natürlichen Ausnahmen abgesehen, stand geschlossen hinter seiner sozialistischen Regierung. Mit solchen Hochempfindungen fuhr ich in den Morgen hinein, wo das Ziel, Warschau, nicht mehr weit liegen mußte.
Und dort geschah nichts, um mir diese Illusion zu nehmen.

Wer als Ausländer erkannt wurde, den kreisten die Warschauer ein. Hörten sie, daß man aus Deutschland kam, lautete ihre erste Frage: Ost- oder Westdeutschland? – und es war leicht zu erkennen, daß sie dem Bürger der Bundesrepublik ein ungleich höheres Interesse entgegenbrachten. Die zweite Frage: Wird die Bundesrepublik die polnische Grenze mit Gewalt ändern wollen? Und dann wurde es still im Kreise, die gewohnte Lebhaftigkeit erstarrte für Sekunden und aller Augen begannen, in dem Gesicht des Befragten zu forschen.
Einmal stand ich, eingeschlossen von einem Dutzend Polen, auf dem riesigen steinernen Feld vor dem Kulturpalast, einem Geschenk der Sowjetunion an die Warschauer, einem wolkenkratzerähnlichen Gebäude im Zuckerbäckerstil der Stalinallee. Unter den Gesprächspartnern befand sich ein Offizier, Mitglied der polnischen Partei, der, in ausgezeichnetem Deutsch und sichtlich stolz, von seiner Armee erzählte, bestätigt von den Zivilisten. Polen habe heute sogar eine eigene Seemacht! Und dann, plötzlich, wie aus heiterem Himmel, wieder diese Frage: Wird die Bundesrepublik uns angreifen? Werden wir uns wehren müssen? Wird sie jemals die polnische Westgrenze anerkennen?
Deshalb hatte der Offizier mir so farbig von seiner Armee berichtet! Bei aller Höflichkeit und Bereitschaft, die mir als Gast und als Mitglied der deutschen Partei entgegengebracht wurde – hier war ich vor allem ein Deutscher aus der Bundesrepublik.
Diese stereotype Frage, diese ganze Haltung ging mir in ihrer vollen und hintergründigen Bedeutung, in ihren unaus-

gesprochenen und damals noch nicht erkannten Zusammenhängen erst später auf. In den vielen Gesprächen, die ich mit Polen führte, hat es von ihrer Seite kein Wort der Kritik, auch nicht versteckter, an der Regierung, an ihren Maßnahmen, an dem ganzen drückenden System, unter dem sie so tief litten, gegeben. Mir begegnete kein Blick, keine Geste, die die Explosion des Oktober-Frühlings auch nur angedeutet hätte. Ich habe später meine Warschauer Erinnerungen noch einmal Stück für Stück umgekehrt, habe gefahndet nach wenigstens verschämten Zeichen des Zorns und der Empörung über eine schreckliche, zwölfjährige Vergewaltigung, die sich, nach der Posener Ouvertüre vom Juni 1956, dann in dem Herbst, vierzehn Monate nach diesem Festival, mit solcher Gewalt Luft machte, daß sogar einem Mann wie Chruschtschow nichts anderes übrig blieb, als sie zu respektieren, andernfalls nicht nur die polnische Armee gegen Rokosowskis Divisionen, sondern auch das polnische Volk wenn nötig mit Zähnen und Fingernägeln gegen die sowjetischen Panzer angegangen wären.

Nichts von all dem vor dem Deutschen im August 1955, dem Bürger der Bundesrepublik, und sei er auch Kommunist. Aber hier waltete nicht nur eine nationale Disziplin, so eingefleischt und selbstverständlich, daß uns reichlich Grund für Wehmut und Ausdruck hoher Bewunderung bleibt. Hier zeigte sich vor allem, daß der Abscheu gegen das stalinistische System durch eine andere — wahrscheinlich einzige — emotionale Dimension im Denken und Fühlen der Polen übertroffen wurde, durch die Erinnerung an das, was zwischen 1939 und 1945 hier im Namen Deutschlands geschehen ist, und durch den Schrecken vor der Möglichkeit einer wie immer auch gearteten Wiederkehr dieser Erfahrungen. Dies ist es, was den Abscheu vor dem stalinistischen System paralysierte, ihn an die zweite Stelle setzte und solange setzen wird, wie man die Polen nicht bis ins letzte überzeugt, das für solche Prophylaxis kein Grund gegeben ist.

Manchem Warschauer Gast von damals, dem sich die Tür

zur Emanzipation bereits geöffnet hatte, wären ohne den Primat dieser Prophylaxis bestimmte Erkenntnisse zweifellos schneller gekommen. Aber so waren es nicht Begegnungen mit Polen, die mich nachdenklich stimmten, sondern mit Deutschen.

Angehörige der deutschen Minderheit, meist junge Leute, die entweder in Warschau arbeiteten oder in die Hauptstadt nur für ein paar Tage gekommen waren, suchten überall Kontakt während des Festivals mit ihren Landsleuten.
Mit einem von ihnen ging ich stundenlang durch die Straßen und an der Weichsel entlang. Er lebte seit anderthalb Jahren als Handwerker hier und sprach zu mir ohne jede Zurückhaltung. Er war zerfressen von Groll auf alles Polnische und erzählte ohne Unterbrechung vom Jahre 1945 und von polnischen Gewalttaten gegen Deutsche. Er nannte die Jahreszahl immer wieder: 1945. Sein eigenes Leben, die Geschichte der deutsch-polnischen Beziehungen, das alles begann für ihn mit diesem Datum. Jeder Zugang zu der Zeit davor, in der das polnische Volk ein Fünftel seiner biologischen Substanz unter der Okkupation eingebüßt hatte, war ihm versperrt und versiegelt. Obwohl er aus Schlesien kam, schien er den Namen Auschwitz nie gehört zu haben. Der Dualismus in ihm war unheimlich: sein Haß auf alles Polnische trug die Akzente der nazistischen Diktion, aber die Welt war für ihn erst nach 1945 erschaffen worden.
Ich hatte die gleichen Symptome auch im Gespräch mit anderen festgestellt, aber erst am Schluß dieser deprimierenden Begegnung erhielt ich eine Ahnung von dem zentralen Problem, um das sein ganzes Dasein kreiste und das es ihm so schwer machte, zwischen Ursachen und Wirkungen Zusammenhänge herzustellen. Er fühlte sich wie im Gefängnis, er wollte heraus aus Polen, wollte nach Deutschland. Das brach plötzlich ganz elementar aus ihm hervor, diese Sehnsucht schien ihn vollständig zu beherrschen. Er hatte kein Heimatgefühl für die Landschaft seiner Geburt, darin lag einer der

Schlüssel zu seinem Wesen, seinen Anschauungen, seinen endlosen Vorträgen, Anschuldigungen und Klagen.
Aber dieser junge Mann hatte auch sein Gegenstück. Dazu zählte die Korrespondentin einer deutschsprachigen Zeitung in Breslau, das Kind deutscher Eltern, ein junges, schönes Mädchen. Für sie war es beschlossene Sache, in Polen zu bleiben, mitzuhelfen am Aufbau, Polin zu werden und der Partei beizutreten. Sie hatte sich entschieden und bekannte es ohne Umschweife. Als wir uns verabschiedeten, ging sie auf einen Mann zu, mit dem sie Polnisch sprach. Einige Monate später schrieb sie mir, daß sie ihn geheiratet habe, einen polnischen Kollegen, und daß sie glücklich sei.

Nein, die Beziehungen zwischen Deutschland und Polen begannen nicht mit dem Jahre 1945.
Die deutsche Delegation war von der Festivalleitung in dem ehemaligen SS-Hauptquartier Warschaus untergebracht worden, eine Geste, die niemand mißverstand. Im Hofe waren noch die Einschläge der Kugeln zu sehen, unter denen viele Polen hier ihr Leben ausgehaucht hatten. Unter den Einschlägen lagen Blumen mit deutschen Texten.
Auf den Ruinen des ehemaligen Warschauer Gettos aber wuchsen keine Blumen, nur wilde Gräser. Erst an der Peripherie erhoben sich neue Gebäude, Wohnhäuser, noch seltsam deplaciert wirkend. Inmitten dieser Wüste das Mahnmal, jener ungeheure Granitstein, den Hitler für seinen Sieg aus Schweden importieren ließ, in den dann aber Daniel Rappaport symbolhaft das kämpfende, sterbende und doch über seine Mörder siegende Getto gemeißelt hat. Drüben das Fragment des Tores, an dem die ersten Polen nach dem Einmarsch 1939 erschossen worden waren.
Auf diesen Trümmern brachte ich einen Tag zu, nicht ahnend, daß ich zehn Monate später, bei dem Besuch einer anderen Schädelstätte, an ihn erinnert werden würde unter Assoziationen, die mir auf dem Boden des Warschauer Gettos noch völlig unbekannt gewesen waren.

Kurz vor der Abreise begegnete ich in der ganz im alten Stil wiederaufgebauten Innenstadt Dr. Hans Mayer, dem Leipziger Literaturprofessor: »Ah, das Institut für Literatur werden Sie besuchen? Ich kondoliere, ich kondoliere von ganzem Herzen!«

Der verschwundene Fragebogen

Vorerst sah es allerdings so aus, als ob ich nie nach Leipzig kommen werde. Im Altonaer Parteibüro war der Fragebogen für einen Kandidaten der Kreiskontrollkommission spurlos verschwunden!
Jahrelang hatten die Kontrollkommissionen der Kreise ein Scheindasein geführt, nun aber sollten sie aufgebaut und arbeitsfähig gemacht werden, um der Landeskontrollkommission den Stoff schon halbgar zu unterbreiten. Für die Besetzung war strengste Auslese angeordnet worden. Jeder Kandidat hatte einen Fragebogen auszufüllen, aber das war nicht irgendein Papier, sondern *top secret,* äußerstes Geheimnis, Gegenstand sorgfältigster Handhabung, ein so exklusives Material, daß es, falls nötig, mit allen zur Verfügung stehenden Mitteln hätte in Sicherheit gebracht und verteidigt werden müssen, bei höchster Bedrohung aber vernichtet.
Ein sakrales Objekt dieser Art also war abhanden gekommen und hatte sich ins Nichts aufgelöst, wobei die Fährte bis zu einem gewissen Punkt jedoch zu verfolgen war — und dieser Punkt war ich.
Der Kandidat, um den es hier ging, war ein alter Genosse, ein Mitglied meiner Wohngebietsgruppe, betraut mit der Funktion eines Kassierers, einer jener unermüdlichen kleinen Parteiarbeiter, deren Hingabe die Organisation noch den Rest ihrer Existenz verdankte. Er habe, sagte er wie entschuldigend, mir den Fragebogen ausgefüllt gegeben — »Erinnerst du dich nicht?«
Ich erinnerte mich nicht, was kein Wunder war bei der Unmenge von kleinen und kleinsten Erledigungen, die sich aus dem kümmerlichen Zustand der innerparteilichen Aktivität ergaben und mit den eigentlich »strategischen« Aufgaben

eines Kreissekretärs nicht das mindeste zu tun hatten. Es gab keinen Zweifel für mich, daß der alte Genosse die Wahrheit gesagt hatte, keinen Zweifel aber auch, daß ich ein so kostbares und brennendes Dokument, gespickt mit den neugierigsten Fragen und heikelsten Antworten, mit den wissenswertesten und letzten Details aus dem privaten und politischen Leben des Kandidaten, dazu noch versehen mit einem Lichtbild, ordnungsgemäß übergeben hatte – nämlich dem Ersten Kreissekretär, der den Bogen der Landeskaderabteilung weiterzureichen hatte.
Aber auch der Erste und der Zweite Kreissekretär konnten sich solcher Einzelhandlungen nicht erinnern. Da sie jedoch überzeugt waren, daß sowohl der Kandidat als auch ich die Wahrheit sprachen, kamen sie zu dem Schluß, der Bogen müsse auf der Landesleitung sein und gaben eine entsprechende Erklärung ab.
Die Reaktion der Landesleitung bestand darin, lediglich eine Gegenerklärung zu verfassen, der Bogen befinde sich nicht dort – kein Angriff gegen das Kreissekretariat, keine Anschuldigung, keine Verdächtigung gegen mich. Wider Erwarten schnell aus der Welt geschafft, hätte die Angelegenheit mit der abermaligen Ausfüllung eines Bogens erledigt sein können – wenn Frieda R. nicht gewesen wäre!
Mit allen Zeichen, endlich einen Feind der Partei gestellt zu haben, fragte sie, nachdem die beiden Erklärungen abgegeben worden waren, mit kriminalistischer Verve: »Die Spur läßt sich bis zu dir verfolgen – wo ist der Fragebogen?«
Diese Funktionärin war, außer wenn sich ihrer eine Stimmung bemächtigte, in der sie die Faust zu schleudern pflegte, eher von bedächtigen, ja gemächlichen Bewegungen. Auch ihr Mienenspiel wies nur geringe Nuancen auf. Aber jetzt, als ich antwortete: »Auf der Landesleitung!« straffte sich ihre Gestalt, als wäre eine Nadel in sie hineingetrieben worden – ein Sakrileg, ein Akt offener Majestätsbeleidigung, eine Entgegnung, die an den heiligsten Grundsätzen rüttelte. Als

sie wieder zu sich kam, sagte sie :»Du fährst nicht eher nach Leipzig, als bis der Bogen sich eingefunden hat!«
Jetzt war es mir, als sähe ich Frieda R. zum erstenmal wirklich. Sie war dabei, mir einen großen Dienst zu erweisen.

Ende August 1955 raffte sich die Hamburger Parteiorganisation zu ihrer letzten großen Kraftanstrengung vor dem Verbot auf – dem Streik auf der Howaldt-Werft.
Es ging, nachdem die Preise für Gas und Wasser erhöht worden waren, um eine Teuerungszulage von zwanzig Pfennigen die Stunde, obwohl der Lohntarifvertrag erst am 31. Oktober 1955 abgelaufen war. Die Stimmung war allgemein aufgebracht.
Die Parteigruppe der Werft bestand aus fünfzig eingetragenen Mitgliedern, von denen zehn aktiv waren. Auf Gruppenabenden stellten sich etwa fünfzehn bis zwanzig Mitglieder ein. Alle vierzehn Tage erschien das illegale, durch das Betriebsverfassungsgesetz verbotene Parteiorgan *De Nietenwarmer*.
Eine von der Gruppe ausgelegte Unterschriftenliste, in der der Betriebsrat aufgefordert wurde, sich bei der Werftleitung für die Teuerungszulage zu verwenden, wurde zuerst den Schweißern unterbreitet. Sie war sofort voll. Dann ging die Liste durch alle Abteilungen.
Die Direktion der Howaldt-Werft erklärte die Zulage für eine Angelegenheit von Lohnverhandlungen zwischen Gewerkschaften und Unternehmerverband und lehnte sie ab.
Darauf berief die Parteigruppe mit außergewöhnlichem Erfolg Branchenversammlung der Brenner, Schweißer, Hauer und Nieter ein, die sich sämtlich für die Teuerungszulage aussprachen.
In der Nacht malten Mitglieder der Gruppe Losungen an die Schiffswände: Wenn keine Teuerungszulage, dann auch keine Überstunden mehr!
Die Werftleitung hatte ihre ganze Planung auf Überstunden aufgebaut.

Diese Parole zündete auf der Branchenversammlung am nächsten Morgen, dem 22. August. Es wurde abgestimmt. Das Ergebnis: keine Überstunden mehr.
Am Mittag kam es zu einem Demonstrationszug von etwa 1000 Arbeitern, die im Gänsemarsch zur Direktion zogen. Von Streik war noch keine Rede. Eine Delegation von fünf Mann, darunter zwei Mitglieder der Partei, ging hinauf. Während unten die Teuerungszulage in Sprechchören gefordert wurde, lehnte die Direktion sie abermals ab. Darauf marschierten die Demonstranten etwa eine Stunde lang durch das Werk und brachten die Arbeit zum Ruhen. Als am nächsten Morgen ein Vertreter der Gewerkschaften erklärte, vor neuen Forderungen müsse erst der Tarif ablaufen, wurde er ausgepfiffen. In diesem Augenblick fiel das entscheidende Wort: *Streik!* Ausgerufen hatte es ein junges Mitglied der Parteigruppe, das erst Weihnachten 1954 auf Parteibeschluß hier als Brenner ausgebildet worden war und das die Gruppe neu organisiert hatte, kein Arbeiter, sondern Stud. phil. Jürgen Bartum. Er wurde zum Sprecher und zum Vorsitzenden der zentralen Streikleitung gewählt. Zum erstenmal seit 1928 wurde auf der Howaldt-Werft wieder gestreikt.
Als drei Tage später die Stülcken-Werft sich solidarisch erklärte und damit rund 11 000 Werftarbeiter die Arbeit niedergelegt hatten, bildete das Landessekretariat der Partei ein Sonderkomitee, dem Hein Fink, Karl-Heinz Rebstock, der Chefredakteur der *Hamburger Volkszeitung* und Willi Litzau, ein in Hamburg tätiges Mitglied des Düsseldorfer Parteivorstandes, angehörten.
Aber die Teilnahme der Stülcken-Werft genügte nicht, um einen Erfolg der Streikforderungen zu garantieren. Worauf es ankam, war die Haltung der Arbeiter von der Deutschen Werft in Finkenwerder. Der Eintritt dieser größten Schiffsbaustätte in den Streik hätte nicht nur die anderen Werften mitgezogen, sondern auch die großen Land-Metallbetriebe. Auf der Deutschen Werft jedoch kam es nicht zur Abstimmung.

Da die Hafenarbeiter jede Hilfe mit dem Argument verweigerten, die Werften hätten sich bei ihrem Streik vom Herbst 1951 auch nicht solidarisch mit ihnen gezeigt, die Gewerkschaften den Streik für »wild« erklärten und ihm ihre Kassen sperrten, konnte es nach einer Woche über den Ausgang keinen Zweifel mehr geben.
Dennoch dauerte dieser Streik elf Tage. Hauptquartier der Streikleitung war das Lokal »Gambrinus«, Ecke Dove- und Seewartenstraße. Hier wurden Nahrungsmittel und finanzielle Unterstützung ausgegeben. Drei mächtige Streikversammlungen, auf dem Heiligen-Geist-Feld und auf dem Sportplatz in der Altonaer »Allee«, bildeten den Höhepunkt der elf Tage. Aber trotz all ihrer Anstrengungen konnte die Partei auch mit Unterstützung durch die SED Tausende von Männern und ihre Familien weder für länger pekuniär noch mit Lebensmitteln über Wasser halten. Der Zusammenbruch war unvermeidlich. Er setzte etappenweise ein. Anfang September war alles vorbei.
Und dennoch ist kein anderes Ereignis der Nachkriegszeit der »Legende von der Partei« so förderlich gewesen wie dieser Streik.

Ich erlebte ihn als Finanzkurier zwischen Kreis und »Solidaritätsausschuß« der Streikleitung. Hier liefen alle gesammelten Gelder ein. Der Eindruck, den diese Aktion einer ganzen Landesorganisation auf die Parteilosen des Ausschusses machte, war schlechthin überwältigend – die Kuriere trafen ein, lieferten das Geld ab, machten sich davon und kehrten nach einer Weile wieder.
Ich hatte mit einem jungen Arbeiter zu tun, der von den Erlebnissen dieser Tage so erschüttert war, daß sie ihm die Sprache zu verschlagen schienen. Er sagte immer nur: »Mein Gott, mein Gott...« und stellte seine Quittungen aus. Im Laufe unserer Bekanntschaft kam er aus sich heraus, fragte nach Literatur über die Geschichte der deutschen Arbeiterbewegung und der Kommunistischen Partei Deutschlands,

hatte ständig einen ganzen Katalog politischer Fragen, um deren Beantwortung er ersuchte, bat um Auskunft über organisatorische Einzelheiten, war Feuer und Flamme, kurz, ließ unmißverständlich erkennen, daß er sich mit der Absicht trug, der Partei beizutreten.

Aber diese Absicht löste in mir keine Freude aus, sondern eher Bestürzung. Ich begann, den jungen Menschen mit einer gewissen Sorge zu betrachten und ihn mit Reserve zu behandeln. Er hatte die Partei unter außergewöhnlichen Bedingungen kennengelernt, sozusagen in einer »heroischen« Phase, in der sie gegen die Gleichgültigkeit einer ganzen Stadt stritt, vereint in einer einzigen gemeinsamen Anstrengung und alle Kraft auf dieses eine Ziel gerichtet, den Streik so lange wie möglich auszuweiten. Er saß außerdem an einer Stelle, wo die Resultate dieser Anstrengungen zusammenliefen und eine ziemlich eindrucksvolle Statistik ergaben. Seine Vorstellungen von der Partei mußten angesichts dieser Fusionen einfach illusionär sein. Wäre es nicht besser, wenn ich ihm seine Illusionen von der eisenharten Disziplin, der Standhaftigkeit und -festigkeit der Mitglieder, ihrer geheimnisvollen politischen Kraft und ihrem politischen Gewicht, durch die Isolation vom Alltag der Partei erhalten würde als sie ihm durch seinen Beitritt unweigerlich zu zerfetzen?

Denn auf wen würde er stoßen?

Da war der alte Genosse, der nichts mehr begriff, sondern einfach nur noch da war, Veteran und ausgedienter Haudegen. Wenn er von der Partei sprach, meinte er die Zeit vor 1933. Er lebte in ihr und in ihren Vorstellungen. Deshalb beteiligte er sich nur selten an politischen Gesprächen unter Genossen. Er fühlte sich in der Gegenwart unsicher. Höchstens daß er, durch irgendeinen urvertrauten Zungenschlag in einer Versammlung plötzlich inspiriert, sich polternd zu Wort meldete und etliche Abschnitte seiner Lebensgeschichte vortrug, was selbst bei weitherzigster Beurteilung mit dem Thema nichts zu tun hatte. Schließlich, wenn ihm das behutsam klar gemacht worden war, nickte er und setzte sich nieder. Seine Idole hießen Karl Liebknecht, Rosa Luxemburg, Ernst Thälmann. Pieck, Grotewohl, Ulbricht und Reimann waren Schemen für ihn. Aber es gab niemanden, der seinen Beitrag pünktlicher entrichtete als er.

Da war der Genosse, der während der Kriegsgefangenschaft in der Sowjetunion überzeugt worden war, dessen Aktivität jedoch langsam in dem Maße zu wünschen übrig ließ, wie sich ein Jahr der Rückkehr an das andere reihte. Zerrissen von seinem Verpflichtungskomplex gegenüber der Sowjetunion und der immer deutlicheren Zerrüttung dieser resonanzlosen Organisation; bedrückt von den wirtschaftlichen Sorgen um die wachsende Familie; überhäuft mit Aufgaben, deren ehrenamtliche Bewältigung und gewissenhafte Abwicklung seine Kraft und seine Zeit bei weitem überstiegen hätten, ständig kritisiert von denen, für die fünf Minuten Privatdasein im Leben eines Funktionärs ein kriminelles Vergehen bedeuteten — unterlag dieser Typus einer so starken inneren und äußeren Abnutzung, daß er schon lange vor dem Verbot der Partei Attrappe war. Lediglich sein hartnäckiges Verhältnis zur »Muttermacht«, zur Sowjetunion, hielt ihn noch in ihren Reihen.

Da war der Hansdampf in allen möglichen Organisationen, »Verbindungsmann« genannt, ein menschlicher D-Zug, immer atemlos, stets nur auf einen Sprung im Parteibüro, zur Berichterstattung und zur Entgegennahme neuer Aufträge und Anweisungen, ohne daß er auch dann seine Gewohnheit, hektisch Überdruck zu demonstrieren, ablegte oder überhaupt noch ablegen konnte. In Wahrheit war seine Bindung die loseste, die sich nur denken ließ. Für ihn galten nicht die üblichen Regeln persönlicher Verpflichtung gegenüber dem Parteileben, seine Funktion als Trojanisches Pferd in anderen, »bürgerlichen« Organisationen — Sport- oder auch Schrebervereinen etwa — vollzog sich nach eigenen Gesetzen, Gesetzen, die ihm jedenfalls gestatteten, sogar der obligatorischen Schulung fernzubleiben, wenn er seine Abwesenheit nur glaubhaft zu motivieren verstand — und das allerdings verstand er! Die Folgen ließen nicht auf sich warten, denn er war »politisch« immer ein wenig unsicher, er hinkte stets ein bißchen nach, befand sich selten auf der Höhe der Ereignisse, wie das zentrale Hirn sie interpretierte, ja allmählich machte sich auch jedes Wort von ihm, das nicht seine Praxis innerhalb der anderen Organisationen behandelte, geradezu lächerlich absurd aus.

Die a-politische Haltung dieser Organisationen übte auf den Zwischenträger ihre Wirkung aus, schuf den Gegensatz, seine politische Mission vor dem A-politischen zu verbergen und dennoch politische Resultate zum Wohle der Partei herauszuschlagen, was beträchtlicher Taktik bedurfte und wahrlich einen Mann ganz in Anspruch nehmen konnte. Dabei kam jedoch selten mehr heraus als die sporadische Bereitschaft einiger Vereinsmitglieder, sich bei bestimmten Anlässen in die »DDR« komplimentieren zu lassen, ohne daß dieses meist mehrere Tage so angenehm kostenfreie Dasein die Umworbenen in nennenswertem Umfang je aus ihrer a-politischen Haltung hervorgelockt und zu einer kontinuierlich-konspirativen Mitarbeit bewogen hätte. Hansdampf jedoch blieb von den Mißerfolgen völlig unbeeindruckt, denn auch seine Funktion war längst zum Selbstzweck geworden, wie jede andere ringsum auch.

Da war der Genosse mit bedeutendem persönlichem Prestige aus seiner Parteitradition, aber mit dem unüberwindlichen Widerwillen gegen jedes öffentliche Bekenntnis zur Partei in der Gegenwart. Immer, wenn es Mann gegen Mann ging, fehlte er. Sogenannte Haus- und Hofagitationen, bei denen zwecks politischer Diskussionen und Zeitungsverkaufs am Sonntagvormittag von Tür zu Tür gezogen wurde, wollte sein Rat stets lieber in anderen als in seinem eigenen Stadtteil vorgenommen wissen, und seine sonst ziemlich karge Phantasie erwies sich dann als unerschöpflich im Herausfinden möglichst glaubwürdig-wechselnder Vorschläge für die Notwendigkeit, andere Distrikte zu bevorzugen. Fiel die Wahl jedoch einmal unumstößlich auf seine Gegend, so entfaltete er an jenem Morgen von der Straße her eine intensive Strategie, führte die Oberaufsicht, verhinderte, daß von den agitierenden Genossen etwa zweimal das gleiche Haus bearbeitet wurde (eine Gefahr, die gar nicht bestand); wachte, auf dem Pflaster auf- und abgehend, für die Ordnung der Aktion, vergewisserte sich durch Rufe, deren Sinn nicht zu erkennen war, in dieses oder jenes Treppenhaus hinein, eilte, sobald ein Trupp wieder hervorkam, hinzu, erläuterte die gegenwärtige Lage, gab den Stand von Erfolg und Mißerfolg bekannt und dirigierte die Kolonne neuen Wirkungsstätten entgegen (ein völlig müßiger Vorgang, da jede einzelne Route bereits vorher genau festgelegt worden war). Dennoch waltete seine volle Umsicht, die Umsicht des Ortskundigen, des Eingesessenen, der, was an diesem Morgen völlig unerheblich war, hier jeden Straßenwinkel und jedes Haus kannte.

Was er vermeiden wollte, war das persönliche Gespräch mit Unbekannten. Nicht, daß er auf den Mund gefallen wäre, im Gegenteil, er war sogar höchst versiert in den tagespolitischen und in den überaktuellen Theorien. Aber nachdem er das Unmögliche lange Zeit hindurch standhaft fertiggebracht hatte, nämlich Angriff vorzutäuschen, obwohl er sich längst in der Defensive fühlte, war er jetzt geschlagen. Der unkaschierbare, in den vergangenen Jahren immer deutlicher hervorgetretene Gegensatz zwischen dem Anspruch der Partei auf die Sympathien der Bevölkerung und deren tatsächlicher Verteilung, hatte ihn innerlich ausgehöhlt. Natürlich gestand er sich diesen Zustand nie ein, sondern suchte die Ursachen für eine mit grausamer Erfolglosigkeit geschlagene Politik nicht in der Partei, sondern sprach von der Unreife der Masse, die Partei zu begreifen, deklarierte diese Masse als reaktionär und vergangenheitszugewandt. Da die Partei offensichtlich das Volk nicht zu gewinnen vermochte, wünschte er sich ein anderes Volk. Er wünschte es sich um so sehnlicher, als er nichts mehr fürchtete, als mit Gegenmeinungen bekannt zu werden, ohne sich imstande zu fühlen, ihnen so zu begegnen, wie er ihnen wohl begegnen wollte. Darin bestand sein bedrängtes Gewissen, seine Ohnmacht, sein Widerwille vor sich selbst, daß er diese Drohung nicht ertrug, daß er ihr aus dem Wege ging, sein ganzes Sein beruhte auf dieser Flucht. Und trotzdem verließ er die Partei nicht, da er sonst ganz allein gewesen wäre. So war er ein Mann der Etappe geworden, mit traditioneller Parteizugehörigkeit, nicht ungeschickt im Umgang mit Präparierten und Gleichgesinnten, aber untauglich für das ideologische Handgemenge.

Und deshalb stand er am Sonntagmorgen auf der Straße, übte sich in der Strategie überflüssigen Organisierens und propagierte von hier unten seine Unabkömmlichkeit als ortskundiger Mitstreiter, an die er selbst am wenigsten glaubte, Von den vielen traurigen Bildern bot er eines der traurigsten. Da er keinen Ausweg aus seiner persönlichen Verzweiflung und dem politischen Dilemma sah, hatte er sich darin eingerichtet, so wohnlich, wie das Nagelbett stalinistischer Dauerexistenz es eben gestattet.

Da war der Typus des Jakobiners, der kein Risiko scheute, weder ein familiäres noch ein berufliches, der Apostel der Partei, ihr Gewissen, durchdrungen von seiner Mission, unablässig tätig, von vielen halb bewundernd, halb schaudernd zum Vorbild genommen, öffentlich ebenso häufig rühmend erwähnt wie seiner pausenlosen Aktivität und makellosen Prinzipientreue wegen heimlich verwünscht. Sein Verhältnis zur Partei war von mimosenhafter Verletzbarkeit. Schon den Verlust eines Pfennigs setzte er der Selbstvernichtung gleich. Lernbegierig, ständig lesend, »studierend«, Belletristisches des *Sozialistischen Realismus,* Schulungshefte, die Tages- und Wochenzeitungen der Partei und ihrer Verbündeten; begabt mit einem riesenhaften Gedächtnis für alles, was sich politisch, organisatorisch und personell in seinem Wirkungsbereich ereignet hatte und ereignen sollte; von einem Erinnerungsvermögen, das polypenartig bis in die zartesten und entferntesten Verästelungen zu dringen gewohnt war;

nachtragend bis zur Hysterie, jedoch durch verstärkte Aktivität sofort auch wieder versöhnt, war dieser Typus die subjektiv ehrlichste, beeindruckendste und bei weitem unheimlichste Erscheinung überhaupt.

Tragische Gestalten aber waren die ganz Jungen, die in jenen Jahren zur Partei gestoßen waren, weil die Gesellschaft, in der sie lebten, sie nicht erfüllte. Die ringsum beobachtete Jagd nach möglichst hohem Lebensstandard, der eigentliche Motor aller Leistung, war ihnen suspekt. Soviel auch von Freiheit gesprochen und geschrieben wurde, diese individuelle Freiheit schien offenbar unlösbar verkuppelt zu sein mit dem Prozeß einer übermächtigen Vereinzelung. Die Bereitschaft, sich zu engagieren, hob den politischen Ernst dieser jungen Menschen über den ihrer meisten Altersgefährten weit hinaus. Der demokratische Staat galt diesem Typus als diskreditiert, weil die Nachsicht mit den Handlangern Hitlers, den rührigen Apologeten seines Totalitarismus in offenem Widerspruch zu der Konsequenz gegen den Totalitarismus von links stand, und weil Vertreter des Totalitarismus von gestern nur allzu häufig die Wortführer dieser Konsequenz machten. Eine ihn tagtäglich umflutende Oberflächen-Propaganda, nach der zu urteilen die Weltgeschichte vor der bolschewistischen Oktoberrevolution einem Schäferidyll aus der Rokokozeit geglichen haben mußte, bestärkte sie in einer Skepsis, deren empirischer Intelligenz diese Propaganda nicht gerecht zu werden vermochte. Das Unbehagen an der ihn umgebenden Gesellschaft war für ihn, der keine Vergleichsmöglichkeit hatte, zusammengefallen mit dem ungeheuren Machtzuwachs des Ostens, der »anderen Welt«. Sein Protest gegen die eigene und ihr sichtbares Ungenügen hatte Gestalt gewonnen in der Faszination, die diese unbekannte Welt auf ihn ausübte. Bei all dem Suchen war das »andere« zum eigentlichen Magneten geworden. Jahrelange Bekanntschaft mit diesem Typus ergab zweifelsfrei, daß er zur Partei stieß, ohne daß sie selbst dazu auch nur einen Finger gerührt hatte. Gewirkt hatte, in Verbindung mit den geschilderten Voraussetzungen, die Legende von ihr, als der einzigen Opposition, dem permanenten Widerspruch, dem teuren Instrument zur Aufhebung all dessen, was das Leben der Menschen untereinander so übel und beschränkt machte und ihrem Glück im Wege stand.

Der Zustand, in dem er jenes Instrument kennenlernte, war allerdings sehr bedenklich. Dieser Typus, der ihr in der ersten Hälfte der fünfziger Jahre beitrat, hat die Partei nie anders als in dem Stadium ihres Verfalls erlebt. Er wurde ohne Übergang mit ihrer Wirklichkeit konfrontiert, mit dem schrecklichen, sofort in Erscheinung tretenden Mißtrauen, mit dem allgemein negativen Klima der menschlichen Beziehungen und der zunächst noch so fremden Abhängigkeit von einer Obersten Gerichtsbarkeit; mit den kleinlichen, gänzlich unheroischen und so überaus hartnäckigen persönlichen Zänkereien in den Gruppen, und schließlich mit dem Übermaß an Arbeit, das auf den Schultern der verhältnismäßig geringen Zahl von Willigen lastete. Aber während meist schon einige dieser Symptome genügten, um »Sympathisierende« oder neu geworbene Mitglieder so nachdrücklich zu verscheuchen, daß sie auf Nimmerwiedersehen verschwanden, oder, wenn sie blieben, selbst dringlichstem Zureden gegenüber sich nicht mehr abringen ließen, als ihren Beitrag zu bezahlen — dieser Typus blieb. Damit hatte er seine Passion eigenhändig auf sich genommen und die ganze Strecke einer qualvollen Auseinandersetzung, wie sie in dieser Schrift abgehandelt wird, noch vor sich. Seine Flamme konnte von der ersten dicken Schicht der Abschreckung, der Entartung und der Menschenfeindlichkeit nicht erstickt werden. Indem er diese Flamme mit seiner Überwindung schürte, übte er sich im Ertragen. Seinen Sauerstoff bezog er aus zwei Quellen: von den seltenen persönlichen Vorbildern seiner Umgebung, an die er sich dann bis zur Selbstaufgabe anschließen konnte, und *von dem Bild einer Partei, die, bei aller Kläglichkeit des Lokalen und der Gegenwart, als historische Kraft doch unzerstörbar sei.* Und darin präsentierte sich das den genannten und allen

nicht genannten Prototypen gemeinsame Charakteristikum: das international-pauschale Siegesbewußtsein hatte seine nationale Achillesferse! Ein Zustand war bewußt geworden, Dienst an der Partei war, ihn zu verbergen. Mit der »Legende von der Partei« war es wie mit allen anderen Legenden auch – nur bei Distanz von ihrem Gegenstand bleibt sie am Leben.
Nach Beendigung des Streiks warf ich den Zettel mit dem Namen und der Adresse des jungen Mannes vom »Solidaritätsausschuß« weg.

Die Eröffnung des Instituts in Leipzig war endgültig auf den 1. Oktober 1955 festgesetzt worden. Als ich mich auf der Kaderabteilung der Landesleitung Hamburg abmeldete, beglückwünschte Willi W. mich zerstreut, unfähig, sein völliges Desinteresse an dem Institut verbergen zu können. Etwas anderes schien ihn zu beschäftigen, und als ich die Klinke schon in der Hand hielt, sagte er überstürzt: »Der Parteivorstand hat damals die Entscheidung über dein Reisegesuch nach Paris doch an uns zurückgegeben. Als du dann aber nicht wieder nachfragtest, entstand hier die Meinung, die Sache sei erledigt...« Er schaute mich dabei nicht an.
Mir war, als sähe ich nun auch Willi W. zum erstenmal wirklich. Vierundzwanzig Stunden später saß ich im Interzonenzug, obwohl Frieda R. bis zuletzt geschworen hatte, ich würde nicht eher fahren, als bis der Fragebogen sich angefunden habe. Die Phase der Bewährung war zu Ende. Ich galt als förderungswürdig. Der Fragebogen? Hier, im Zuge, auf dem Wege nach Leipzig, machte ich eine erschütternde und bewegende Feststellung an mir selbst: das Trauma eines Jahrzehnts, der Alpdruck meines Parteidaseins – das Schuldgefühl bei völlig reinem Gewissen – war verschwunden! Ich versuchte, es zu rekonstruieren, aber es mißlang. Es existierte nicht mehr.
Das Gesicht der Revolution hatte begonnen, die Züge von Willi W. und Frieda R. anzunehmen.

DIE EMANZIPATION

»Das Schlimmste ist der Druck«

Umsteigen in Wittenberge.
Der Kofferträger, ein älterer Mann, bat um das Gepäck. Neben ihm ein blasses, junges Mädchen, seine Tochter. Ihre Tätigkeit bestand darin, die abgegebenen Stücke mit einem bedruckten Zettel zu quittieren. Sie begann sofort mit diesem bedingungslosen und fast schmerzenden Vertrauen zu Menschen, deren einzige Legitimation darin besteht, daß sie aus dem Westen kommen, unaufgefordert zu erzählen: daß der Vater krank, die Schlepparbeit für ihn eigentlich viel zu schwer, die Rente aber zu klein sei. Da sie selbst auch krank sei, könne sie keine andere Arbeit verrichten. Aber das alles, die tägliche Plackerei auf dem freudlosen Bahnhof, sei nicht das Schlimmste. Das Schlimmste sei..., sie verharrte einen Augenblick, und dann sagte sie zu mir, von dem sie nichts wußte: »Das Schlimmste ist der Druck.«
Natürlich wußte ich, von welchem Druck sie sprach, war meine Mitgliedschaft in der Partei doch von allem Anfang an eine Epoche des pausenlosen Druckes gewesen, und von keinem andern als von diesem sprach sie. Aber sie kam von *außen*, sie hatte nicht das Recht, zu kritisieren, sich zu beschweren oder meinetwegen auch die Wahrheit auszusprechen! Recht und Stimme hatte nur, wer sich engagiert hatte, Stimme allein, wer die innere Problematik kannte und mitfühlte. Wer der Partei, wer dem Sozialismus nicht angehörte, der hatte zu schweigen.
»Von welchem Druck sprechen Sie?« fragte ich. »Von dem Druck, der die Kapitalisten verjagte, die Junker zur Strecke brachte und die Kriegsverbrecher enteignete? Sprechen Sie von dem Druck?«
Das Mädchen antwortete nicht. Sie sah mich nur an. Es ging

mir durch und durch. Aber: »Leiden Sie unter *dem* Druck?«
fragte ich unbeirrt.
Das war auf der Hinreise nach Leipzig.

Die Anregung zur Errichtung des Instituts für Literatur
hatte, wenngleich die Originalidee nicht von ihm selbst
stammte, Walter Ulbricht gegeben. Es existierte bereits in
Moskau ein sowjetisches Vorbild, von dem aber merkwür-
digerweise nie die Rede sein sollte.
Das Institut befand sich damals noch in der Nähe des Dimi-
troff-Museums, dem früheren Reichsgericht. Als ich an einem
der letzten Septemberabende 1955 dort eintraf, sah es ganz
so aus, als würde die morgige Eröffnung ohne die nächtliche
Mitwirkung der Heinzelmännchen nur ein frommer Wunsch
der Institutsleitung bleiben. Alles trug die Zeichen der Improvisation, von dem fehlenden Kleiderständer bis zur Farbe
an den Türen, die noch nicht trocken war. Der allgemeinen
Hochstimmung tat das nicht den geringsten Abbruch. Wir
machten uns zwanglos bekannt, voller Erwartung, was da
kommen würde. Das Gros der Schriftsteller dieses ersten
Lehrgangs befand sich altersmäßig um die Dreißig. Niemand
war unter fünfundzwanzig und nur zwei waren über oder
an die Fünfzig. Sie kamen aus Berlin, Cottbus, Halle, Dresden, aus dem Erzgebirge, dem Harz, von der Rhön. Aus der
Bundesrepublik war nur ich herangereist.
Die offizielle Eröffnungsfeier fand im Hause der *Gesellschaft für deutsch-sowjetische Freundschaft* am Dittrichsring
statt, und Alfred Kurellas programmatische Einführung *Von
der Lehrbarkeit der künstlerischen Meisterschaft* war gleichzeitig die öffentliche und offizielle Rechtfertigung für die
Errichtung dieses von vielen Seiten schon kritisierten und
ironisch als »Dichterschule« apostrophierten Instituts: Warum
seien Kunsthochschulen und Akademien für Maler und Bild-
hauer, Konservatorien für Komponisten und Jahre des Stu-
diums für Architekten an Bauhochschulen selbstverständlich,
fragte Kurella, Schulen für Schriftsteller indessen nicht? Be-

gabung sei gewiß nicht lehrbar, aber sie könne gefördert und entwickelt werden. Diese Auffassung liege dem Institut für Literatur zugrunde, zu dem niemand zugelassen werde, der den Beweis seiner Begabung nicht geliefert habe. Maxim Gorki habe das Talent einen »Funken« genannt, denn erst die Arbeit schüre ihn zur Flamme, in der dann das Erz des Wirklichkeitsstoffes zu Edelmetall umgeschmolzen werde. Die Biographie jedes Schriftstellers zeige, daß kein Meister vom Himmel falle, daß Meisterschaft gelernt sein wolle. Was aber gelernt werden könne, das könne auch gelehrt werden. »Und ich hoffe«, so schloß Kurella, »daß es uns mit vereinten Anstrengungen gelingen wird, Ihnen diese Lehre zu vermitteln und damit unsere deutsche Literatur um einige befähigte Schriftsteller zu bereichern.«

Paul Wandel, damals noch Kultursekretär des Politbüros der SED, heute »DDR«-Botschafter in China, nickte bestätigend. Die Welt sah bunt aus, wie der Stundenplan: Seminare in Prosa und Lyrik, Literatur- und Kunstgeschichte, Ästhetik, Sprachwissenschaften, Gastvorlesungen! Mitten unter uns, aufgeräumt, klug, vital, ein federnder Sechziger, der Genosse Direktor, der »Natschalnik«, was auf russisch soviel wie »Chef« heißt.

Von ihm erfuhren wir einmal später, daß der Etat für den ersten Lehrgang bei einer halben Million Mark lag. Das hieß, da wir dreißig Teilnehmer waren, etwa fünfzehntausend Mark für jeden von uns. Wir waren keine Studenten, waren es weder dem Alter noch unserm sozialen Status nach. Das Institut für Literatur trug Exklusiv-Charakter, auch was die Höhe der Stipendien anbetraf. Während die allgemeinen Stipendien an den Universitäten der »DDR« hundertachtzig Mark betrugen, erhielten die Ledigen hier etwa fünfhundert Mark, die Verheirateten eine noch weit höhere Summe.

Dieser Ausgaben auch für mich durchaus eingedenk, sehe ich mich dennoch außerstande, die Phase am Institut für Literatur, die entscheidende dieser Anatomie, zu unterschlagen.

Der ganze Verlauf der Leipziger Monate bekam für mich seinen Kurs durch den Besuch eines berühmten Mannes gleich in den ersten Tagen dort, das Gesicht wie ein Felsblock, aus dem die starke Nase herausgehauen schien — Professor Ernst Bloch!

Er durchschritt den Studiensaal, wo wir zu zweien und zu dreien vor kleinen Pulten saßen, setzte sich, musterte uns durch die dicken Brillengläser und begann: Er spreche ja wohl zu Schriftstellern. Also — wie sehe es aus mit der Gegenwartsliteratur? Betrüblich sehe es aus, denn was sich darin abspiele, das sei nicht die Wahrheit, sondern die Diktatur des Kleinbürgertums im Namen des Proletariats! Sei es nicht ein Verbrechen, die herrlichste Sache von der Welt, den Sozialismus, durch pedantisches Umgehen der wahren gesellschaftlichen Konflikte zur todlangweiligsten zu machen? Nur so sei zu erklären, daß in der bürgerlichen Literatur ein verfaulender Heringskopf luziferisch wirke, der Brand der Zukunft aber, den wir schürten, wie ein bengalisches Feuer. Weg mit der Schulbubenexaktheit! Weg mit den fixen Kategorien! Die Realität ist an den Rändern offen!

Dann stopfte sich der Verfasser von *Subjekt-Objekt* und *Das Prinzip Hoffnung* die Pfeife. Wir schenkten ihm ein altes Buch. Er freute sich sehr, denn er hatte Blumen befürchtet. Als Ernst Bloch uns verließ, erhoben wir uns von den Plätzen.

Luziferischer Heringskopf? Bengalisches Feuer?

Gerade damals entdeckte ich in einer Ostberliner Literaturzeitschrift zwei einander gegenübergestellte Gedichte. Das eine war von Arnim Müller, einem in der »DDR« bekannten Lyriker. Es lautete:

Lied der jungen Republik

Wir singen von Gärten und träumen
von Kohle und glühendem Stahl,
von Straßen mit schattigen Bäumen,
vom Tanz um die Linde im Tal.

Wir singen von kühnen Gedanken,
von Städten, die jung sind und schön,
von Büchern und fruchtschweren Ranken,
vom Richtkreuz in sonnigen Höhn.

Wir singen vom Glück ohnegleichen,
der Morgen versilbert das Land.
Es grüßt uns ein flammendes Zeichen
in sternbesätem Gewand.

Wir singen das Lied, das wir lieben,
in sorgsamen Plänen erdacht,
mit Hammer und Meißel geschrieben,
wir singen das Lied unserer Macht.

Das andere Gedicht war von einem westdeutschen Autor, Otto Gillen:

Einsam in der großen Stadt.
Lange habe ich gewartet,
daß der Tag leiser würde.
Ich bin müde.
Oder meine Mutter ist krank — weit fort.
Das Uhrwerk zerrädert mich.
Ich möchte schlafen.
In der Matratze ist eine Höhlung,
da hat lange wer krank gelegen.
Manchmal knackt die Kommode.
Der Vorhang regt sich.
Die Dame von nebenan hustet.
Ich höre ihre Bewegungen im Bett,
manchmal stößt sie an die Wand,
an die Wand, an der ich liege,
heiß und lauschend
aus der Betäubung des leichten, täuschenden Schlafes...
Ich sehe mein Gesicht im Spiegel
und denke daran, daß in meinem Bett
schon einer gestorben ist.

Ein Brief kommt,
ein Mensch, der klagt.
Auf der Straße fällt ein Kind und weint.
Herrenlos läuft ein Hund.
Es kann einer hinausgehen zum Teich
und nicht wiederkehren,
es kann einer Gift bei sich tragen –
niemand sieht es.
An Menschen vorbei fühllos,
streckt der Schutzmann die Arme
und weist die Wege,
die Wege,
die alle in die Irre gehen ...

Luziferischer Heringskopf? Bengalisches Feuer? Ich schnitt die Gegenüberstellung sorgfältig aus.
Das war eine der Stationen auf dem schwerfälligen Wege, sich vom Dogma des *Sozialistischen Realismus* zu lösen.

Bald darauf erschien abermals Besuch, ein hoher, blonder Recke, der auch wirklich Siegfried hieß – Siegfried Wagner, damals leitender Kulturfunktionär der Pleiße-Stadt, heute leitender Kulturfunktionär im ZK der SED, die große, und inzwischen erfüllte, Leipziger Hoffnung Walter Ulbrichts.
Wagner beschwor uns, Werke über die Probleme der Gegenwart, etwa die landwirtschaftlichen Produktionsgenossenschaften, zu schreiben, beschwor uns auf seine äußerst intensive Weise. Das Thema bewegte ihn, es war ihm förmlich anzusehen, wie er bei der Bewältigung seiner tagespolitischen Nöte auf die unmittelbare und direkte Unterstützung der jungen Autoren des Instituts hoffte. Nichts sei wichtiger, als über die gesellschaftlichen Umwälzungen zu schreiben, wiederholte er, es gebe bisher zu wenige Werke, in denen die Gegenwart künstlerisch gestaltet worden sei. Auf diese Bücher werde gewartet und gewartet. Wann endlich würden sie erscheinen?

An der Stelle, wo Siegfried Wagner stand, hatte wenige Tage vorher ein Dozent leidenschaftlich erklärt: Der Ungeist des Hitlerismus spuke noch überall in den Köpfen der Menschen. Er müsse verscheucht werden, und dazu sei noch nicht genügend getan worden. Mit einem Leichenberg im Keller seiner Geschichte aber könne man kein neues Haus aufbauen – der Gestank zöge von Stockwerk zu Stockwerk mit.
Und hier nun die Ignorierung eines Tatbestandes, über den man aus schöner »sozialistischer« Nächstenliebe ein Mäntelchen breiten wollte!
Ob es nicht genauso wichtig sei, sich mit der jüngsten Vergangenheit auseinanderzusetzen und darüber auch zu schreiben?
Wagner machte eine seiner impulsiven Handbewegungen. Es gebe für einen jungen sozialistischen Schriftsteller heute keinen wesentlicheren Stoff als den der Gegenwart.
Für ihn schien der Schatten der Vergangenheit gebannt und die Literatur keine Sache des langsamen Reifens, sondern tagespolitischer Aktualitäten zu sein.
Der Mann und seine Ansichten gefielen mir nicht.

Gloger verweigert den »Lebensbericht«

Die ersten Auseinandersetzungen zwischen den Schriftstellern und der Institutsleitung entzündeten sich vordergründig an der Scholastik der Unterrichtsweise. Die Stoffvermittlung, besonders im Fach Russische Literatur, war trocken, und ein Lehrer der Sprachwissenschaften wegen unüberbietbaren Mangels an Lehrfähigkeit von uns bereits hinausgeekelt worden.

Die Spannungen kristallisierten sich vor allem an dem Verhältnis zwischen Alfred Kurella einerseits und Gotthold Gloger und Erich Loest andererseits. Gloger, ein junger Mann aus dem Südwesten Deutschlands, Mitglied der KPD, ein Riese mit Bohemien-Allüren aus Protest gegen seine spießige Umwelt, für sein Buch *Philomela Kleespieß trug die Fahne* des Heinrich-Mann-Preises gewürdigt, das Renommierobjekt des ersten Lehrgangs, war damals schon so ausdauernd in der »DDR« ansässig, daß er eher als ihr Bürger angesehen werden konnte. Trotzdem forderte die SED-Bezirksleitung ihn auf, einen Lebensbericht bei ihr abzugeben, ebenso wie mich, der ihn auch abgab.

Nicht so Gloger. Er weigerte sich. Kurellas Sekretärin schaute mich an. »Er will den Bericht nicht schreiben«, sagte sie fassungslos. Gloger lag in einem Sessel, die Beine lang von sich gestreckt, das Gesicht hinter der großen Hand halb verborgen: »Ich tu's nicht, ich tu's nicht, ich tu's nicht!« stieß er hervor. Auf dem Flur geriet er außer sich und schrie: »Ja, ich liebe die Sache, ich stehe zur Partei, aber ich verlasse diesen Kindergarten, ich halte es nicht mehr aus.«

Er hielt es aus. Gloger war der Avancierteste von uns, er hatte überall »hineingerochen«, er hatte, von bundesrepublikanischer Herkunft, immer noch weit mehr Bewegungsfreiheit als die anderen.

Er verabscheute die muffige Engstirnigkeit, das offizielle Kunstdogma und ihre maßgerechte Widerspiegelung im ganzen Unterrichtssystem des Instituts, mit einer Wildheit ohnegleichen. Dieser schriftstellerisch hochbegabte, rhetorisch aber völlig unfähige Riese, dessen anarchischem Hirn es schwer fiel, seine Gedanken klar und folgerichtig mündlich zu formulieren, bebte zuweilen vor Wut.
Nicht anders Erich Loest. Dieser erfolgreiche junge Leipziger Schriftsteller hatte die Teilnahme am ersten Lehrgang unter der Bedingung zugesagt, daß ihm für die ungestörte Fortsetzung seiner Tätigkeit genügend Zeit zur Verfügung bleibe. Inzwischen aber hatte sich herausgestellt, daß das Versprechen und die Institutsdisziplin (was für Loest als SED-Mitglied der Parteidisziplin gleichzukommen hatte) nicht miteinander harmonieren wollten.
War Gloger seinem ganzen Wesen nach mehr Naturbursche, der heftig auffuhr und dann wieder in sich zusammenfiel, so hatte Loest etwas von einer hintergründigen Unbeugsamkeit an sich. Er war bereits mit der Obersten Gerichtsbarkeit schwer zusammengestoßen, nach dem 17. Juni 1953, als er, in jener kurzen Phase des Aufatmens, scharfe Kritik an der Kulturbürokratie geübt hatte. Unmittelbar darauf war er nach Ungarn gefahren, um nach seiner Rückkehr registrieren zu müssen, daß er plötzlich nicht nur von vielen gemieden, sondern auch nicht mehr als Genosse angesprochen wurde. Loest entging damals haarscharf einem Parteiausschluß, der auf lange Zeit seiner schriftstellerischen Entwicklung ein Ende gesetzt hätte. Aber er läuterte sich nicht im Sinne seiner Angreifer. In einem seiner Bücher, es erschien 1954, flieht ein SED-Funktionär nach Westberlin, eine Blasphemie, ein Affront gegen eines der gehüteten Tabus! Presse, Rundfunk und auch einige Leute, die sich Schriftsteller nannten, übten sich in böser Kritik gegen den Autor, ohne ihn jedoch diesmal an den Rand der Existenz treiben zu können.
Die Beziehungen zwischen Loest und Kurella waren von wortloser Spannung.

Was Gloger und Loest, zwei Naturen, wie man sie sich vom Temperament unterschiedlicher nicht vorstellen konnte, zueinander trieb und von Anfang an Front gegen den »Natschalnik« machen ließ, das war der gemeinsame, aus langen Erfahrungen gewachsene Abscheu vor der Didaktik einer anonymen Macht, *die ihr Talent und seine Entfaltung tödlich bedrohte.*
Zwar hielt auch Loest aus, aber was beide nach einem Monat Literaturinstitut daran hinderte, es zu verlassen, war nur ihre politische Überzeugung als Kommunisten, als marxistische Sozialisten, die der Partei den öffentlichen Skandal ersparen wollten. Denn würde nicht jeder Schritt gegen eine ihrer Institutionen auch als ein Schritt gegen die Partei selbst ausgelegt werden? Es ist diese Demagogie, der sich das Parteimitglied von einer bestimmten Phase seiner kritischen Entwicklung fortwährend gegenübergestellt sieht, eine Demagogie im Namen des Kollektivs, die solange zuungunsten des Individuums wirken wird, wie es dem Aberglauben »Die Partei, die Partei, die hat immer recht« noch huldigt.
Gloger und Loest blieben, aber was nach außen als geeint erschien, war in Wirklichkeit aufgesplittert und mit dem Makel der Unzufriedenheit, des widerwilligen Gehorsams, der lähmenden Unlust und der offenen Verzweiflung versehen.
Nach einem Monat kannte ich das *eine* Thema, daß sie alle hier bewegte, den Gegensatz zwischen den Schriftstellern und ihren Zensoren. Nach Monatsfrist war erkenntlich, welche Energien diese heimliche, unterschwellige Auseinandersetzung beschäftigte, eine Erscheinung, von der ich bisher keine rechten Vorstellungen gehabt hatte. Zwar war die ganzen Jahre über in Berlin immer auf die Engstirnigkeit und die Beschränktheit der Literaturfunktionäre geschimpft und gewettert worden, vor allem auf das Amt für Literatur, ja diese Schmähungen hatten zum selbstverständlichen Repertoire unserer Gespräche gehört und sich häufig zu einer Schärfe gesteigert, daß Uneingeweihte wohl gewähnt hätten, in eine

Versammlung wütender Parteifeinde geraten zu sein. Nur war ich stets nach einigen Tagen wieder nach Hamburg zurückgekehrt und hatte mich also immer aufs neue von dem Problem isoliert.
Leipzig nun aber war der erste kontinuierliche Aufenthalt in der »DDR«, und, wie sich herausstellte, an einem ihrer neuralgischen Punkte. Dies war das erste bleibende Zusammensein mit denen, für die der Gegensatz zwischen schöpferischem Geist und der Zensur ein Gesetz war, mit dem sie ununterbrochen fertigzuwerden hatten. Und diesmal trug ich keine Rückfahrkarte in der Tasche, hier atmete ich ihre Luft, hier waren ihre Probleme dabei, auch ganz die meinen zu werden.
Mein Status war der eines Quasi-Bürgers der »DDR« für neun Monate. Der bundesrepublikanische Ausweis war mir für die Dauer des Aufenthaltes abgenommen und gegen einen weißen Paß ausgetauscht worden. Ich hatte mich in Stötteritz ordnungsgemäß in das sogenannte Hausbuch, diese schamlose Kontroll-Kladde, in der jeder Gast eines Mieters seine genauen Daten anzugeben hat, eingetragen. Und dort, in der Nähe des Völkerschlachtdenkmals, wurde bei Besuchen immer wieder dasselbe Thema behandelt. Häufig war darüber Nacht geworden und die letzte Straßenbahn schon in Richtung Innenstadt verschwunden.
Aber wie wenig ich noch das *System* kannte, mit dem die Gefährten so reiche Erfahrungen hatten, die dann auch ihr Verhalten prägten, sollte sich nach der Leipziger Premiere des zweiten Teils von *Ernst Thälmann — Führer seiner Klasse* zeigen.

Am Anfang des Jahres hatte ich den ersten Teil in Hamburg noch einmal unter etwas abenteuerlichen Umständen gesehen. Einige hundert ausgesuchte und in den Saal einer Barmbeker Gaststätte beorderte Funktionäre hatten gestaunt, als plötzlich die Tür abgeschlossen worden und die Aufforderung an alle ergangen war, den Raum nicht mehr zu verlassen, da

nun der erste Teil des in der Bundesrepublik verbotenen Spielfilms »über den Genossen Teddy« laufen werde.
Dann war das Licht gelöscht worden, und in mir lebte zwei Stunden lang das gleiche Hochgefühl wie bei der Berliner Premiere.
Wie aber würde nach diesem Jahr der zweite Teil auf mich wirken?
Vorn vor der Leinwand ein Rednerpult. Als alle Plätze eingenommen waren, bestieg es jemand, um es eine dreiviertel Stunde lang nicht mehr zu verlassen. In diesem Zeitraum erläuterte er, was wir dann hundertzwanzig Minuten sehen sollten, eine Tortur, die jede Lust und Spannung schon vor Beginn so getötet hatte, daß zwei »Junge Pioniere«, anfangs vor Erwartung förmlich im Fieber, nun neben mir fest eingeschlafen waren. Vorn der Redner, endlos, plätschernd, in Wendungen, die jedermann kannte, ohne eine Spur von Originalität, ohne jede Persönlichkeit, ohne einen einzigen echten Ton — Worte, Worte, Worte! Das Auditorium dabei von einer so gelangweilten Disziplin, wie sie nur in härtester Routine erworben werden kann.
Dieser zweite Teil, mit Thälmanns Ermordung in Buchenwald und dem Sieg der Sowjetarmee als Höhepunkt, ließ mich völlig kalt. Der Film sagte mir nichts. Eigentlich vergaß ich ihn von einer auf die andere Stunde. Aber das Rednerpult und den dreiviertelstündigen Vortrag vergaß ich nicht. Irgendein unbekannter Zorn war aufgestanden, wich nicht, bohrte und gebärdete sich äußerst nachtragend. Im Institut setzte ich mich hin und schrieb an die Bezirksleitung der SED, daß die Veranstaltung im Kino gestern unmöglich gewesen sei und künftig solche Dummheiten besser unterbleiben sollten. Ich unterschrieb und legte die Kritik auch den anderen zur Unterschrift vor, gleichgültig, ob sie der SED angehörten oder nicht (die Mehrheit der Schriftsteller am Institut gehörte ihr nicht an). Aber jetzt lernte ich ein seltsames, fast mitleidiges Lächeln kennen, das mir noch oft begegnen sollte, ein Lächeln ohne Worte, das sozusagen aus

einem ganz leisen, aber höchst eindringlichen Kopfschütteln
bestand. Zwar ging das Schreiben ab, aber außer der meinen
fanden sich darunter nur noch zwei weitere Unterschriften.
Weder Gloger noch Loest hatten unterschrieben.

Diese Angst kannte ich ...

Eines Abends trat meine Wirtin mit besorgter Miene ins Zimmer. Ein Polizist sei dagewesen, von der örtlichen Wache (über die alle meine Papiere gelaufen waren!), und habe sich erkundigt, was ich in Leipzig mache und welcher Art die Zusammenkünfte seien, die hier bis in die tiefe Nacht abgehalten würden. Sie habe ihm erwidert, worüber geredet werde, wisse sie nicht, da sie als anständige Frau nicht lausche, wohl aber glaube sie, daß es sich um Studienfreunde von mir handele. Der Polizist habe ihr ausdrücklich untersagt, zu mir von seinem Besuch zu sprechen.
Etwas Dumpfes war plötzlich da. Als ich den Vorfall der Institutsleitung mitteilte — unter dem Hinweis, daß ein parteiloser Lehrgangsteilnehmer jetzt wahrscheinlich seine Koffer gepackt hätte und nach Hamburg zurückgereist wäre — wurde dort abgewinkt — Wachsamkeit, zwar auf etwas kriminalistische und mißverständliche Weise ausgeübt, aber nichtsdestoweniger Wachsamkeit, was ich doch begreifen müsse.
Aber ich wollte um so weniger begreifen, als ich gerade voller Entsetzen festgestellt hatte, welche Auswirkungen dieses ganze hysterische Klima von »Wachsamkeit« haben konnte in einem Staat, in dem die Partei nicht die politische Opposition bildete, sondern die unumschränkte Macht ausübte.

Helga B. war einundzwanzig Jahre alt, Studentin der Medizin, aus Dresden gebürtig. Eine ihrer Verwandten in Hamburg hatte mir ihre Adresse gegeben, mit dem Kommentar, das junge Mädchen sei, im Gegensatz zu früher, so zurückhaltend, fast menschenscheu geworden, und zwar ohne erkennbaren Grund. Sie kenne Hamburg ein bißchen und der Besuch würde sie sicher aufmuntern.

Helga B. wohnte ebenfalls in Stötteritz, nur einige Straßen weit entfernt. »Ich wollte eigentlich Zeitungswissenschaft studieren, nicht Medizin. Aber man nahm mich nicht. Leider kann man sich das Studium nicht so ohne weiteres selbst aussuchen bei dem Andrang. Jedoch das ist es alles gar nicht, es ist...« Als sie erfuhr, daß ich am Institut für Literatur war, fragte sie: »Wozu?« Alles, was sie sagte, klang unglaublich traurig, und es war diese schreckliche unjugendliche Traurigkeit, die in mir wieder den alten Missionar provozierte, der im letzten Hamburger Jahr unter den mannigfachen Stößen erster unbekannter Umwälzungen so weit zurückgedrängt worden war. Hier nun aber, vor diesem Objekt, sprach, referierte und ereiferte er sich. Das Mädchen hörte zu, schüttelte den Kopf und sagte: »Ich bin für den Sozialismus, Sie brauchen mich nicht zu bekehren. Aber die Wirklichkeit! Es ist...«
Über dieses »Es ist...«, das immer wiederkehrte, so daß ich bald darauf aufmerksam geworden war, schwieg sie. In unseren Gesprächen versuchten wir zunächst stets, das »Thema« zu vermeiden, umsonst. Und dann kam, nach einer Weile, nach all der Traurigkeit und Resignation, prompt dieses »Das alles ist es gar nicht. Es ist...«
Was ging hier vor? Ein junger, hochintelligenter Mensch war gerade bis zum Lippenbekenntnis für den Sozialismus gekommen. Zugegeben, die Wirklichkeit ringsum war keineswegs attraktiv, sondern so deprimierend, daß Hans-Joachim B., als ich ihn in seiner Holzhausener Wohnung aufsuchte, gestand: »Mir war doch etwas bange geworden, nämlich, daß du mit gar zu optimistischen Vorstellungen hier aufkreuzen könntest...« Aber so trist es auch aussah, war dieser Staat nicht wie ein einziger menschlicher Ameisenhaufen dabei, eine bessere Zukunft zu bauen, wenn auch unter Opfern, Mühen und schlimmen Entbehrungen?
»Nein«, sagte Helga B., »es wird uns schon zu lange zuviel versprochen. Die Termine verstreichen unerfüllt. Aber das wäre noch alles zu ertragen, nur — es ist...«

Dann schwieg sie. Auch dieses Mädchen, das wußte, daß ich der Partei angehörte, war mir sofort mit jenem erschütternd naiven Vertrauen begegnet, das die Tochter des Gepäckträgers auf dem Wittenberger Bahnhof gezeigt hatte, nur weil ich aus dem Westen kam. Aber irgend etwas verschwieg Helga B., irgend etwas mußte in ihr sitzen, was nicht herauswollte, was in ihr eingefressen lebte und sie beherrschte. Und eines Tages schließlich, mitten aus etwas anderem heraus, nannte sie es: »Ich habe Angst vor dem Staatssicherheitsdienst.«
Sie sagte es sehr leise und sehr bestimmt, den Blick gesenkt, Dann sah sie auf: »Verrückt, nicht wahr, eine Psychopathin! Ich plane keine Sabotage, sondern erfülle brav mein Medizinstudium. Ich kenne keinen Agenten und beabsichtige auch kein Attentat auf einen führenden Staatsmann. Das heißt, ich tue nicht das geringste, was mich mit den Gesetzen in Konflikt bringen könnte oder was verboten ist. Und trotzdem habe ich diese Angst. Verstehen Sie das?«
Es war eine fürchterliche Eröffnung und eine fürchterliche Frage. Ich hatte seit meinem zehnten Lebensjahr, seit 1933, Angst gehabt, eine spezifische Angst. Sie hatte sich im Laufe der Zeit damals immer heftiger komprimiert, hatte Herz und Hirn besetzt, im Blut mitgerauscht und allmählich den ganzen Organismus beherrscht, war zu einem materiellen Wesen, zu einem dauernden Begleiter geworden — die Angst vor der Geheimen Staatspolizei.
Und nun stellte mir das Mädchen diese Frage. Nicht, daß die Lage der Studentin auch nur entfernte Ähnlichkeit mit jener der Rasseverfolgten unter Hitler aufgewiesen hätte — das Umwerfende für mich bestand vielmehr darin, daß ich, gleichgültig ob sie gerechtfertigt war oder nicht, die Zeichen meiner eigenen Angst von damals in diesem Mädchen heute so unverkennbar wiederauferstanden fand!
Und da war noch die mir ebenfalls nur allzu bekannte Fortsetzung, die diese Begegnung um so unheimlicher machte: Helga B. brach kein Gesetz und hatte dennoch Angst. Wo-

vor? Davor, daß ihre *Gedanken* entdeckt werden konnten! — aber nicht von dem Staatssicherheitsdienst als Organisation, sondern von der suggerierten Kontrollkommission in ihr selbst, die nur in die Gestalt des SSD geschlüpft war!
Nachdem die Polizei sich hinterrücks nach den »nächtlichen Zusammenkünften« erkundigt hatte, politisierte ich mit Helga B. nicht mehr. Meine Position war dafür *zu* schwach geworden.

Was mich zum Bahnhof Zoo trieb

Anfang November teilte mir Walter P., Lektor des Verlages *Neues Leben* und ebenfalls Teilnehmer des ersten Lehrgangs, mit, daß das Amt für Literatur die Druckgenehmigung für mein Buch verweigern wolle. Das Amt behaupte, daß ein Kommunist in einem westdeutschen Gefängnis keine Verbindung mit einem Aufseher haben dürfe, auch wenn dieser Sozialdemokrat sei – in seiner Eigenschaft als Aufseher sei er vor allem anderen ein Werkzeug des Klassengegners.
Ich erinnerte mich in diesem Moment an eine Passage aus dem Brief eines Berliner Schriftstellers, der mir kurz nach dem 17. Juni 1953, im Zusammenhang mit der Belobigung meines *Westdeutschen Tagebuches* durch dasselbe Amt geschrieben hatte:

»Daß das Amt für Literatur (Amt zur Verhinderung der Literatur heißt es hier in Berlin) mit Dir zufrieden war, darf Dich auf keinen Fall zufriedenstellen. Die Auseinandersetzungen mit diesen dilettantischen Kulturfunktionären werden, Gott sei Dank, heute in aller Öffentlichkeit geführt. Und es sieht nicht so aus, als ob sie in ihrem Amt überleben werden...«

Das war über zwei Jahre her, sie hatten überlebt, und ich bekam es jetzt zu spüren. Plötzlich konnte ich das alles nicht mehr ertragen, dieses Amt nicht und erst recht nicht die Wendung »Werkzeug des Klassengegners«. Für den Fall, daß die Druckgenehmigung verweigert werden würde, beschloß ich, das Institut für Literatur zu verlassen und nach Hamburg zurückzukehren. Über diesen Beschluß informierte ich das Institut, das Amt für Literatur und den Schriftstellerverband. Fünf Wochen Leipziger Aufenthalts hatten den Dingen eine ungeahnte Gestalt gegeben.

In jenem Monat wurde die achtunddreißigste Wiederkehr der Großen Sozialistischen Oktoberrevolution gefeiert. Im Seminarraum war ein rotes Tuch über den Tisch gebreitet worden. Dahinter saß eine alte Frau und sagte mit kleiner, zaghafter Stimme: Sie sei damals, 1917, Krankenschwester gewesen, bei der Roten Armee, eine deutsche Kommunistin. Einmal habe sie Lenin gesehen, in einer Petrograder Fabrik. Er hatte die Mütze tief ins Gesicht gedrückt. Ein anderes Mal sei die Menge so groß gewesen, daß sie abgedrängt worden sei. Aber Krupskaja, Lenins Frau, erzählte die greise Stimme, habe sie gut gekannt. Krupskaja sei immer besorgt gewesen um Iljitsch, denn er aß so unregelmäßig, besonders wenn er mit Stalin zusammen war und dessen Pfeife brannte. Die alte Frau atmete schwer und schaute sich schüchtern in unserm Kreise um, ehe sie fortfuhr: Einmal, hinter der Front, in sehr bedrängten Tagen, nachts in einer Hütte, sei plötzlich ein großer Mann erschienen. Heute, achtunddreißig Jahre später, könne sie sich nicht mehr genau erinnern, ob er eine grüne Hose und ein rotes Jackett, oder eine rote Hose und ein grünes Jackett getragen habe. Jedenfalls, er habe ihr geholfen, das Feuer zu unterhalten, wodurch seine Hände sehr schmutzig geworden wären. Das aber habe ihn nicht daran gehindert, weiße Zuckerstückchen zu reichen und sich schließlich vorzustellen: »Wladimir Majakowski, Begründer der sowjetischen Lyrik!«
Das Reden strengte die alte Frau an. Sie erhob sich bald, winkte schüchtern und verabschiedete sich. Das rote Tuch wurde zusammengefaltet.
Warum hatte Wladimir Majakowski Selbstmord begangen?

Der November gilt in der »DDR« als *Monat der deutsch-sowjetischen Freundschaft*. Es finden große Feiern statt, und die Institutsleitung delegierte mich, den Genossen aus Westdeutschland, nach Berlin. Dort angekommen, besuchte ich sogleich Charlotte W. Sie führte mich an die Wiege ihres Kindes, eines Mädchens, war erregt, gelöst, bewegt. Ob ich schon

etwas vorhätte? Heute Abend trete in einem Großbetrieb das sowjetische Armee-Ensemble auf.
Charlotte W. war wie verwandelt, glücklich, voller Hoffnungen. Auf dem Wege zu der Veranstaltung beteuerte sie, es sei so vieles besser geworden, ob ich es nicht spüre? »Es wird so werden, wie wir es uns immer gewünscht haben. Die Macht der ›Finsterlinge‹ ist im Schwinden begriffen. Irgend etwas liegt in der Luft.« Sie war so erfüllt von ihren Hoffnungen, daß sie erst, als wir das Werk betraten, fragte: »Und wie gefällt es dir am Institut?«
Ehe ich antworten konnte, standen wir schon im Saal. Auf einer Holzbühne kreisten, nahe über den Latten, uniformierte Männer, zeigten, wie die menschlichen Gliedmaßen auch gebraucht werden können, gerieten dabei in die Hocke, fanden in immer rasenderem Tanz die extremsten Bewegungen, hochartistische Leistungen, die in die grollende Schwermut russischer Lieder übergingen.
Es wurde sehr spät an diesem Abend. Charlotte W. war wegen ihres Kindes schon vorher weggegangen. Als ich das Werk verließ, lagen die Straßen einsam da. Da ich nicht wußte, wo ich war, ging ich einfach drauflos und kam nach einer Viertelstunde auf den Alexanderplatz. Dort löste ich mir eine S-Bahnkarte, aber ich stieg Friedrichstraße nicht aus, sondern fuhr weiter, nach Westberlin, zum Bahnhof Zoo. Ich war in all den Jahren, bei jedem Berlin-Besuch, ausgenommen die beiden Deutschlandtreffen und die Weltjugendfestspiele, immer zum Zoo gefahren. Es war ein fester und selbstverständlicher Programmpunkt gewesen, über den ich mir nie den Kopf zerbrach. Erst heute, in dieser Novembernacht, nach anderthalb Monaten Leipzig, wußte ich plötzlich, daß es eine Flucht war, jedesmal eine Flucht gewesen war, diese Fahrten in Richtung Zoo, eine Flucht vor dem im wahrsten Sinne des Wortes atemberaubenden Gefühl, *von der eigentlichen Welt abgeschnitten zu sein!*
Diese Erkenntnis war vorbereitet worden durch zwei wie aufeinander abgestimmte Ereignisse im Vorjahr.

Damals hatte mich das Hamburger Zollamt in den Freihafen bestellt. Dort war eine Sendung Bücher aus der »DDR« für mich angekommen und beschlagnahmt worden. Ein älterer Beamter begann sofort wüst gegen die Partei, die »DDR« und den Sozialismus zu wettern, was das Zeug hielt. Nun haben solche Äußerungen uns nie beeindruckt, im Gegenteil, es war vielmehr eine der Grunderfahrungen, daß der Antikommunismus, wie er uns gemeinhin begegnete, also keineswegs demokratisch motiviert, sondern nazistisch, unser höchstes Maß an Selbstsicherheit und moralischer Überlegenheit provozierte.
Wann er denn, fragte ich schließlich den Zollbeamten, sein demokratisches Herz gegen den Totalitarismus entdeckt habe — schon vor oder erst nach 1945?
Die Frage war erprobt. Sie rührte an einen der empfindlichsten Punkte der älteren Generation überhaupt, an das schlechte Gewissen derer, die sich gegenüber dem Totalitarismus von rechts so anfällig erwiesen, wie sie heute, ohne diese Vergangenheit in Wahrheit schon überwunden zu haben, stramm dem linken fluchen.
Tatsächlich wurde der Beamte sofort unsicher.
Was sei denn, setzte ich nach, seine Geschichte im Dritten Reich gewesen? Welche Taten könne er vorweisen, um seine Tradition im Kampfe gegen die Diktatoren glaubhaft zu machen?
Der Mann konnte keine einzige vorweisen und deshalb wurde er auch plötzlich ganz sachlich. Er begann ruhigen Tones davon zu sprechen, daß er seine Heimat Thüringen verlassen habe, vor zwei Jahren. Nicht aus politischen Gründen, das habe er hier auch nie und nirgends behauptet, sondern wegen — der Öde. »Wegen dieser schrecklichen Öde. Ich konnte sie nicht mehr ertragen. Der Widerwille war schließlich stärker als alles andere, stärker sogar als die Liebe und die Verbundenheit zur Heimat. Kennen Sie diese Öde nicht? Sie sagen doch, daß Sie häufig drüben sind!«
Ich war damals gerade vor ihr geflohen. Ich hatte im Verlag

und bei der *Berliner Zeitung* zu tun gehabt, es war, wider Erwarten, alles reibungslos vonstatten gegangen und in einem Tag erledigt worden, wofür drei angesetzt waren. So wäre es gut möglich gewesen, bei Freunden auszuspannen, in Potsdam, Babelsberg, Weißensee oder Eichwalde. Statt dessen, wie von einer Panik befallen, gegen die ich machtlos war, hatte ich fliegend das zuständige Polizeirevier aufgesucht, hatte meine Aufenthaltsgenehmigung abstempeln lassen und war, ohne mich von irgend jemanden verabschiedet zu haben, nach Hamburg gefahren, verfolgt von einem sorgenvollen Brief des Verlages *Neues Leben,* was mich zu dieser überstürzten Abreise veranlaßt habe. Ich ließ diese Frage unbeantwortet, weil ich sie nicht hätte beantworten können. Ich wußte nicht, was da über mich gekommen war.

Jetzt wußte ich es.

Die Öde war wesentlich beteiligt an dem Empfinden der Isolation und einer physisch spürbaren Einengung. Damals betrachtete ich sie noch als ein zwar sehr unsympathisches, aber doch wohl vorübergehendes Moment, als unschöne Spur des langjährigen Mangels an Material und der Phantasielosigkeit der Textilindustrie. Tatsächlich hat diese Öde damit wenig zu tun. Sie ist ihrem ganzen Wesen nach unabhängig von Produktionsziffern, unabhängig davon, wieviel Stahl, Zement, Ziegel und Stoffe hergestellt werden. Sie ist dem stalinistischen System immanent, ein Bestandteil von ihm und wird erst mit ihm verschwinden.

Diese Öde war es, die mich in all den Jahren in die S-Bahn Richtung Zoo getrieben hatte — was ich dann hinter mir ließ, war sicher die Welt von morgen, aber die Welt von heute, die »eigentliche«, die »ganze« Welt war es jedenfalls nicht!

Als ich nach Leipzig zurückfuhr, hatte ich erfahren, daß das Amt für Literatur die Druckgenehmigung für mein Buch doch erteilt hatte, aber die Freude darüber wurde verdrängt von der Frage, ob ich ein Leben in der »Deutschen Demokratischen Republik« für immer ertragen könne.

Von Wilhelm Girnus, Martin Hoop IV und dem wiedergefundenen Fragebogen

Endlich sollte der IV. Deutsche Schriftstellerkongreß doch noch stattfinden!
Bereits im Oktober 1954 hatte mich *Der Schriftsteller*, das inzwischen eingegangene Organ des Schriftstellerverbandes der »DDR«, aufgefordert, zu erforschen, was in der Bundesrepublik von dem für Dezember angekündigten Kongreß in Ostberlin erwartet werde. Aber abgesehen davon, daß in der Bundesrepublik niemand diese Ankündigung zur Notiz nahm und die sektiererische Isolation mir überhaupt fast jede Verbindung außerhalb des Apparates zerstört hatte — abgesehen davon wären alle Recherchen ohnehin nutzlos gewesen, denn der IV. Deutsche Schriftstellerkongreß fand gar nicht statt.
Da dieser Aufschub nicht der erste war, wurde dem neu ausgerufenen Termin im Frühling 1955 mit berechtigter Skepsis entgegengesehen. Der Grund für die Verschiebung war übrigens mittlerweile jedem klar geworden. Man wollte die Ergebnisse des Anfang 1955 in Moskau stattfindenden II. Unionskongresses der sowjetischen Schriftsteller abwarten. Zwar tagten dann die sowjetischen Literaten termingemäß, nicht jedoch die deutschen — die kurze Frist zwischen den beiden Ereignissen schien den Eingeweihten zu schmal zu sein, der Kongreß wurde noch einmal verschoben.
Jetzt aber sollte offenbar Ernst gemacht werden. In *Neues Deutschland* hatte eine Diskussion eingesetzt. Unter den vier Namen, die sie bestritten, verdient einer hervorgehobener Erwähnung, der von *Wilhelm Girnus*.
Es hatte eine Zeit gegeben, da wäre Girnus selbst der letzte gewesen, der je an seine Wiederauferstehung geglaubt hätte — in den ersten Monaten des sogenannten Neuen Kurses.

Damals hatte Wolfgang Harich in der *Berliner Zeitung* gegen diesen »Kunstpapst« des Alten Kurses, den Exekutor des Shdanowismus, dessen anmaßendes Wort jahrelang unheilvoll über Gedeih und Verderb entschieden hatte, einen so geharnischten Artikel, eine so glänzende Philippika geschrieben, daß jedermann seine helle Freude daran gehabt hatte. Die Erste Feder des kulturpolitischen Banausentums verschwand in die Versenkung, und ein Aufatmen war durch die Reihen der Berliner Freunde gegangen. Aber sie hatten sich zu früh gefreut. In dem Maße, wie der Neue Kurs zugunsten des gewohnten abgebaut wurde, erschien auch, sozusagen Glied um Glied, Wilhelm Girnus wieder an der Oberfläche. Im Spätherbst 1955 saß er wieder so fest im Sattel seiner Tradition, daß er in dem Zentralorgan der SED, *Neues Deutschland,* nun nicht nur bezeichnenderweise als oberstes Postulat für die Schriftsteller »mehr Ideologie« forderte, sondern diese Forderung auch zu pöbelhaften Ausfällen gegen Walter Victor benutzte, der »mehr Genie« verlangt hatte. Girnus wurde dabei, seiner Art entsprechend, so beleidigend, daß es hieß, Walter Victor werde dem Kongreß fernbleiben.

In diesen Zusammenstoß mischte sich Anna Seghers: Talent *und* ideologische Klarheit, beide vereint, seien die Voraussetzungen für künstlerische Meisterwerke.

Da die Voraussetzungen für solche Werke aber vor allem darin bestanden hätten, die Diktatur der Kulturfunktionäre aufzuheben, und da nicht nur Walter Victor, sondern auch Anna Seghers diesen zentralen Kern nicht einmal streiften, von Girnus ganz zu schweigen, fanden die Beiträge am Institut für Literatur keine rechte Resonanz. Diese ganze Polemik um »mehr Ideologie« und »mehr Genie« erschien, ebenso wie Anna Seghers Versuch einer Synthese, gequält. Das waren nicht die Themen, die uns in Wahrheit beschäftigten, jeder wußte, daß hier wie die Katze um den heißen Brei herumgegangen wurde. Lediglich *Kurt Stern,* ein dort bekannter Schriftsteller und Filmautor, kam der Sache etwas

näher. Der Schematismus sei der Feind, und er mache sich keineswegs nur in der Kunst, sondern auf allen Gebieten der gesellschaftlichen Wirklichkeit breit. Dort, wo der Schematismus in Erscheinung trete, müsse er von den Schriftstellern hart und unerbittlich bekämpft werden – mit der Partei und mit dem Schriftstellerverband!
Das klang schon genauer, da war ein Synonym genannt für die Praktiken der Bürokratie: Schematismus. Und jetzt, plötzlich, war das Wort vom »persönlichen Mut des Schriftstellers« in aller Munde! Niemand wußte, wer es zuerst ausgesprochen hatte, aber es verbreitete sich wie ein Lauffeuer.
Dennoch blieb es am Institut für Literatur ganz ruhig. Wer geglaubt hatte, in einer Versammlung von sozialistischen Schriftstellern würden die Wellen von Rede und Gegenrede, der Streit der Meinungen oder die völlige Übereinstimmung, was notwendige Veränderungen anging, hochaufschlagen, wer geglaubt hatte, aus Anlaß des bevorstehenden Kongresses werde sich an dieser Stätte mit nichts intensiver beschäftigt werden als mit jenem Beitrag, den wir dazusteuern sollten – der irrte. Nichts davon. Im Seminar Prosa beschäftigten wir uns unter Wieland Herzfeldes hölzern-unpersönlicher Regie mit Lessings *Emilia Galotti;* lasen und besprachen Thomas Mann; lernten Geschichte und hatten ergötzlichen Ästhetik-Unterricht bei dem ansonst durchaus linientreuen Professor Schwartze von der Leipziger Universität (»Sie kennen die Möbel, die man in der HO kaufen kann? Das nennt man Pankower Renaissance« oder »Was hat sich der Architekt des Leipziger ›Ring-Cafés‹ eigentlich gedacht? Das ist die 1. Klasse eines Ozeandampfers, in der er nie gefahren ist«); während Georg Maurer, einer der wenigen wirklichen Dichter, dem kleinen Lyrik-Zirkel vorstand und Professor N. Jantzen uns Lektionen in dialektischem und historischem Materialismus erteilte, ein sowjetischer Bürger, Mitglied der KPdSU, den eine lange Bekanntschaft mit Kurella verband und der eigens von Moskau nach Leipzig für dieses Unterrichtsfach entsandt war.

Mit einem Beitrag unsererseits für den Kongreß wurde sich also nicht beschäftigt. Der »Natschalnik« wollte keine Auseinandersetzungen, das war offenbar. Er wollte Bestätigung des Dogmas, keine Veränderungen, er wollte Glauben, keine Unruhe. Er wollte, was die erfahrenen Gefährten »Schmalspurismus« nannten. Kurella behandelte den Kongreß als das nebensächlichste auf der Welt. Für ihn hatte diese Tagung lediglich organisatorische Bedeutung, nämlich was unsere Beteiligung als Gäste anbetraf.

Seine Aversionen fanden einen Bundesgenossen in einer erfahrungsgesättigten Passivität und Resignation der Schriftsteller, die wie ein Mantel über ihnen lagen. Sie hatten längst jeden Frontalangriff aufgegeben, vor allem gegen die Zensur, sie lebten offensichtlich in einer vagen Hoffnung auf jene »besseren Zeiten«, deren nahe Erfüllung Charlotte W. so emphatisch prophezeit hatte. Dabei war jedermann von uns klar, daß die Entfaltung unserer schriftstellerischen Fähigkeiten nicht zuletzt davon abhing, wie offen über das, was sie hemmte, auf dem Kongreß gesprochen werden würde. Das interne, persönliche Gespräch kannte überhaupt kein anderes Thema als dieses und stand in einem schrecklichen Gegensatz zu dem traurigen und wissenden Lächeln, das öffentlich die Szene beherrschte.

Unter diesen Bedingungen konnte die Parole vom »persönlichen Mut« des Schriftstellers keine andere Wirkung haben, als ihm die ganze demütigende Erbärmlichkeit seiner zum Schweigen verdammten Existenz nur noch sichtbarer hervorzuheben, und hier, an der Brutstätte einer neuen Generation sozialistischer Schriftsteller, so sichtbar wie nirgends sonst.

Der *Neue Weg*, die Funktionärszeitschrift des ZK der SED, hatte dem Institut das Buch *Martin Hoop IV* zugeschickt, mit der Bitte, es zu rezensieren.

Damals hatte es noch keiner von uns gelesen. Es war darüber nichts anderes bekannt, als daß der Autor, der über fünfzigjährige Bergmann Rudolf Fischer, vorher nie geschrieben und

Walter Ulbricht das Buch öffentlich als einen Markstein der neuen sozialistischen Literaturentwicklung gelobt hatte. Höchstens noch, daß es sich um ein sogenanntes Auftragsprojekt handelte, das heißt, einen Stoff, der nicht dem eigenen inneren Drang des Schriftstellers entsprungen, sondern auf Bestellung eines Verlages verfertigt worden war. Nachdem jahrelang von oben ein Bergarbeiterroman gefordert worden war, hatte Fischer sich ans Werk gemacht.
Das Ergebnis war katastrophal. Es ist mir dadurch bekannt geworden, daß ich die Rezension übernahm, nachdem niemand sonst Lust dazu gezeigt hatte.
Der Hintergrund des Buches war historisch. Auf der sächsischen Zeche Martin Hoop IV waren einundvierzig Bergleute bei einer Schlagwetterexplosion unter Tage getötet worden. Die Presse der »DDR« hatte von Sabotage gesprochen. Also mußte ein Saboteur her. Und er erscheint so penetrant erkennbar, daß der Leser ihn schon von der ersten Begegnung an unmöglich als staatsgefährdenden Unhold verkennen kann. Möglich, daß Fischer seine Konzeption ursprünglich darauf angelegt hatte, die Schicksale bestimmter Typen noch unter dem Grollen des fürchterlichen Unglücks abzuwickeln. In der Tat jedoch wickelt sich auf seinen Seiten gar nichts ab, ausgenommen die Amouren zahlreicher Liebespärchen. Es gab nicht den geringsten Zweifel, daß das Werk von der ersten bis zur letzten Seite gescheitert war.
Der unglückliche und weit überforderte Autor hatte außerdem das Manuskript zu einer Zeit verfaßt, da jene, die für die erotische Dürre in der Gegenwartsliteratur verantwortlich zeichneten, kampagnemäßig wieder einmal die Darstellung »echter und gesunder Liebesbeziehungen auf der Basis sozialistischer Verhaltensweise« gefordert hatten. Fischer hatte darauf ratlos den Spieß der erotischen Abstinenz und der organischen Prüderie des *Sozialistischen Realismus* einfach umgekehrt und war dabei, zweifellos von guten Absichten geleitet, der gewöhnlichen Schweinigelei verfallen, in deren Verlauf er etwa die weiblichen Geschlechtsmerkmale

in einem Dialog zwischen Mann und Frau als »Das da oben«
und »Das da unten« benennt. Den gesetzlichen Proportionen
der herrschenden Kunstdoktrin von »Positiv« und »Negativ«
entsprechend, finden drei der Pärchen zusammen, indes eines
dagegen Liebesleid zu ertragen hat. Ansonsten Happy-End
à la Hollywood, oder wie Tucholsky zu sagen pflegte: dann
wird »abjeblend«. So sah der »Markstein der sozialistischen
Literaturentwicklung« aus!
Keine Mißverständnisse, es ging weder damals noch später
darum, daß hier einem Autor ein Buch mißlungen war, es
ging darum, daß ein offener Betrug in Szene gesetzt werden
sollte. Da Ulbricht bereits die Direktive gegeben hatte, war
vollkommen klar, welche Art von Rezension der *Neue Weg*
haben wollte.
Hier sollte ein Buch mit dem Machtwort des Ersten Partei-
sekretärs hochgelogen werden, nicht seiner Gestaltung, seiner
Komposition, seines Stils, seiner individuellen Gediegenheit
— sonst gewöhnlich die Kriterien lobender Beurteilung —
sondern einzig und allein aus zweckpropagandistischen Gründen der Thematik wegen. Das mußte aber nicht nur die freiwillige Kastration der Literaturkritik, sondern auch das
Ende jeder schriftstellerischen Wahrhaftigkeit überhaupt bedeuten.
Ich beschloß, das Datum der Einsendung ungenutzt verstreichen zu lassen. Eine neue Erbitterung, der Geist einer wüten-
den Opposition war lebendig geworden, die sich an zwei
kurz aufeinanderfolgenden Ereignissen weiter entzündeten.

Das Capitol, Leipzigs repräsentatives Kino, zeigte die fran-
zösisch-mexikanische Gemeinschaftsproduktion *Aufruhr vor
Veracruz*, mit Michele Morgan und Gerard Philippe in den
Hauptrollen. Der Film war in der Bundesrepublik unter dem
Titel *Die Hochmütigen* gelaufen und hatte einen solchen
Eindruck auf mich hinterlassen, daß ich mir diese skurrile und
erschütternde Liebesgeschichte zwischen einem verkommenen

französischen Arzt und einer französischen Touristin in Mexiko noch einmal ansah.
Aber es war nicht mehr derselbe Streifen, die Zensur hatte ihn gräßlich verstümmelt, wobei die Schnippeleien sich besonders einer Beichtszene und des Versuchs einer Vergewaltigung angenommen hatten, ohne den es kein Verständnis für den Schluß geben konnte. Die Handlung wirkte künstlich, zusammengestoppelt, unmotiviert. »Ich dachte, jetzt würde es anfangen, und da ist es auch schon aus«, stellte Rudolf Bartsch, ein junger Leipziger, einer der Begabtesten vom ersten Lehrgang, draußen auf der Straße verblüfft und enttäuscht fest.
Mir war die Kehle wie zugeschnürt.
Aber dieses Ereignis war nichts gegen das zweite.
Bevor ich nach Leipzig gefahren war, hatten sowohl die Hamburger Parteiorganisation wie auch die *Berliner Zeitung* Zusicherungen gegeben, meine Angehörigen während meiner Abwesenheit finanziell zu unterstützen. Diese Zusicherung war von Hamburg überhaupt nicht, von der Zeitung nur einen Monat eingehalten worden. Als ich davon erfuhr, schrieb ich über den Apparat an die Westabteilung des ZK der SED, sie solle für die Einhaltung eines Versprechens sorgen, das eine der wesentlichen, ja die entscheidende Voraussetzung für meine neunmonatige Übersiedelung hierher gewesen sei.
Die Westabteilung schrieb mir zurück, ihre Erkundigungen in Hamburg hätten ergeben, daß ich mich ohne Genehmigung der Hamburger Parteileitung am Institut für Literatur aufhalte, so daß zur Klärung nur geraten werden könne, zunächst zurückzukehren, um dann mit der Erlaubnis der Partei wiederzukehren. Vorher sei an eine Unterstützung meiner Angehörigen nicht zu denken.
Die Zusammenhänge waren unmißverständlich. Der Kaderchef der Hamburger Landesleitung, Willi W., hatte, um seine Zusicherung nicht einhalten zu müssen, schlicht zum Mittel der Lüge gegriffen, derselbe Willi W., der im Namen des

Landessekretariats die Entscheidung über meine Bitte, nach Leipzig fahren zu dürfen, im Sommer der Kreisleitung überlassen hatte, derselbe Willi W., der dann diese Entscheidung dem Sekretariat Hein Fink übermittelte, und derselbe Willi W., der mich mit Parteierlaubnis Ende September selbst verabschiedet hatte!

Was jetzt geschah, kann in der Tat nur schlicht als außergewöhnlich bezeichnet werden.

Im Verwaltungsraum des Instituts meldete ich ein Ferngespräch mit der Nummer des Altonaer Parteibüros an.

Für unser Verhalten am Telephon gab es eine Faustregel: rechne damit, daß der Gegner dich abhört. Und wir rechneten damit. Über das Telephon gingen keine Details in die Welt hinaus, es wurde mit Decknamen, Parolen, verschlüsselten Sätzen, sogar bestimmten Tonfällen operiert, und oft bedurfte es keiner geringen Phantasie, um den ebenso vorsichtigen Gesprächspartner am andern Ende der Leitung wissen zu lassen, was gemeint war, oder um ihn richtig zu verstehen. Dem Inhalt der Telephongespräche nach jedenfalls war die Partei ein unpolitischer Verein mit der Mentalität von Taubenzüchtern. Dieses Verhalten war uns längst in Fleisch und Blut übergegangen. Was nun gar den Telephonverkehr zwischen der Bundesrepublik und der »DDR« betraf, so galt die Geheimhaltung von Partei-Interna nur um so strenger.

Aber diesmal wurde das Ritual der Konspiration glatt mißachtet.

Als sich der Altonaer Sekretär über den Draht meldete, sagte ich: »Willi W. hat das ZK der SED belogen — er behauptet, ich sei ohne Erlaubnis der Partei in Leipzig. Meine Angehörigen werden deshalb nicht unterstützt. Wenn das in vierzehn Tagen nicht berichtigt ist, breche ich meine Teilnahme am ersten Lehrgang ab.«

Eine offizielle Korrektur erfolgte nie. Es traf lediglich die Nachricht ein, daß die Zusage finanzieller Unterstützung

durch ein bedauerliches Mißverständnis bisher nicht eingehalten worden sei.
Inzwischen war die Weihnachtszeit herangekommen. Inzwischen zierte ein großer Radioapparat den Seminarraum des Instituts. Es hatte sich eingebürgert, den Sucher auf AFN-Frankfurt eingestellt zu lassen. Der bevorzugte Schlager der Herbstsaison trug den Titel *Ein Mann muß nicht immer schön sein*. Wir pfiffen ihn wahl- und zahllos, mit einem grimmigen Unterton, demselben Unterton, mit dem wir fragten: »*Neues Deutschland* schon gelesen?« Zwischen beidem gab es Zusammenhänge.
Zum Fest fuhren wir alle in unsere Heimatorte. Nächster Treffpunkt: 9. Januar 1956, Ostberlin, Haus der Ministerien, zum IV. Deutschen Schriftstellerkongreß.

Der Winter war hart. Im Altonaer Parteibüro hatten sich der Erste und der Zweite Sekretär in einen Raum ohne Fenster zurückgezogen und um einen kleinen Ofen gruppiert. Trotzdem noch eingehüllt in Wollsachen, grinsten sie, als der Urlauber wie das personifizierte Fragezeichen eintrat.
»Der verschwundene Bogen für die Kreiskontrollkommission? Hat sich wieder angefunden — auf der Landesleitung...«

Warum schwieg Erich Loest?

Von der Größe unserer Literatur — diesen Titel hatte Johannes R. Becher für seine Eröffnungsansprache im Deutschen Theater gewählt. Das war gleichzeitig das Stichwort für Verlauf und Charakter des IV. Deutschen Schriftstellerkongresses — Größe wird bewundert, verehrt, respektiert und gepriesen, jedenfalls zu allerletzt kritisiert. Wenn dieser Direktive gefolgt werden würde, konnte jede Hoffnung, die Woche in eine Arena des Widerstreits über literarische und literarpolitische Probleme zu verwandeln, begraben werden.
Becher stand hinter einem Rednerpult und hob dann und wann mit abgewogener Bewegung die Hand. Es hieß, er übe Posen wie diese ausdauernd vor dem Spiegel.
Sein Referat war auf einer Anmaßung aufgebaut. Er beschwor die Größe jener Literatur, die 1933 den Flammen der Goebbelsschen Bücherverbrennung zum Opfer fiel, und behauptete, ihre künstlerische und kämpferische Tradition sei nach 1945 von der Literatur in der »DDR« fortgesetzt worden. Innerhalb ihrer Grenzen sei der deutschen Misere, der deutschen Tragödie ein Ende bereitet. Zwar gebe es hier, selbstverständlich auch auf dem Gebiete der Literatur, miserable Erscheinungen, aber sie unterschieden sich doch von denen der Vergangenheit. »Der IV. Deutsche Schriftstellerkongreß wird solche Fragen zu beantworten haben, welche für die Entwicklung der ganzen deutschen Literatur entscheidend und notwendig sind.«
Das wäre vor allem die Frage gewesen, wie die Literatur von den Fesseln einer versteinerten Kulturbürokratie befreit werden konnte. In seiner sehr langen Einleitung sagte Becher kein Wort darüber.
Am Abend sahen wir Mozarts »Zauberflöte« in der »Komischen Oper«, von Felsenstein brillant inszeniert. Im Parkett

und auf den Rängen saßen die vierhundert Delegierten, die Gäste und eine internationale Creme linker Schriftsteller – der Türke Nazim Hikmet, der Kubaner Nicolas Guillen, der Exil-Spanier Rafael Alberti, der Columbianer Jorge Zalamea, der Ungar Georg Lukacz. Auch die gesamte Schriftstellerprominenz der »DDR«, von Willi Bredel bis Stefan Heym, von Bodo Uhse bis Arnold Zweig, hörte Papagenos Liebessehnsüchten zu.

Wir Zöglinge Kurellas waren in mehreren Hotels um den Bahnhof Friedrichstraße untergebracht worden, in komfortablen Zimmern, die hygienischen Einrichtungen ohne Makel, die Betten so tief, daß wir darin versanken. Aber der Schlaf kam nur schwer. Was hatte Bechers Rede mit der Unruhe zu tun, von der wir alle gepackt waren? Vor zweieinhalb Monaten hätte ich vielleicht noch Alfred Kurella gefragt. Aber das war lang, lang her.

Anna Seghers, die wegen schwerer, andauernder Krankheit nicht selbst erscheinen konnte, ließ ihr Referat verlesen. Wir horchten auf, als es darin hieß:

»Manchem Schriftsteller in der DDR hat seine Leistung mehr gekostet als Beifall und Preise belohnen könnten. Nicht nur an Arbeitskraft. Er hat sich gegen Trägheit und Dummheit, gegen Haß und Mißtrauen wehren müssen, gegen Feinde, manchmal auch gegen Freunde, manchmal gegen sich selbst. Keine packende Fabel ist denkbar ohne Konflikt. Alle Bücher, die Menschen packen, packen sie durch die Fabeln, durch die Konflikte, auf denen die Fabeln beruhen. Aber wo und wie geschieht denn in unseren Reihen das Zerreißen des Lügengewebes, von dem Stalin gesagt hat, das müsse den Völkern selbst gelingen? Damit ist doch etwas anderes gemeint als die Entlarvung von Saboteuren! Der Schematismus ist einer der größten Mängel unserer Literatur ...«

An diesem Tage ahnte noch keiner der Vierhundert, welche Bedeutung Anna Seghers' Stalin-Zitat vom Zerreißen des Lügengewebes, mit umgekehrten Vorzeichen, acht Wochen später für uns alle bekommen sollte.

Bertolt Brecht hatte sich für den Kongreß nicht umgezogen. Er kam in jener martialisch geschnittenen Jacke, die er seit Jahrzehnten trug, und sagte, knapp wie immer: Die sozialistische und realistische Schreibweise könne, seiner Meinung nach, besonders durch das Studium der materialistischen Dialektik und der Weisheit des Volkes gefördert werden. Werde der Staat doch nicht für die Statistik, sondern für die Geschichte gebaut— was aber seien Staaten ohne die Weisheit des Volkes?

In der warmen und echten Zustimmung, in der Übereinstimmung von Gefühl und äußerer Haltung, die sich jetzt im Applaus für Brecht offenbarten, drängte sich mir ein gegensätzliches Bild ins Gedächtnis.

Vor einigen Wochen hatte ein Angehöriger der Leipziger Hochschule für Theater, mit der das Literaturinstitut zunächst nur räumlichen, dann im Laufe der Zeit aber auch persönlichen Kontakt gewonnen hatte, mich unter geheimnisvollen Zeichen aufgefordert, ihm zu folgen. In einem kleinen Raum, der fast überquoll von jungen Leuten, harrten wir auf Stühlen, Tischen und dem nackten Erdboden der Dinge, die da kommen sollten. Sie kamen bald, in Gestalt eines Tonbands, das sämtliche Songs der *Drei-Groschen-Oper* wiedergab. Einmal, zweimal, dreimal, immer wieder wurde das Band strapaziert, und die jungen Theaterschüler wären vor den prächtigen Songs am liebsten bis in die Nacht geblieben. Die Szene war paradox. Der einzige Bundesbürger in diesem Kreise hatte die »Oper« im Theater erlebt, bei Ida Ehre, in den Hamburger Kammerspielen. Für die anderen, Bürger der »DDR«, sollte dieses Stück nicht existieren. Unter dem Vorwand, die sozialkritische Thematik der »Oper« habe keine innere Beziehung mehr zu den Verhältnissen des Arbeiter- und Bauernstaates, blieb ihnen *das* Werk Brechts, das seinen Weltruhm begründete, vorenthalten (inzwischen scheinen sich diese Verhältnisse offenbar zurückentwickelt zu haben, denn vier Jahre nach dem Tod des Dichters wurde die »Oper« plötzlich doch aufgeführt).

Beim Hinausgehen bemerkte einer der Theaterschüler bissig:
»Wie hieß doch noch die eine Stelle?

> Ja, mach nur einen Plan,
> sei nur ein großes Licht,
> und mach noch einen zweiten Plan,
> gehn tun sie beide nicht ...

Ob wir das Stück deshalb nicht zu sehen bekommen?«
An dieses Erlebnis wurde ich erinnert, als nun die Delegierten und die Gäste, die Schriftsteller und die hohen Repräsentanten von Partei und Staat dem bewegungslos dastehenden Brecht zuklatschten – unter ihnen auch Alfred Kurella.

Dabei galt der »Natschalnik« als Brechts erklärter Widersacher. Er machte auch keinen Hehl aus seinem Abscheu vor Brechts Theater-Auffassungen, als zu Ehren des Kongresses am Schiffbauerdamm nun der *Kaukasische Kreidekreis* gegeben wurde. Demonstrativ verließ Kurella das Theater, wobei er vernehmlich äußerte, was da auf der Bühne geboten werde, sei kein sozialistisches Theater, sondern dessen Tod. Übertrieb der Professor eigentlich nicht in allem ein bißchen? Hatten die Gefährten nicht recht, daß Kurella für einen Sechziger ein wenig *zu* federnd einherschreite, die Beine eine Spur *zu* jugendlich werfe, und auch die Intensität seiner Gestik und Mimik nur allzu oft *zu* stark für die Präzision des Gesagten sei?
Hatte er nicht jüngst wieder seine seltsame Beobachtungsgabe offenbart, deren Originalität sich bei doppelter Überlegung als rein agitatorisch entpuppte, gerade wie seine deutsch-tadshikistanische Assoziation auf dem *Kongreß Junger Autoren* im Frühjahr 1954? »Meine Herren«, hatte er kurz vor Weihnachten zu uns gesagt, »heute morgen sind mir auf dem Wege hierher Studenten begegnet. Ich habe mir ihre Gesichter genau betrachtet und muß Ihnen sagen – als Schriftsteller werden Sie es schwer haben, Bücher zu schreiben, die den Ansprüchen dieser jungen Leute gerecht werden.«

Nun stimmte dies letzte allerdings, wenn auch auf völlig andere Weise, wie Kurella es gemeint hatte und wir es noch kaum ahnten, aber an Gesichtern beim bloßen Vorübergehen wäre es jedenfalls nicht zu erkennen gewesen. Kurella konstruierte etwas und bot es mit routiniert agitatorischer Verve an – nur wirkte das nach einem Vierteljahr Bekanntschaft nicht mehr wie am Anfang. Dem Professor haftete etwas Verkrampftes, Gezwungenes an, aber was eigentlich war der echte Grund, was waren die tieferen Motive dafür? Zwischen ihm und uns, und zwar ohne jede Ausnahme, war kein herzliches oder auch nur freundliches Verhältnis aufgekommen. So beschwingt und jovial Kurella sich auch gebärden konnte, er war weit fort von uns. Er verbreitete Kälte und blieb unpersönlich. Irgend etwas an ihm stimmte nicht.

Ich machte den IV. Deutschen Schriftstellerkongreß hinten auf den weißen Stufen des großen Saals im Haus der Ministerien mit. Es war ein ausgezeichneter Platz, die ganze Stätte war zu übersehen, das Wort jedes Redners deutlich zu verstehen, auch das Walter Ulbrichts.

Langanhaltend vom stehenden Auditorium begrüßt, bestieg er das Podium: Es sei die Rede davon gewesen, daß der Schriftsteller in der »DDR« persönlichen Mut benötige. Wofür eigentlich? Wogegen eigentlich? Gegen kleinbürgerliche Ideologien – gut, aber nicht, um Kritik zu üben!

Die Situation war gespenstisch. Da stand der Mann, von dem jeder der Vierhundert hier meist nur erbittert sprach, die Inkarnation der Reglementierung, amusisch bis in die letzte Fiber, die Verkörperung der Bürokratie, und erklärte, es gehöre kein Mut dazu, sich kritisch zu äußern.

Bei seinem Abgang erhob sich die Versammlung wieder und feierte den, von dem sie wußte, daß niemand sie so hemmte wie dieser. Ulbricht focht übrigens damals irgendeine Pseudopolemik mit Stefan Heym aus, ich weiß nicht mehr, worum es ging. Jedermann durchschaute das Spiel. Es sollte so getan werden, als könne und dürfe ein Schriftsteller anderer Mei-

nung sein als der Erste Parteisekretär der SED. Wir nannten diese Art von Selbstbetrug die »Politik des Augenzwinkerns«. Gleich darauf schlug ein anderer in Ulbrichts Kerbe – *Kuba*, der nun mit dem Gewicht seiner protegierten Persönlichkeit das Pult erkletterte und seinen Bannfluch gegen das »Gefasel vom persönlichen Mut des Schriftstellers in der DDR« schleuderte – das sei eine Unverschämtheit!
In diesem Augenblick trat die Dialektik meiner politischen Erziehung in Aktion.
Ich hatte im Hotel begonnen, mir lose Notizen zu machen, die sich zu Gedanken formulierten. Innerhalb von vierundzwanzig Stunden bedeckten sie einen ganzen Block – ein einziger Protest gegen die Art und Weise, wie dieser Kongreß aufgezogen worden war. Jetzt galt es zu sprechen oder mit den Trümmern all dessen, was die Ideale der Partei genannt wurde, erledigt vor sich selber, nach Hamburg zurückzukehren.
Aber war es nicht absurd, wider den Stachel zu löcken? Die Woche war in ihre zweite Hälfte getreten und bedeutende Namen hatten gesprochen, ohne ein Tabu zu berühren. Doch wenngleich in mir bis zur letzten Minute die Hoffnung lebte, es werde irgend etwas eintreten, das mich von dem inneren Zwang, sprechen zu müssen, befreien könnte, irgend etwas, das mich halbwegs glaubhaft zu sagen rechtfertigte, besondere Umstände hätten es eben mit sich gebracht, den Willen für die Tat zu nehmen – so war in Wirklichkeit doch viel stärker als der Greuel, zu widersprechen, gegen den Strom zu schwimmen, öffentlich von der Linie abzuweichen, die Furcht, das Bild der Partei könne zerstört werden, wenn sich inmitten des offiziellen Duckmäusertums, der schweigenden Resignation, dieser ganzen todtraurigen Leisetreterei und Heuchelei kein Widerspruch erhöbe. Hier lag der Kern für eine Donquichotterie, die nur sehr mittelbar etwas mit persönlicher Courage zu tun hatte. Die Theorie lehnte sich frontal gegen die Praxis auf, mit dieser Kraft, mit dieser Sehnsucht, mit diesem verzweifelten Wunsch nach Unver-

sehrtheit eines in Wahrheit schon deformierten Bildes. Gerade der frontale Charakter dieses Alleingangs kann als typisch für das naive Stadium meiner Erkenntnisse vom stalinistischen System gelten.
Als Alfred Kurella erfuhr, daß ich sprechen werde, gab er lebhaft zu bedenken: »Und vergessen Sie auf keinen Fall, zu erwähnen, wie sehr es die Prominenz bisher vermieden hat, bei uns als Gast zu erscheinen!«
An jenem Tage führte Bodo Uhse den Vorsitz, und zwischen ihm und Kurella, seinem Präsidiumsnachbarn, entspann sich folgender kurzer, aber von Gotthold Gloger wörtlich überlieferter Dialog:
»Jetzt kommt einer von deinen — hoffentlich ist der *gut*?«
»*Der* ist gut!«
Von da oben sah ich irgendwo Charlotte W.s blasses Antlitz in der Menge.
Ich zitiere nach dem Protokoll:

Kuba habe nicht recht, wenn er die Forderung nach persönlichem Mut des Schriftstellers in der »DDR« als eine Unverschämtheit bezeichne. Dieser Mut brauche sich zwar nicht mehr gegen Faschisten zu beweisen, aber es gebe etwas, was sich vielleicht an Kubas geistigen und physischen Bizeps nicht herantraue, jedoch dennoch existiere. Kurt Stern, befragt, welche Erwartungen er in diesen Kongreß setze, habe geantwortet: »Talente können hier nicht gezeugt, aber aufgedeckt werden alles, was der Entfaltung des Talents im Wege stehe, Unklarheiten, Fehler, Hemmungen, Hindernisse und Borniertheit, um es wegzuräumen.« Das sei ein guter Rat gewesen, und es könne auf diesem Kongreß nicht vieles geben, was zu bereden wichtiger wäre. Was sei das für eine seltsame Erscheinung, gegen die sich der persönliche Mut des Schriftstellers in der »DDR« zu richten habe? Professor Ernst Bloch habe an einem unvergessenen Tag am Institut für Literatur erklärt, das Charakteristische an der gegenwärtigen Situation in der »DDR« sei die Diktatur des kleinbürgerlichen Geschmacks im Namen des Proletariats. Es sei möglich, daß dieser Besuch mich besonders beeindruckt habe, denn während Professor Blochs Worte für viele Schriftsteller hier vielleicht nur die originelle Formulierung eines längst bekannten Delikts bedeuteten, deckten sie mir zum erstenmal das innere Wesen einer Auseinandersetzung auf, von der ich nichts gewußt habe, obwohl ich doch regelmäßig die mir nach Hamburg geschickten Literaturorgane gelesen hätte. Ein empörendes Beispiel dafür, wie recht Ernst Bloch habe, sei die Verstümmelung der mexikanisch-französischen Gemeinschaftsproduktion *Aufruhr vor Veracruz*, aus dem die Kontrolle ohne Respekt vor der Totalität eines Kunstwerkes integrale Szenen herausgeschnitten habe, darunter eine Beichtszene, die meinen Atheismus nicht gefährdet habe, und der Versuch einer Vergewaltigung, der, nach meinen Erfahrungen jedenfalls, das sittliche Gleichgewicht der Erbauer des Sozialismus nicht gestört hätte.

Dieses Beispiel habe mich besonders bewegt, aber es sei nicht das einzige gewesen. Es sei überraschend, mit welcher Raffinesse sich die konservative Ängstlichkeit als lautere Prinzipientreue zu tarnen wüßte; überraschend, mit welcher Frechheit sich die erbärmlichste Prüderie als sittenstrenge Gouvernante des Sozialismus aufspielen dürfe (Beifall), und wie resigniert und eingeschüchtert viele Schriftsteller von diesen Erscheinungen seien. Bei ihnen sei der persönliche Mut eben doch Mangelware (Heiterkeit), und Kuba erweise ihnen einen schlechten Dienst mit der Formulierung, die Forderung nach persönlichem Mut des Schriftstellers sei eine Unverschämtheit.

Es gebe noch etwas Bedenkliches. Auch hier, in der »DDR«, wo dem Faschismus die ökonomische und militärische Basis entzogen sei, habe es in breiteren Schichten der Bevölkerung immer noch keine echte Auseinandersetzung mit der faschistischen Ideologie gegeben. Viele Menschen auch in der »DDR« seien mit der Hitlerzeit keinesfalls fertig, und ein unerläßliches Mittel dazu werde sein, mehr Werke über diese Epoche zu schreiben. Die Forderung nach ihnen schaffe keinen Gegensatz zu einer Literatur, deren Gegenstand der Aufbau des Sozialismus sei, wenngleich in Leipzig Stimmen von politisch nicht unmaßgeblichen Leuten gehört worden seien, die Werke über die Hitlerzeit für überflüssig hielten. Das sei falsch. Für deutsche Schriftsteller bleibe hier eine zentrale Aufgabe und ein ungeheures Stoffreservoir.

Eine neue Generation von Schriftstellern wachse heran. Der Spielraum ihrer Altersskala könne ungewöhnlich sein. Die Kompliziertheit des geschichtlichen Ablaufs brächte es mit sich, daß die innere Auseinandersetzung selbst bei solchen, die frühe Erkenntnisse hatten, qualvoll und langsam vor sich gehe. Aber diese Generation könne die gültigen Werke über die Schreckenszeit nicht Anna Seghers, Willi Bredel, Bodo Uhse und Arnold Zweig überlassen, sie müsse sich legitimieren, und der Themenkreis dieser literarischen Legitimation sei unendlich groß. Werke über die genannte Epoche seien ihr unerläßlicher Bestandteil.

Die Schriftsteller sollten endlich frei von bürokratischen und engstirnigen Hemmnissen arbeiten, große Namen nicht mehr resigniert die Schultern zucken. Welche Gefühle müßten dann erst die Jüngeren bewegen, die deren Gewicht nichts in die Waagschale zu werfen hätten?

Wir wunderten uns, daß noch keine echte literarische Diskussion in Gang gekommen sei und daß keine kämpferischen Auseinandersetzungen mit polemischem Schneid ausgefochten würden? Woher sollten diese Diskussionen denn kommen, wenn nur das absolut Richtige, das gänzlich und ohne Zweifel Richtige, mit einem Wort das schrecklich Richtige veröffentlicht werde? (Heiterkeit). Gewiß sei eines: daß eine einzige echte Diskussion über eine interessante Erscheinung in der Literatur, mag sie auch problematisch sein, mehr nütze als die Veröffentlichung von hundert schrecklich richtigen, grundfalschen, rührseligen und niemand anrührenden Gedichten etwa! Müsse dieser Kongreß nicht allen die Gewißheit geben, daß Werke auch veröffentlicht werden, wenn dazu einige Courage gehörte? Im Kampf gegen den Mangel an Courage müßten wir uns später, nach diesem Kongreß, auf seine Autorität und seine Beschlüsse berufen dürfen. Das Amt für Literatur sei ja wohl eine notwendige Einrichtung, weil es sonst wahrscheinlich schon abgeschafft worden wäre (Schallende Heiterkeit), aber wenn es sich in Fragen der Gestaltung und des künstlerischen Details stecke, dann überschreite es seine Befugnisse und müsse — Verzeihung — eines auf die Finger bekommen (Beifall). Wenn zwischen mir als Autor und dem Verlag nach der Prüfung eines Manuskriptes die letzte Entscheidung positiv ausgefallen sei, dann wolle ich nicht klopfenden Herzens auf die allerletzte des Amtes für Literatur warten. Man möge mir helfen, mich von diesem Schock zu befreien, wenn möglich, noch während der Dauer dieses Kongresses, und öffentlich, von hier oben. Man möge mir sagen, daß ich einer Halluzination erlegen sei und daß die demokratische Entwicklung des Literaturwesens in der »DDR« inzwischen so weit fortgeschritten, daß es keine Macht gebe, die, sei ein Werk sauber in der Gesinnung, es am Erscheinen hindern könne. Vielleicht gebe es in diesem Saal noch andere, die diesen Zuspruch genauso nötig hätten wie ich. Übrigens, für unsere Vorbilder eine kleine Anmerkung: das Institut für Literatur befinde sich in Leipzig C 1, Schwägrichenstraße 3.

Als ich durch die Reihen an meinen Platz hinten auf den weißen Stufen des Saales ging, streckte sich mir plötzlich die Hand eines hochgewachsenen, weißhaarigen Mannes entgegen, das Gesicht aus Fels, die Nase wie ein Denkmal herausgehauen — Ernst Bloch!
Bodo Uhse hatte mehrere Male mittels Zettelchen versucht, mich zum Abbruch zu zwingen. Eine andere Möglichkeit als die Appellation an meine Zeitdisziplin hatte die starke und unverhüllte Zustimmung des Auditoriums dem Versammlungsleiter nicht gelassen. Diese Zettelchen waren jedoch nur das erste Symptom dafür, daß der Versuch, die sterile Schau

von Einheit und Größe zu unterbrechen, übel aufgenommen worden war.

Zunächst kam die Frau von Willi Bredel und fragte, ob sie recht gehört habe — ihr Mann und seine Generation sollten abdanken?

Bredels Frau ist Schwedin, sie sprach deutsch mit Akzent und es mochte ihr Schwierigkeiten bereitet haben, jedes Wort sofort in seinem Sinne zu verstehen — dieser Irrtum ließ sich jedoch leicht korrigieren.

Andere hatten genau verstanden. Eine junge Genossin von der Kulturabteilung des KPD-Parteivorstandes nahm mich sogleich abseits: ich würde Ärger bekommen. Neben ihr habe ein Mitglied des ZK der SED gesessen und erklärt, die Partei müsse sich meiner mal gehörig annehmen.

Sie tat das noch in der Pause.

Ein älteres Mitglied des Düsseldorfer Vorstandes belehrte mich in einer Ecke vorwurfsvoll, es hätte einem Genossen aus Westdeutschland, der zudem hier studiere, besser angestanden, seine Dankbarkeit gegenüber der »DDR« zum Ausdruck zu bringen, anstatt solche mißverständlichen Reden vor vierhundert Leuten, Ausländern, dem Rundfunk und der Presse zu halten.

Was er sich wünschte, war eine jener Wald- und Wiesenbekundungen aus der Kollektion westdeutscher Delegierten-Mentalität, eine Wiederholung so braver und konventioneller Gemeinplätze, wie ich sie auf dem Leipziger Kongreß vor zwei Jahren noch von mir gegeben hatte. Aber die Zeit war weitergeeilt, mit Sprüngen, die der geringen Zahl von Monaten nicht entsprachen. Ich konnte nicht mehr den dankbaren und hier geborgenen Genossen aus dem gefährlichen Westen spielen, es ging nicht. Ich war kein Tagesbesucher oder Festivalteilnehmer, die Probleme saßen mir unter der Haut, und nicht nur die des Literaturwesens — »Verstehst du das?«

Er verstand nichts. Er sah mich an, als hätte ich die wildesten Verwünschungen gegen den Sozialismus ausgestoßen.

Neues Deutschland und die *Berliner Zeitung,* die dem Kongreß sonst viel Platz einräumten, unterschlugen meine Ausführungen völlig. Der Gegenangriff aus dem Saal selbst kam am nächsten Nachmittag, aus der Gruppe um den Regisseur und Drehbuch-Autor Michael Tschesno-Hell (Thälmann-Film!). Eine Dresdner Literaturkritikerin, die zu intelligent war, als daß sie nicht genau gewußt hätte, was sie tat, verfügte meine Ausführungen in die Bereiche überentwickelter persönlicher Empfindlichkeit und fälschte sie in einen Angriff gegen Kubas Person um. Ihr folgte ein Mitglied der Berliner Autorengemeinschaft mit einem »Bekenntnis der jungen Schriftsteller zur Partei, zum Staat und zum Sozialismus«, mit Pauken und Trompeten und eindeutiger Stoßrichtung. Und endlich trat Alfred Kurella, der mich selbst aufgefordert hatte, wegen der Vernachlässigung des Instituts mit dem Zaunpfahl zu winken, nach vorn. Wenn hier gestern die Adresse des Instituts für Literatur genannt worden sei, so habe *er* dazu zu sagen, daß es bisher innerlich auf hohen Besuch noch gar nicht eingerichtet gewesen sei. Erst jetzt beginne sich der erste Lehrgang zu finden und in der Lage zu sein, ihn gebührend zu empfangen ...

Sic transit gloria Kurellae!

Aber es tat kaum noch weh. Weh tat etwas anderes. Warum schwieg Erich Loest? Viele hatten mir die Hand gedrückt — und geschwiegen. Auch Loest hatte mir die Hand gedrückt — und geschwiegen. Keiner war nach oben gestiegen und hatte den Faden aufgenommen. Ging es Loest auch nur um das eigene Wohlergehen, um seinen Ruf als arrivierter Autor, um seine Tantiemen?

Eine gewisse Weile hielt der Elan der ersten öffentlichen Empörung vor.

Nach Leipzig zurückgekehrt, schickte ich endlich die Rezension an den *Neuen Weg* ab: Rudolf Fischer habe ein schlechtes Buch geschrieben. Die Handlung sei gewaltsam konstruiert, geschmacklos, unkünstlerisch. Eine Begabung sei nicht zu erkennen. Wer glaube, dieser »Bergarbeiterroman« werde etwa westdeutschen Lesern Eindruck machen, täusche sich. Auch in der Literatur gelte nicht die gute Absicht des Autors, sondern allein die künstlerische Bewältigung von Stoff und Stil.

Gleichzeitig erhielt das Ministerium für Kultur, Abteilung Film, eine Kritik wegen der Verstümmelung von *Aufruhr vor Veracruz*. Der gestutzte Film wirke auf die Zuschauer unvollständig und erlaube die Frage, nach welchen ästhetischen Prinzipien hier mehrere für die Überzeugungskraft der Handlung unerläßliche Szenen herausgeschnitten worden seien.

Von beiden Institutionen traf überraschend schnell Antwort ein.

Zweifellos, schrieb der *Neue Weg*, weise die literarische Gestaltung von *Martin Hoop IV* mancherlei Mängel auf, aber das Buch sei in jene Kategorie literarischer Werke einzureihen, die trotz noch sichtbaren Ringens um die künstlerische Form »goldhaltig« seien, wie der Genosse Becher es ausgedrückt habe. Deshalb auch sei der *Neue Weg* an einer positiven Besprechung des Buches interessiert.

Zweifellos, schrieb die Hauptverwaltung Film im Ministerium für Kultur, hätte ich das Recht, die umfangreichen Schnitte zu kritisieren. Die Hauptverwaltung Film sei davon ausgegangen, daß die hervorragenden Leistungen Michele Morgans und Gerard Philippes und die gelungene Milieuschilderung der mexikanischen Hafenstadt den Filmbesuchern in der »DDR« nicht vorenthalten werden sollten. Andererseits widersprächen sehr viele naturalistische Einzelheiten den Vorstellungen von einem humanistischen Filmwerk. So sei es zu einer Kompromißlösung gekommen, die völlig unbefriedigend sei. Die Begebenheiten um diesen Film wären für die Abnahmekommission bei der Hauptverwaltung eine Lehre, in Zukunft alles oder nichts von einem Film anzunehmen.

War das erste Schreiben ein Lehrbeispiel unverhüllter Literaturlenkung, so das zweite eines für die Taktik, zunächst, wenn ein sichtbares Übel beim Namen genannt worden ist, zurückzuweichen, ehe dann eben doch alles beim alten gelassen wird.

Aber im Verlaufe des Monats Februar wurde der Elan der Empörung in dem Maße paralysiert, wie die Partei, nach so offenkundiger Mißbilligung am Anfang, zu meinem Beitrag auf dem Schriftstellerkongreß schwieg. Dieses Schweigen begann mich weit mehr zu beunruhigen, als es eine offene Rüge getan hätte. Dann, anderthalb Monate nach dem Kongreß, teilte mir die Institutsleitung mit, daß ich nach Düsseldorf zu reisen habe. Die Kulturabteilung des KPD-Vorstandes habe alle Kulturredakteure der westdeutschen Parteiorgane dorthin gerufen, und ich solle vor ihnen sprechen – über den IV. Deutschen Schriftstellerkongreß!

Die Unbotmäßigkeit eines Genossen wird gebrochen, in dem er über den Gegenstand seiner aufrührerischen Haltung im Namen der Partei vor der Partei zu sprechen hat, eine Alternativprovokation, bei der der einzelne, das »konkrete Individuum«, mit der erdrückenden Übermacht des anonymen Kollektivs konfrontiert wird. Ein ungleicherer Kampf ist sich schwerlich vorzustellen.

Als ich von Leipzig abfuhr, hatte der XX. Parteitag der KPdSU in Moskau schon begonnen. Niemand von uns hatte sich bisher auch nur die Spur für ihn interessiert.

In Bielefeld stiegen zwei nordrhein-westfälische Landtagsabgeordnete in das Abteil des Interzonenzuges ein – FDP, sie gaben sich keine Mühe, Amt und Parteizugehörigkeit zu verbergen.

Ich las im *Sonntag*. Worauf der eine von ihnen fragte, ob in *Mitteldeutschland* auch Schnee liege?

Frau Holle, antwortete ich, schere sich bekanntlich nicht um willkürliche Grenzen zwischen der Deutschen Demokratischen Republik und den *Westzonen*.

Schweigen. Wir, Angehörige eines Volkes, wußten uns nichts

mehr zu sagen, waren uns fremder und ferner als die Vertreter verschiedener Rassen es sein konnten.

Schweigen. Die beiden Landtagsabgeordneten saßen unter einer Reklame für VEB *Patina* (Kosmetik). Und plötzlich entfaltete einer von ihnen eine Zeitung, so, daß ich die fette, übergroße Schlagzeile gut lesen konnte: ABRECHNUNG MIT STALIN — *Chruschtschow entthront Stalin auf dem XX. Parteitag.*

Ich wandte mich ab. Die Enten der westlichen Presse wurden immer blödsinniger!

Ich blieb drei Tage in Düsseldorf. Der Vortrag über den Schriftstellerkongreß war eine gedrängte Chronik, kein Wort der Interpretation, der Reflektion oder der Kritik, kein Wort auch von meinem eigenen Beitrag.

Sonst wurde in diesen drei Tagen viel gesprochen — über die Begabung und ihren Nutzen für die Parteipresse; über unsere kaum mehr zu durchbrechende Isolation als politische Gruppe; über die Arbeitsüberlastung der Redakteure und die politischen Schwierigkeiten, mit denen sie wachsend zu kämpfen hatten — aber über den XX. Parteitag der KPdSU fiel hier kein Wort. In der Parteipresse stand nichts, was uns irgendwie hätte beunruhigen können.

Als ich nach Leipzig zurückfuhr, waren die Schlagzeilen unter der Reklame für VEB *Patina* längst vergessen.

DER XX. PARTEITAG

Nicolai Jantzen zuckt die Achsel

War es möglich? – Walter Ulbricht, der keine Rede, keinen Vortrag, keine noch so geringe Ansprache geschlossen hatte, ohne in ein Hoch auf den weisen Lehrer und großen Führer des Weltfriedenslagers auszubrechen; Walter Ulbricht, auf dessen oberstes Geheiß die gesamte deutsche Partei in Ost und West Stalins *Kurzer Lehrgang der Geschichte der KPdSU, Über Lenin, Der Marxismus und die Sprachwissenschaften, Der Marxismus und die nationale Frage* gepaukt und gepaukt hatte; Walter Ulbricht, dank dem wir in der Tat glänzend Bescheid wußten über Stalins Geburtstag und Geburtsort, über seine Teilnahme am Bakuer Streik, seine Meriten in der Oktoberrevolution, über den Inhalt der *Stalinschen Verfassung* von 1936 und seine militär-strategische Bedeutung während des Großen Vaterländischen Krieges; Walter Ulbricht, der nicht müde geworden war, uns Bücher und Filme über Stalin anzupreisen; Walter Ulbricht, unter dessen kontinuierlichen Vorsitz das Politbüro der SED die ideologische Erziehung der Partei in beiden Teilen Deutschlands bis ins Detail festgelegt und ganz auf Stalin ausgerichtet hatte, derselbe Walter Ulbricht entblödete sich jetzt nicht, Bevölkerung und Partei als erinnerungslose Analphabeten zu behandeln, indem er erklärte, Stalin sei nicht zu den Klassikern des Marxismus-Leninismus zu zählen. Gerade die jüngeren Genossen wüßten zwar sehr vieles über Stalins Leben, aber wenn es an die Fragen der Ökonomie gehe, so versagten sie nur allzu häufig.

In jenen Tagen besuchte ich ein junges Leipziger Ehepaar. Beide waren 1945 noch keine fünfzehn Jahre alt gewesen, beide hier aufgewachsen, beide Mitglieder der Partei, überzeugte Kommunisten. Alle weiteren Angaben müssen hier aus Sicherheitsgründen fehlen. Denn bei einem langen Ge-

spräch über den XX. Parteitag der KPdSU, über seine Hoffnungen und seine Erschütterungen, nannte ich in irgendeinem Zusammenhang den Namen Walter Ulbricht.
Die Wirkung war fürchterlich. Der Gastgeber, Typ des besonnenen, abwägenden, eigentlich weit über seine Jahre hinaus gereiften Jugendlichen, schoß wie von der Tarantel gestochen hoch, sein Gesicht verfärbte sich, er ballte die Fäuste. So stand er, kaum wiederzuerkennen, einen Augenblick da, erschlaffte und bat: »Wenn mir der Abend nicht verdorben werden soll — nenne diesen Namen nicht wieder. Nenne ihn in meiner Gegenwart überhaupt nie wieder!«
Dann ließ er sich auf seinen Stuhl fallen und begann zu weinen.
In den vergangenen beiden Wochen, in dieser ersten Märzhälfte des Jahres 1956, war unsere Welt zusammengestürzt.

Chruschtschows sogenannter Geheimbericht vom 25. Februar ist in der »DDR« nie abgedruckt worden, aber was schon bald darauf als Gerücht zu uns drang, wies erstaunlich viel von *den* Einzelheiten auf, die später die Lektüre dieses Berichtes bestätigte.
Der erste Schock erfolgte im Leipziger Ratskeller. Ein Dutzend von uns hockte zusammen, und was wir soeben erfahren hatten, ließ uns zu Salzsäulen erstarren. Alles klang gedämpft, gewispert, wie etwas Unglaubliches, Unfaßbares, das bei lauter Wiederholung nicht zu ertragen gewesen wäre: Ein Widerspruch, ja ein einziger Blick schon habe in *seiner* Gegenwart genügt, jemanden auf Nimmerwiedersehen verschwinden zu lassen — die Garde der alten Bolschewiki durch *ihn* vernichtet — die Mehrzahl der Delegierten und Kandidaten des XVII. Parteitages getötet oder verhaftet — Kirow mit *seinem* Wissen ermordet — *seine* Drohung an den Staatssicherheitsminister, ihn köpfen zu lassen, falls die verhafteten Kreml-Ärzte kein Geständnis machten — Läger — Massenverschleppungen — Entwurzelung ganzer Völkerstämme — Verlesung von Briefen verzweifelter Kommunisten aus dem

Gefängnis, in das *er* sie geworfen hatte — Furcht der Bevölkerung um das nackte Leben über mindestens zwei Jahrzehnte hin?
Es konnte nicht sein!
Stalin, Verkörperung unserer Kraft, Symbol, Freund, Beschützer, Vater in der Ferne, Personifizierung der Revolution, allwissend, gütig und gerecht — Stalin nun ein gewalttätiger, von Verfolgungswahn besessener Monomane, eitel, bösartig, ein gemeiner Diktator?
Es durfte nicht sein!
Wir erhoben uns, wanderten durch die Straßen, wie im Traume, fielen vom Fleische. In dieser Verfassung trafen uns Ulbrichts Aussprüche.

Aber da war der Beitrag von Michail Scholochow auf diesem Parteitag, dem Schöpfer des *Stillen Don*:

Ich muß die Wahrheit sagen über die Literatur, sei sie auch bitter. Wenn der Genosse Surkow hier ziemlich unverbindliche Ausführungen über die in den letzten Jahren erzielten Erfolge der Sowjetliteratur gemacht und die Lage durch den Hinweis erhärtet hat, daß der Verlag ›Sowjetski Pisatel‹ in den Jahren 1953 bis 1955 in wachsender Zahl Neuerscheinungen herausbrachte, dann ist damit versucht worden, aus einem X ein U zu machen. Wird denn das Wachstum der Literatur an der Zahl der neuerschienenen Bücher gemessen? Genosse Surkow hätte sagen müssen, daß man die klugen und guten Bücher, die in den letzten zwanzig Jahren bei uns herausgekommen sind, an den Fingern abzählen kann, während es Grau in Grau im Überfluß gibt. Auf mehrere tausend Schriftsteller je ein rundes Dutzend wertvoller Bücher — meinen Sie nicht, daß das etwas wenig ist? Davon hätte der Genosse Surkow sprechen müssen, auch wenn Sie das ganz genau wissen. Es wäre sonderbar, wenn die sowjetischen Propagandisten heute, da die Sowjetunion die größten Wasserkraftwerke der Welt errichtet, immer wieder versichern würden: Aber wir haben doch im Jahre 1932 das Dnjepro-Kraftwerk gebaut! Einen solchen literarischen Dnjepro-Staudamm aber haben die sowjetischen Schriftsteller sich aus Werken gebaut, die vor zwanzig bis dreißig Jahren geschrieben worden sind. Wie lange wollen wir uns noch in der wohltätigen Deckung dieses rettenden Schutzwalles verkriechen? Nach dem Tode Gorkis ist begonnen worden, im Schriftstellerverband eine kollektive Leitung mit dem Genossen Fadejew an der Spitze zu schaffen, aber dabei ist nichts Vernünftiges herausgekommen. Fadejew hat sich als ein ziemlich herrschsüchtiger Generalsekretär erwiesen, der sich in der Arbeit nicht an das Prinzip der Kollegialität halten wollte, und für die übrigen Sekretäre ist es unmöglich gewesen, mit ihm zu arbeiten. So ist es fünfzehn Jahre lang gegangen. Hätte man nicht zu Fadejew sagen müssen: ›Hang zum Diktieren ist eine Sache, die zu nichts führt. Der Schriftstellerverband ist keine militärische Einheit und erst recht kein Strafbataillon, und im Stillgestanden will kein Schriftsteller vor dir stehen, Genosse Fadejew‹.

Wir trauten unseren Augen nicht. Wenn dieser Beitrag nicht in *Neues Deutschland* gestanden hätte — wir hätten ihn für erfunden gehalten. Mit diesem Beitrag kehrte der XX. Parteitag uns sein Janusantlitz zu. Welches Mitglied der Partei hatte je vor einem Parteigremium festzustellen gewagt, daß die Sowjetliteratur in ihrer fast vierzigjährigen Existenz nur einige Dutzend wirklich bedeutender Schriftsteller hervorgebracht habe? Wer hatte es je gewagt, den Verfasser der *Jungen Garde*, Fadejew, und den mächtigen Surkow so unmißverständlich und öffentlich abzukanzeln? Was war da im Gange? Und war das nicht die Sprache, die der IV. Deutsche Schriftstellerkongreß hätte sprechen müssen, jener literarische Zirkus, dessen ganze innere Unwahrhaftigkeit im Lichte dieses Beitrags erst zutage trat?
Es lebe der XX. Parteitag!
Es lebe der XX. Parteitag?

Während einer Pause zwischen zwei Lektionen über Dialektischen und Historischen Materialismus, in dem großen Unterrichtsraum, an einem trüben Nachmittag.
Der Dozent, der sowjetische Professor Nicolai Jantzen, stand mit dem Rücken zum Fenster. Auch dieses Bild, auch diese Stunde, auch diesen Dialog werde ich nie vergessen.
»Stimmt es, Genosse Jantzen, daß Stalin sich mit antisemitischen Plänen herumschlug?«
Nicolai Jantzen nickte. »Es sind nach dem Kriege zahlreiche jüdische Armeeangehörige ihrer Posten enthoben worden, und Stalins Deportationspläne für die etwa drei Millionen jüdischen Sowjetbürger hätten sich zu einer umfassenden Bedrohung auswachsen können, wenn nicht...«
»...Stalin rechtzeitig gestorben wäre.«
Nicolai Jantzen nickte.
»Für Unzählige ist er nicht rechtzeitig gestorben.«
Nicolai Jantzen hob in bestätigendem Bedauern die Hände.
»Und was wäre mit den verhafteten Kreml-Ärzten geschehen, wenn Stalin nicht einen Monat nach ihrer Verhaftung abgelebt wäre?«
Nicolai Jantzen hob die Hände mit den Flächen nach innen. Dieser Professor war ein Mann, der unermüdlich über kommunistische Ethik referiert hatte, ein Streiter für die humanitären Ideale des Sozialismus, der sich jedes Parteimitglied am Institut vorgenommen und seiner Geschichte ernsthaft zugehört hatte. Soeben aber hatten wir aus seinem berufenen Munde erfahren, daß sich die Sowjetunion unter Stalin zu einem Staatswesen entwickelt hatte, in dem jedes politische Verbrechen möglich war, ohne daß sich auch nur eine Stimme mit Erfolg dagegen hätte empören können — die unverkennbaren Kainszeichen des Totalitarismus!
»Hatte die bürgerliche Presse recht mit all dem, was sie über die Läger, die Massenvernichtungen, den Terror geschrieben hat?«
»Natürlich hatte sie nicht recht«, fuhr Nicolai Jantzen auf, »sie hat nie recht!«

Um Himmels willen, unter was für Leute war ich hier geraten?
Plötzlich hatten wir erfahren, daß Alfred Kurella einen Bruder in der Sowjetunion während einer »Säuberung« verloren hatte. War jetzt seine Zeit nicht gekommen, hatte uns der »Natschalnik« nicht nun endlich die Zusammenhänge zu erklären, Chruschtschows Beispiel nachzueifern, uns Antwort zu geben, warum keine Identität mehr bestand zwischen der Praxis der Revolution und ihren humanistischen Idealen?
Nichts. Kurella saß stumm unter uns. Wenn er etwas sagte, wenn er etwas tat, dann um die neuen Zweifel, die schweren Widersprüche, die ganze innere Umwälzung hier zu unterdrücken durch die Propagierung des »eigentlichen Mittelpunktes«, der »großartigen Perspektive des XX. Parteitages«, nämlich des neuen Fünfjahrplans.
Aber zum Teufel mit diesem Plan, er interessierte uns überhaupt nicht, keinen von uns. Wir wollten erfahren, was unter Stalin wirklich geschehen war, was war mit den Lägern, den Folterungen, den Verfolgungen. Was hatte sich tatsächlich abgespielt in einer historischen Epoche, da die Parteileitung Stalin als halbgottähnliches Wesen verehren ließ, das in Wahrheit so fürchterlich wütete, daß selbst ein bulliger Mann wie Chruschtschow bei deren Rekonstruierung die Reaktionen tiefer Bewegung und Erschütterung von sich gegeben haben soll? Das wollten wir wissen, und nichts von Produktionsziffern, deren Erfolge bisher also nichts anderes gewesen waren als einen Vorhang zu bilden, das Massaker zu verdecken.
Dahinein fiel mich plötzlich mitten auf der Straße der Gedanke an – und mein Buch? Mein Buch, das in wenigen Tagen ausgeliefert werden sollte, diese Dokumentation eines persönlichen Verhältnisses zu Stalin, das zu korrigieren die Geschichte mächtig im Begriffe war?
Zunächst teilte mir der Verlag mit, daß das Erscheinen des Buches »verschoben« sei. Zu dem kollektiven Schock, den die Eröffnungen des XX. Parteitages für jeden von uns bedeute-

ten, hatte ich meinen individuellen dazu. Das Unglück hatte seinen Tiefstand erreicht.

Zum Teufel, zum Teufel mit allen Fünfjahrplänen!

»Mach aus Stalin doch Thälmann!«

Andere dagegen schienen die bittere Zäsur unbeschadet überstanden zu haben.
Da erschien, von Kuba begleitet, Johannes R. Becher, der Minister für Kultur, am Institut. In der Nähe des Ofens sitzend, erzählte er uns im Seminarraum, er habe in einem Leipziger Geschäft eine Stehlampe gesehen, die er kaufen wollte. Im Laden sei ihm jedoch erklärt worden, die Lampe sei unverkäuflich, weil sie vom »Künstlerischen Beirat« als formalistisch abgestempelt worden sei — das Podest, eine Messingscheibe, habe aus drei Kugeln zu bestehen. Die Lampe werde gleich abgeholt, die Produktion des Stückes sei in dem volkseigenen Betrieb bereits eingestellt worden. Ärgerlich schaute Becher in die Runde — das ihm!
Kuba saß in der Ecke und feixte. Schließlich entwickelte sich zwischen ihm und dem Minister ein Streitgespräch, ob in der Lyrik ein Stern am Himmel »stehen« dürfe oder nicht.
Dann, auf dem Flur, als er von meinem Buch erfahren hatte, sagte Kuba — derselbe Kurt Bartels, der *das* Poem über Stalin geschrieben hatte, den lyrischen Hymnus *Mutter von Gori, wie groß ist dein Sohn* — mit seiner hohen, überkippenden Stimme zu mir: »Ein Stalinbild kommt darin vor und ist mit der Handlung verwoben? Wechsle es doch einfach aus — mach Ernst Thälmann draus!«
Nach diesem Besuch erschien der persönliche Referent Walter Ulbrichts, Gottsche, am Institut. Gottsche schreibt selbst Bücher und las uns aus seinen Manuskripten vor. Er hatte ebenfalls von dem Buch gehört, hatte es gelesen und schrieb mir nun zwei Briefe aus Berlin.
In dem ersten stand, ich hätte ein gutes Buch geschrieben, und er könne es eigentlich nur bedauern, daß es ausgerechnet

jetzt aufgelegt und gedruckt worden sei — eine »unangenehme Kalamität«.

In dem zweiten Brief schrieb Gottsche, er habe Rücksprache mit einigen Genossen gehalten, die bemerkenswerte Vorschläge gemacht hätten. Ich sollte den vorhandenen Band durch einen zweiten ergänzen und darin den durch die Ereignisse des XX. Parteitages aufgetretenen Konflikt lösen. Das würde die Lösung des auch mich selbst betreffenden tragischen Konfliktes bedeuten.

Der eine schlägt mir vor, statt Stalin einfach Thälmann zu setzen, für den andern ist der XX. Parteitag eine »unangenehme Kalamität«, deren »Lösung« ich flugs gleich in einen zweiten Band hineinzuschreiben hätte... Welche Lösung? War ich unter eine Bande idiotischer Dilettanten, notorischer Schwindler, professioneller Schaumschläger geraten, die kein Wort ernst nahmen von dem, was sie jahrelang verkündet hatten?

Tatsächlich stellten Kubas Ansinnen und die beiden Briefe des persönlichen Referenten von Walter Ulbricht nur Dokumente jener konsequenten Politik dar, an der das Politbüro der SED nie irre geworden ist, nämlich den XX. Parteitag der KPdSU, kaum daß er beendet war, auch schon der Historie zuzurechnen. In der Zwischenzeit hatte bereits eine gewisse Aufwertung Stalins stattgefunden. Aus dem Nichtklassiker des Marxismus-Leninismus war, laut *Neues Deutschland*, immerhin ein »bedeutender Marxist« geworden.

Der untrügbare Beweis aber, daß die Konservierung der alten Politik beschlossene Sache war, lieferte uns ein scheinbar nebensächlicher Vorgang — die Auszeichnung von *Martin Hoop IV* mit dem *Heinrich-Mann-Preis*.

Vorangegangen war eine Rezension im *Sonntag,* in der es hieß: Das Buch verdiene sehr nachdrücklicher Hervorhebung, denn es übertreffe an künstlerischer Überzeugungskraft die Mehrzahl der Gegenwartsromane. Sein Autor habe auf eine bemerkenswerte und beispielhafte Weise eine Reihe von

Schwächen überwunden, habe unverwechselbare und mannigfaltige Individuen von typischer Bedeutung geschaffen, die dem Leser plastisch anschaulich würden in ihrer dynamischen Entwicklung.

Nach dieser Anhäufung von Superlativen heißt es in der zweiten Hälfte derselben Rezension: Allerdings fehle die Einheit von Mensch und Betrieb, die Produktion und ihre Probleme verschwänden fast völlig, desgleichen das große Thema, die Schlagwetterkatastrophe. Ferner werde die Konzeption aufgegeben, da der Autor sich von dem Bestreben habe leiten lassen, für jeden Topf einen Deckel zu finden. Am Institut für Literatur brach ein Sturm der Entrüstung los. Wolfgang Joho, der Verfasser des Artikels, wurde als Betrüger geschmäht, der Vorschlag, das Buch mit dem *Heinrich-Mann-Preis* auszuzeichnen, als schändlich erklärt. Einen Augenblick sah es so aus, als habe der XX. Parteitag tatsächlich eine neue Situation geschaffen, als werde dieser Fall zur Angelegenheit des ganzen Literaturinstituts gemacht. Aber schon gleich darauf scherten die ersten aus. Einer gab zu bedenken, daß er in der Dresdner Arbeitsgemeinschaft neben Rudolf Fischer gesessen habe, und machte, wie ein zweiter auch, persönliche Befangenheit geltend; ein Dritter erklärte ohne Kommentar resigniert, er werde sich an etwaigen Aktionen nicht beteiligen, und ebenso handelte ein Vierter, ein Berliner, wenngleich er den Dreien vorher giftig ins Stammbuch geschrieben hatte, gerade die Kollegialität sei das Unglück im Literaturwesen der »DDR«, bis in die Spitze des Schriftstellerverbandes hinein, und mit ihr könne gar nicht schnell und gründlich genug aufgeräumt werden.

Am Ende sagte einer die Wahrheit: »Das Buch ist ein Schmarren, aber Ulbricht will es ausgezeichnet wissen. Und dagegen ist kein Kraut gewachsen, auch nicht am Institut für Literatur.«

Wie sollte das weitergehen? Wie sollte es weitergehen, wenn wir nicht mehr dieselben waren, aber fortwährend so tun mußten, als wären wir es? Wie sollte sich das vertragen mit unserer Existenz als Schriftsteller, als Genossen? Was würde aus uns werden, wenn wir eine Wirklichkeit, über die wir mit den Zähnen zu knirschen gelernt hatten, in unseren Büchern umlügen sollten in die Herrlichkeit des sozialistischen Aufbaues? Wo, um Gottes willen, landeten wir dabei, wenn nicht im Irrenhaus?

Die Wut über die eigene Ohnmacht war es, die am Institut für Literatur die Stimmung so gereizt sein ließ wie nie zuvor. Nach der Premiere des DEFA-Films über Leben und Sterben des Thomas Münzer — in Farben, didaktisch, ausgewalzt, undramaturgisch — schrie Gotthold Gloger in einer Parteiversammlung auf, dieser Film sei eine miserable Sache, wie die ganze Filmerei bisher, die immer aufs neue die sozialistische Filmkunst hoffnungslos diskreditiere. Gloger redete mit Händen und mit Füßen, er tobte und war nur schwer zu beruhigen — und jeder von uns wußte, der mißratene Film war nur ein Anlaß.
Leiser, aber hintergründiger ging es auf einer Parteiversammlung zwischen Kurella und Loest zu. Nach der Behandlung der überaus gelockerten Studiendisziplin sollten wir Mitglieder der Partei den Beschluß fassen, vorbildlich voranzugehen. Niemand dürfe ohne den zwingendsten Grund mehr fehlen.
Ob, fragte Loest, unaufschiebbare Arbeit an einem Werk von der Institutsleitung auch als zwingender Grund anerkannt werde?
Da sprang Kurella, der so stumm gewesen war in der letzten Zeit, obwohl er die vielen Blicke auf sich gerichtet gefühlt hatte, auf und rief, vor Erregung stark sprachgehemmt: Wer gehen wolle, der könne gehen!
Ich sehe diese Szene noch heute vor mir. Loest auf die Lehne des Stuhles gestützt. Sonst keine Bewegung ringsum. Würde Loest gehen, so würden ihm andere folgen, das spürte jeder in dem schweren Schweigen.
Aber Loest blieb.

Am nächsten Tag fuhr ich nach Chemnitz, von der dortigen *Arbeitsgemeinschaft Junger Autoren* eingeladen. Als ich eintraf, war gerade »die Frage des Talents« schärfer gestellt worden. Es hieß, die Arbeitsgemeinschaft soll keine Versammlung von Laienkünstlern sein, die gehörten in die Literaturzirkel. Mit Reduzierungen habe man gute Erfahrungen gemacht, etwa in Magdeburg. Von den sechs oder sieben Mitgliedern dort seien in diesem Jahr elf Bücher erschienen. Jeder sollte auf die Frage »Habe ich Talent?« zuerst einmal selber antworten. Es ging reihum.
Der erste erklärte, er sei zwar schon seit mehreren Jahren Mitglied der Arbeitsgemeinschaft, aber eine echte literarische Leistung sei noch nicht zustande gekommen.
Der zweite, ein Lehrer, wurde böse. Ob er Talent habe? Nun denn, er wolle erst einmal aufzählen, was ihn hemme, sein Talent zu entfalten — wenn er es besäße. Er lehre an zwei Schulen — Lehrermangel — obwohl er nicht gesund sei. Rippenfellentzündung, wenn das interessiere. Er sei aber nicht nur Lehrer, sondern auch Genosse und Pionierleiter. Auch die Volkspolizei sei schon zu ihm gekommen und habe ihn aufgefordert, Hilfsdienste zu leisten. Ferner: Die Stunden in der Arbeitsgemeinschaft müsse er unterrichtsmäßig nachholen, da der Schulrat sie offenbar für Kinkerlitzchen halte. Und nun, endlich, zur Frage des Talents...
Unwillkürlich mußte ich an Brechts *Der große Tag des Gelehrten Wu* denken. Da fahndet Wu bei wachsendem Hunger seit dem frühen Morgen über den Mittag bis tief in die chinesische Nacht hinein nach etwas Eßbarem, um endlich auf die Frage, wann er sich denn um seine Wissenschaft kümmere, wild abzuwinken. *Dafür* fände er keine Zeit!
Der dritte sagte schlicht: »Ich glaube an mich.«
Es wurde eine peinliche Stunde.
Abends saß ich mit diesen jungen Leuten zusammen. Zu essen hatten sie, darin unterschied sich ihr Schicksal von dem Wus, aber ihnen fehlte eine andere Nahrung, derer sie nicht weniger bedurften als des täglichen Brots, eine Nahrung, die aus

jedem ihrer Worte, ihrer Sätze förmlich herausschrie — Weite! Weite in jedem Sinne, im geistigen wie im geographischen. Ja, die geographische Abkapselung war nur die äußere Manifestation der geistigen. In diesen Monaten war ich immer wieder auf die bittere Beschwerde gestoßen: warum dürfen wir nicht reisen? Wir werden wie Gefangene behandelt, jedenfalls was das Reisen in westliche Richtung angeht, und dahin zieht es uns mehr als in die östliche. Wir haben so etwas wie Platzangst — dieses Stück Land zwischen Ostsee und Erzgebirge, zwischen Oder und Elbe ist zu klein, zu klein, zu klein!

Die tiefe Depression blieb auch am zweiten Tag. Und plötzlich entdeckte ich mich beim Sprechen: Dies Lehrjahr in der Republik sei ein gutes Jahr für mich. Zwar hätte es nicht gefehlt an Widrigkeiten und allerlei schlimmen Erfahrungen, aber das Institut für Literatur sei eben doch eine großartige Sache, großartig wie die Republik überhaupt.

Ausgelöscht waren die kritischen und qualvollen Empfindungen der letzten Wochen, ich hatte jetzt nichts anderes im Sinn, als das Leuchten zu vertiefen, das nun über die eben noch trüben Gesichter dieser jungen Menschen huschte, ein rührender Glanz der Freude und Dankbarkeit, der zaghaft in Stolz überging. Sie saßen da und ließen buchstäblich keinen Blick von meinen Lippen, und als ich geendet hatte, sagten sie lange gar nichts (um so ausführlicher behandelte die sächsische Tagespresse am nächsten Tag meine Elogen). Später kamen sie zu mir und sagten, es sei doch seltsam, daß da einer aus dem Westen kommen müsse, um sie hier im Arbeiter- und Bauernstaat ein bißchen aufzumuntern.

Abends ging ich durch die dunklen Straßen der immer noch kriegsverwüsteten Stadt in das Hotel zurück, ohnmächtig vor Scham und Wut über mich selbst.

Zum erstenmal hatte ich mich in der Rolle des Betrügers gefühlt.

War die Partei wirklich dabei, aus jedem von uns einen Wolfgang Joho zu machen?

Die Fiktion, ich selbst sei es, der über Erscheinen und Nichterscheinen meines Buches entschiede, wurde bis zuletzt aufrechterhalten. Ende April wurde eine Versammlung am Institut einberufen, an der die Schriftsteller, die Dozenten und Vertreter des Verlages *Neues Leben* teilnahmen. Wieland Herzfelde, der Leiter des Seminars Prosa, führte den Vorsitz. Alfred Kurella, von niemandem vermißt, fehlte.
Die inzwischen bereits erfolgte Aufwertung Stalins spiegelte sich in der Unsicherheit eines Teiles der Versammlung wider. Diese Gruppe fand, das Buch vertrete insofern die Wahrheit, als es unsere Haltung gegenüber Stalin *vor* dem XX. Parteitag jedenfalls aufrichtig herzeige. Dagegen Widerspruch, zuerst zögernd, dann schärfer, schließlich obsiegend. Dieses alte Bild stimme nicht mehr, und erscheinen könne von einem Schriftsteller nur etwas, hinter dem er auch stehe. Das sei die wesentliche Frage. Es komme also auf die Haltung des Autors heute an. Das ging so etwa eine Stunde lang, ein Umstand, den ich begrüßte, da ich selbst noch nicht zu sprechen brauchte.
Seitdem ich begonnen hatte zu schreiben, war immer *ein* Ziel da gewesen, *ein* zentraler Stoff — die Geschichte einer deutsch-jüdischen Familie durch die tragischen Zeitläufte unserer Epoche. Schon im Kriege geboren, hatte er als Kraft gelebt, die ständig den Anspruch erhob, geformt zu werden. Aber mit der Ausarbeitung, mußte gewartet werden, bis das Unglaubliche, bis die Befreiung wahr werden würde.
Nach der Befreiung jedoch war nichts geschehen. Zwar hatte ich in all den Jahren mit dem Verlag *Neues Leben* über das Projekt korrespondiert, aber nach jedem Versuch, ernsthaft zu beginnen, hatte ich den Schreibstift wieder aus der Hand gelegt — es war, als wäre ich gefesselt. Aber *was* hemmte mich eigentlich? Trug ich den Stoff nicht schon lange genug mit mir herum? Hatte ich ihn nicht gewendet und gewendet, war ich nicht in ihn eingedrungen von allen Seiten? War »das Buch« nicht längst Bestandteil des Ich geworden, Aufgabe, Zwang? Warum waren Projekte, mit denen ich mich

nicht im entferntesten so tief und so lange auseinandergesetzt hatte, wie die *Geschichte einer Freundschaft*, das *Westdeutsche Tagebuch* und diese Erzählung aus dem Gefängnis, eher zustande gekommen — überhaupt zustande gekommen? Was hatte mich für *dieses* Buch so unfruchtbar gemacht?

Doch plötzlich, vor drei Tagen, an einem Abend, nach Überwindung der Enttäuschung, daß die Gefängnis-Erzählung nie erscheinen werde, hatten sich die Schleusen geöffnet. Ich hatte zu schreiben begonnen, und es war weitergegangen, die ganze Nacht hindurch und in den Vormittag hinein, ohne Rücksicht, ohne Bewußtsein für die Studiendisziplin. Ein Bann war gebrochen, eine Fessel abgestreift.

Mein öffentliches Nein nun zu jener Erzählung, in der der Held zum Bild-Fetischisten wird, war zu einem Nein zum *Sozialistischen Realismus* überhaupt geworden, zu einer Doktrin, deren Sterilität jeden schöpferischen Prozeß im Keime erstickt, die Wahrheit ausschließt, Kunst unmöglich macht, den Schriftsteller zu einem schönfärbenden Hanswurst degradiert und mir fast zehn Jahre künstlerischer Entwicklung geraubt hatte. Aber wie sollte es jetzt weitergehen?

Der Bart - war ab

In Chemnitz trafen sich Schauspieler, Musiker, Graphiker, Maler und Schriftsteller auf einem *Kongreß Junger Künstler*. Die Partei hatte hohe Funktionäre entsandt, darunter Kuba. Das Auditorium hatte gerade einer von konventioneller Begeisterung getragenen Schauspielerin konventionellen Beifall gezollt, als der Angriff erfolgte — frontal, deckungslos, mit offenem Visier:

Was sei eigentlich mit den Begriffen »Irrtümern« und »Fehler« im SED-Organ *Neues Deutschland* gemeint? *Verbrechen* seien unter Stalin begangen worden, und über diese Verbrechen müsse offen gesprochen werden, nachdem die Öffentlichkeit so lange getäuscht worden sei. Offen gesprochen auch darüber, daß die Stalinsche Ära die humanitären Ideale des Sozialismus und der Partei unvorstellbar geschändet habe, daß sie menschen- und kunstfeindlich gewesen sei. Die Zustände in der Sowjetunion aber hätten sich analog und auf ihre Weise in den Zuständen der »DDR« widergespiegelt. Mit den Leuten, die dafür verantwortlich seien, könne die neue Politik nicht gemacht werden.

Was die Künstler betreffe, so seien sie auch in der »DDR« zu entpersönlichten Wesen erniedrigt worden, die zu allem, was geschehe, schließlich ja und amen sagten. Den Künstlern sei die Freiheit des Experimentierens zu gewähren, als *ein* Zeichen dafür, daß ernstlich darangegangen werde, mit einer Vergangenheit Schluß zu machen, die in ihrer Scheußlichkeit immer noch die Gegenwart präge. Das habe er hier an dieser Stelle und vor diesen Zuhörern sagen wollen ...

Auf dem Podium stand jener Heinz Kahlau, der 1954 auf der Rückfahrt vom Leipziger *Kongreß Junger Autoren* so hingebungsvoll Ringelnatz, von Liliencron, Brecht, Morgenstern und sich selbst rezitiert hatte!

Einen Augenblick waren wir sprachlos. Dann brach eine Ovation los, wie es sie aus diesem Anlaß und mit dieser Gewalt hierzulande noch nicht gegeben hatte. Und kaum hatten wir uns von unserer Überraschung erholt, stürmten drei weitere Berliner Schriftsteller nach vorn — Manfred Bielert, Jens Gerlach und Manfred Streubel, dasselbe Thema mit demselben Tenor jeder auf seine Art variierend.
Der Saal glich einem Hexenkessel! Es war, als ob wir alle jahrelang auf diesen Tag, auf diese Stunde gewartet hatten. Die Schnüre, die Zusammenkünfte wie diese stets unsichtbar umfangen hatten, platzten unter dem Druck der Zustimmung hörbar ab. Es wurde gejubelt, geschrien, geklatscht.
Aber nicht von allen. Einige saßen stumm und wie vom Donner gerührt da. So eine Reihe vor mir drei Leipziger Funktionäre, deren Mienen sich bis zur Unkenntlichkeit verdüstert hatten. Während ringsum allen von Satz zu Satz leichter geworden war, hatten sich diese bleich, streng und verständnislos immer höher aufgereckt.
Wie war hier jedoch etwas anderes als volle, als herzliche, als uneingeschränkte Zustimmung möglich? Hatten die Berliner nicht das neuralgische Zentrum unserer ganzen geistigen und politischen Existenz bloßgelegt, nicht endlich ausgesprochen, was uns seit den Eröffnungen des XX. Parteitages quälte bis zur physischen Atemnot? Mußte nicht, und mochte es noch schmerzlich sein für uns, geklärt, restlos geklärt werden, warum die treibende historische Kraft unserer Epoche so steril, so verbogen, so irrsinnig; warum das Antlitz der Revolution zur Fratze von Gewalttätigkeit, Lüge und Mord entstellt worden war? Lechzten wir nicht danach, die Gründe dieser Fehlentwicklung in steter Auseinandersetzung zu erkennen, um sie zu überwinden? Lebten wir nicht ganz und gar von der Hoffnung, daß wir selbst das befleckte, entartete Gesicht der Revolution wiederherzustellen hatten?
Die drei Leipziger vor mir hielten ihre Hände verkrampft. Sollten fortan in der Partei zwei Sprachen gesprochen werden?

Noch am selben Abend nahm Kuba sich die Berliner Gruppe
vor. Er werde sie bekämpfen, bis aufs Messer bekämpfen,
mit allen Mitteln, die ihm zur Verfügung ständen, und das
seien bekanntlich nicht wenige. In diesem Kampf werde er
keine Gnade kennen, und er gebe ihnen zu überlegen, ob sie
so weiterzumachen gedächten.
Als Kahlau mir am nächsten Morgen von diesen Drohungen
berichtete, da machte er, wie die anderen drei auch, nicht gerade einen glücklichen Eindruck, aber auch keineswegs einen
eingeschüchterten. An ihrer Entschlossenheit, weiterzumachen, hatte sich offensichtlich nichts geändert. Schließlich
hatte die Gruppe vorher gewußt, daß sie nicht nur Zustimmung, sondern auch Widerstand provozieren werde.
An diesem Vormittag trafen sich die Vertreter der verschiedenen Kunstgattungen gesondert, um über ihre eigenen Probleme zu sprechen. Die Schriftsteller tagten in einem langen
Raum, in dem die Atmosphäre zum Schneiden dick war.
Kuba saß vor den Berlinern, aber er brauchte heute morgen
nicht in Aktion zu treten, das nahm ihm ein anderer ab.
Mir gegenüber hatte Walter Victor Platz genommen. Dieser
ehemalige sozialdemokratische Redakteur war bekannt als
ein besonders erbitterter Gegner des Dogmatismus und seiner
Reglementierung. Um so bestürzender war es, daß gerade er
jetzt aufstand und, die Berliner Gruppe fixierend, nur mühsam beherrscht ausrief: »Alles schön und gut gestern, Genossen. Sagt, denkt, tut, was ihr wollt, aber laßt bei eurer Kritik
die Finger von der Partei«, er stockte einen Augenblick und
ergänzte dann, mit allen Anzeichen schwerer innerer Erregung: »Rührt dabei die Partei nicht an!«
Und nun saßen die Vier, und nicht nur sie, wie vom Donner
gerührt da. Ich sehe heute noch, wie Kahlau abwehrend, verstört die Hand hob. Denn genau das Gegenteil dieses Vorwurfs hatte den bewunderungswürdigen, verzweifelten und
aus posthumer Sicht so hoffnungslosen Ausfall der Berliner
Gruppe gegen die bedrohliche Konservierung der alten Politik motiviert. Die Partei hatte sich über und über beschmutzt

durch ihre kritiklose Subalternität über Jahrzehnte hin, hatte Verbrechen vorgenommen oder mit ihrem Namen und ihrem Unfehlbarkeitsanspruch gedeckt und auf ihr Gewissen geladen, schließlich nur noch ein Etikett in der Hand eines vom Verfolgungswahn besessenen Psychopathen, den ihre Propaganda in die erdferne Position eines Halbgottes lanciert hatte – und jetzt hatte diese Partei sich zu reinigen! Sie hatte *nicht* immer recht, vielmehr war es gerade dieser Leitsatz, dieser wahnsinnige Anspruch, der die Verbrechen erst ermöglichte und dann sanktionierte, und immer wieder neue Verbrechen ermöglichen und sanktionieren würde. Die Partei, jedes Mitglied hatte sich zu voller Verantwortlichkeit zu bekennen – dafür hatten die Berliner plädiert. Sie hatten gesprochen aus dem Gefühl der Mitverantwortlichkeit und damit ausgedrückt, was uns alle bewegte und entsetzte –, nämlich gedrängt zu werden in die widerwärtige Parallele zu unseren ärgsten Feinden, den unbelehrbaren Faschisten, die seit zehn Jahren nichts anderes getan hatten, als zu schweigen und ihre Schuld zu leugnen. Der bravouröse Mut von Kahlau, Bielert, Gerlach und Streubel war ein Bekenntnis zur Regeneration der Partei, eine Dokumentation ihrer Hoffnung auf sie und ihrer Verbundenheit zu ihr, und sonst gar nichts. Es konnte auch gar nichts anderes sein, denn es gab weder für sie noch für irgendeinen von uns eine Alternative zur Partei.
Und weil es sie nicht gab, saßen die Vier, und wir alle, in der Zwickmühle. Das zeigte sich nicht nur daran, daß die Berliner, wie betäubt von der Anschuldigung, in die Defensive gingen, indem sie an diesem zweiten Tag auf dem Kongreß beteuerten, nicht die Partei angegriffen zu haben, sondern auf eine viel indirektere, symbolische und tragikomische Weise.
Heinz Kahlau hatte sich, wie zur figürlichen Manifestierung seiner Opposition, einen Kinnbart stehen lassen. Gegen diese willkommene Äußerlichkeit hatte sich gleich nach seinem Abgang vom Podium das schwere Geschütz seiner Widersacher

gerichtet – dieses existentialistische Bärtchen zeige deutlicher als alles andere, in welches Lager er wirklich gehöre.
Als nun Kahlau abermals sprach, war der Bart ab, war es im buchstäblichen wie im übertragenen Sinne, nämlich sowohl als Folge einer Rasur mit Seife und Pinsel, als auch einer unsichtbaren Schur, die jedes kritische und selbständige Denken unter ihr Messer zwingt.
Das Chemnitzer Ereignis, das weder in der »DDR« noch in der Bundesrepublik je publik geworden ist, reduzierte die Problematik auf die Frage: Kritik an der Partei gleich Angriff auf die Partei?
Die Antwort gab mir der Aufstand der polnischen Arbeiter während der Posener Messe. Wieviel Jahre waren seit dem 17. Juni 1953 vergangen? Drei? Äonen!

Dieser polnische Juni-Aufstand kam für uns nicht so überraschend. Denn kurz vorher war auf acht Seiten grünen Durchschlagpapiers ein Artikel aus der *Tribuna Ludu* vom 8. Mai 1956, *Über Methoden, die die Menschen vernichteten*, von Maria Arasimowicz, unter uns erschienen, und es war nie zu erfahren gewesen, wer ihn abgeschrieben, übersetzt und verteilt hatte. Er war eine schonungslose Abrechnung mit den Praktiken auch der polnischen Partei.
Dieser Artikel war für viele von uns am Institut deshalb von geradezu epochaler Bedeutung, weil sich mit ihm die ersten unerhörten Ahnungen langsam zu der furchtbaren Erkenntnis verdichteten, daß es in der Partei nicht deshalb so mörderisch zugegangen war, weil sich bestimmte mörderische Individuen in sie eingeschlichen und die Macht in feindlichem Auftrag an sich gerissen hatten, sondern weil in dieser Bewegung unleugbar eine kollektive Kraft arbeitete, die auf zahllose Individuen in der entmenschlichendsten Weise einwirkte. Daß »Personenkult« und »Dogmatismus« Verniedlichungen darstellten und die Verbrechen nicht Willkürakte aus bloß persönlichen Impulsen und Antipathien waren, sondern die Partei ein *internationales System* demonstrierte, das

das krankhafte und wahnsinnige Verhältnis von Mensch zu Mensch aus sich heraus schuf — mit den fürchterlichsten Folgen dort, wo es die Staatsmacht bildete. Und daß dieses System der Nährboden der Stalinschen Verbrechen war, und Stalin nicht, wie jetzt getan wurde, ein singularer Bösewicht. Mit einem Male war mitten unter uns dieses neue Wort, dieser bisher fremde Begriff, dieser klare terminus technicus: *Stalinismus* — das furchtbarste Unglück für den Sozialismus.

Vier Sowjetbürger besuchten das Institut — ein Filmregisseur, ein Übersetzer, ein Schriftsteller und ein Literaturkritiker. Der Übersetzer, ein kleiner, dunkelhaariger Mann, berichtete in ausgezeichnetem Deutsch über die diesjährigen Heine-Feiern in Moskau. Heine sei ein Lieblingsdichter der Sowjetbürger, sei es auch im Kriege gewesen. Es gebe eine Heine-Tradition, berühmte Heine-Übersetzer, wie Lermontow, Pisarew, A. N. Tolstoj. Während der Feiern hätten in allen Universitäten und Hochschulen Heine-Veranstaltungen stattgefunden. Er selbst habe als Übersetzer in jenen Wochen nicht einen freien Abend gehabt. Es würden jetzt zwölf Bände des Gesamtwerkes herausgegeben. In der Sowjetunion gebe es eine große Heine-Forschung, überhaupt bestehe ein großes Interesse für deutsche Literatur. Er übersetze gerade kaum oder überhaupt noch nicht bekannte Werke von Schiller, so das *Bauernständchen* und *Venus im Wagen*, die in den deutschen Schillerbändchen nicht enthalten seien.

»Phantastisch, daß wir uns nach *all den Jahren* hier wiedersehen!« wurde er plötzlich von einem seiner Landsleute unterbrochen — dem Literaturkritiker. Er hatte zu Alfred Kurella gesprochen. Kurella saß mit in der Runde und machte manchmal den Dolmetscher, wenn der Übersetzer in der Eile nicht sogleich den richtigen deutschen Ausdruck fand. Vorher hatte er uns mitgeteilt, daß er den Literaturkritiker schon seit Jahrzehnten kenne. Der Russe hatte den Satz ganz plötzlich ausgestoßen, wie erstaunt und verwundert, in einem Ton, als fühle er sich ohne Zuhörerschaft.

Nach *all den Jahren?*
Es war nicht klar, wie er es gemeint hatte, ob es ihm auf die Feststellung der Dauerhaftigkeit ankam oder ob er mehr ausdrücken wollte. Aber hier war ein Stichwort gefallen, das Stichwort, daß in *all den Jahren* in der Sowjetunion eben keinesfalls nur Heine und Schiller übersetzt worden sind und keinesfalls nur das geschehen ist, was diese friedvolle Tätigkeit symbolisiert, sondern daß wir es hier mit einer Periode zu tun hatten, die es in der Tat ungewöhnlich machte, daß von zwei Menschen *beide* die Gegenwart erreichten.

Ist die Humanitas teilbar?

Drei kurz aufeinanderfolgende Ereignisse beendeten das Leipziger Lehrjahr.
Das erste war eine Reise auf den Fichtelberg im Erzgebirge. Das Wetter war gut, die Sicht sehr klar, wenngleich wir, was gelegentlich von hier möglich sein soll, das Völkerschlachtdenkmal nicht sehen konnten. Nach dem Ausblick stieg ich mit Walter P. erst eine Waldschneise hinab, dann einen sanften Hang, den ein Bach begrenzte. Als ich über das Wasser sprang und meinen Fuß auf die andere Seite setzte, warnte Walter P. mich, halb im Spaß, halb im Ernst, von diesem Abenteuer doch lieber abzusehen, denn so menschenleer die Gegend auch wirke, ein tschechoslowakischer Posten werde sich immer noch irgendwo versteckt halten. Der werde dann, die Maschinenpistole im Anschlag, hervorstürzen, auch den andern Fuß noch ins verbotene Land nachzwingen und mich zum nächsten Polizeiposten mitnehmen. Dort würde ich, allen Erfahrungen nach, zunächst einmal eingelocht und streng verhört werden, ehe die Bemühungen von Institutsleitung, Schriftstellerverband, ZK der SED und der »DDR«-Botschaft in Prag endlich zu feierlicher Rückgabe des Genossen aus dem bedrückten Teil Deutschlands und zu allgemeiner Auflösung des Mißverständnisses im Sinne des Weltfriedens, besonders aber im Interesse der Freundschaft zwischen dem deutschen und dem tschechoslowakischen Volk führen würden.
Wir lachten, aber unser Lachen klang gepreßt — von Hammer-Unterwiesenthal an hatte die Grenze einen anderen Anblick geboten als hier — kilometerweit Stacheldrähte, Laufstreifen, Schilder! Während die Ortschaften diesseits bewohnt waren, zeigten Dörfer, Flecken und Städtchen auf der andern Seite das Bild einer Mondlandschaft, die Szenerie eines unbe-

kannten und unheimlichen Planeten. Die Fenster glas- und rahmenlos, jede Spur von Holz entfernt, auf den Straßen und Dächern Unkraut. Überall Verfall, Verlassenheit. Und über allem ein ungeheures, fürchterliches Schweigen – hatten dort drüben überhaupt je Menschen gewohnt?
Das also war die Grenze zwischen zwei Arbeiter- und Bauernstaaten! Die Grenze zwischen zwei Staaten, deren Regierungen und Parteiführungen sich periodisch und wechselseitig der unverbrüchlichen Freundschaft der beiden Völker versicherten – trotz dieser erbärmlichen und beschämenden Linie, in ihrer gespenstischen Öde und Stummheit ein überwältigendes Dokument des allumfassenden, schlaflosen Mißtrauens.
Stalinisten fragen häufig, zynisch oder tatsächlich verständnislos: »Was ist das eigentlich – Stalinismus?« Diese Grenze zwischen der »DDR« und ČSR, wie jede andere Grenze zwischen den Staaten des Ostblocks auch – diese Grenze ist Stalinismus!

Das zweite Ereignis war die Teilnahme an einem sogenannten »Jugendforum« des Reichsbahnausbesserungswerkes Leipzig (RAW). Sinn dieser Einrichtung sollte sein, auf offene Fragen ebenso offene Antworten zu erhalten.
In einer großen Halle hatten sich von den vielen hundert Jugendlichen des Werkes etwa fünfzig Jungen und Mädchen eingefunden. Vor ihnen, durch einen breiten Gang getrennt, saßen die Vertreter der Partei, der FDJ und der Betriebsgewerkschaftsleitung. Auch mich hatte man dorthin gesetzt und, als zweiten Gast, einen Sänger des Tanzorchesters Kurt Henkels.
Nach der Aufforderung, Fragen zu stellen, zunächst Schweigen. Dann: »Zählt Jugoslawien zum sozialistischen Lager?« Nur langsam erhob sich der Genosse Versammlungsleiter, kein Wunder, denn er hatte es nicht leicht. Nachdem Tito in *Neues Deutschland* jahrelang als Mörder und Bandit, als faschistische Ausgeburt der Hölle und letztes und übelstes

Subjekt auf dem Erdball betitelt worden war, hatten Chruschtschow und Bulganin diesen Abschaum der Menschheit voriges Jahr in Belgrad aufgesucht und sich bei ihm entschuldigt, ein Schritt, der im Sommer 1956 noch nicht zurückgenommen worden war. Also räusperte sich der Versammlungsleiter und sagte: Stalins Fehler gegenüber Tito seien von den Genossen Chruschtschow und Bulganin erkannt und wiedergutgemacht worden ... Er stockte, blieb aber noch stehen. Dann schloß er: Selbstverständlich gehöre Jugoslawien zum sozialistischen Lager – und setzte sich.
Überlegt man sich, was der Parteisekretär auf diese Frage in der Stalin-Ära geantwortet hätte, was er eben geantwortet hatte und was er heute wieder antworten würde – dann hat man an einem klassischen Beispiel die Gründe beisammen, warum die Partei und ihre Presse bei der Bevölkerung in Ost und West jegliches Vertrauen in ihre Glaubwürdigkeit verspielt haben.
Schweigen.
Dann: »Warum darf man seine eigene Charakteristik im Betrieb nicht lesen?«
Diesmal erhob sich der Sekretär der Betriebsgewerkschaftsleitung: »Aus erzieherischen Gründen«, sprach's und setzte sich wieder.
Schweigen.
»Ach, könnten Sie uns nicht etwas vorsingen?«
Lachen, lautes, befreiendes Lachen!
Der Sänger hob bedauernd die Hand: »Lieber nicht, mir fehlt hier jede Lautkulisse und ihr würdet bald merken, daß ich gar nicht *die* Stimme habe, die ihr von den Schallplatten und vom Radio kennt ...«
Gelächter, herzliches, jugendliches, fröhliches Gelächter!
Und nur in dieser einen Minute von zwei Stunden, die das Forum dauerte, war das Klima natürlich, menschlich, unbefangen und ganz einfach normal. Für wenige Sekunden brach etwas nieder, was bisher spürbar im Saal gestanden hatte.

Als das Lachen nun verebbte, war »es« wieder da, zum Greifen, Schmecken, Hören, Riechen!
Schweigen.
»Weitere Fragen?«
Schweigen.
Dann: »Warum ist die Fachliteratur eigentlich so teuer?«
Niemand hörte mehr zu.
Plötzlich schämte ich mich, hier an diesem Tisch zu sitzen. Wo hatte ich bisher nur meine Augen gehabt? Der breite Gang, der die jungen Arbeiter von diesem »Leitungstisch« trennte, war wie ein Symbol, ein Symbol der Kluft zwischen der Bevölkerung und der SED, die um nichts geringer war als die Kluft zwischen der KPD und der Bevölkerung in der Bundesrepublik, nur daß es hier die mannigfaltigsten Mittel und Möglichkeiten gab, das Dilemma mit Hilfe des Staatsapparates zu kaschieren. Diese Atmosphäre eisiger Verkrampfung, die hier in der Halle des RAW Leipzig das Sprechen und Zuhören so unerträglich schwer gemacht hatte, war das Ergebnis eines langen und systematischen Prozesses der Trennung von System und Bevölkerung — die »DDR« war das synthetischste Staatsgebilde von der Welt!

Das dritte Ereignis war ein Besuch in Buchenwald.
An einem Sonntag, frühmorgens, fuhren die Teilnehmer des ersten Lehrgangs mit einem gecharterten Bus vom Leipziger Hauptbahnhof ab, und gegen Mittag dröhnte das schwere Fahrzeug den Ettersberg hoch, vorbei an dem damals noch im Bau befindlichen Mahnmalkomplex für die Opfer des Faschismus. Und dann standen wir plötzlich vor dem Tor mit der schmiedeeisernen Inschrift *Jedem das Seine* ...
Trotz der Sonnenwärme zitterte ich — Buchenwald!
In den langen Jahren bis 1945 hatte mir dieser Name stellvertretend gestanden für alle Schrecken, stellvertretend für das allgegenwärtige anonyme Entsetzen, das jeden Tag aufs neue wieder seine vielfältigen Formen zeugte. Buchenwald, das war der Sammelbegriff geworden, die Chiffre für die

Not und den Tod jener Jahre. Keine Stunde war damals vergangen, in der Buchenwald zu vergessen gewesen wäre, der Name war wie eingebrannt gewesen, er kannte keinen Unterschied zwischen Wachen und Träumen, zwischen Tag und Nacht, er war das Gnadenloseste, das sich denken ließ, so übermächtig, daß die Hoffnung auf Befreiung immer dunkler, immer ferner, immer unglaublicher geworden war. Denn wie nur sollte sich ein Leben ohne diesen schrecklichen Begleiter Buchenwald wohl anfühlen?

Vieles nicht, aber *der* Kelch war an mir vorbeigegangen. Nun, zehn Jahre danach, betrat ich diese Erde doch noch — als Besucher eines Museums, des grauenhaftesten Museums der Welt, neben Auschwitz.

Dort hoch auf dem Ettersberg bei Weimar in Thüringen, der ganzen Landschaft sichtbar, das Krematorium, höher noch sein Schornstein, aus dem die Asche der 55 000 Gemordeten gestiegen war und weithin die fruchtbaren Felder gedüngt hatte, Asche, deren Moleküle niedergegangen sein mögen auch auf die Häuser von Goethe und Schiller, nur einige Kilometer von hier entfernt, ebenfalls Museen ...

Links neben dem Tor der Arrestbau, in dem der Würger von Buchenwald, Martin Sommer, seine Opfer in den Tod spritzte oder sie mit bloßen Händen erdrosselte und unter sein Bett schob, ehe er die Leichen morgens ans Krematorium lieferte. Die Schritte hallten in dem leeren Gebäude, die Zellentüren waren geöffnet. Hier waren sie eingesperrt worden, wochenlang oft, bei völliger Dunkelheit.

Und dort draußen, von der Sonne beschienen, der Pfahl, einsam aus dem Boden ragend, ein grauer Holzstamm, in dem ein starkes, verrostetes Vierkanteisen steckte — hier wurde der Häftling, die Hände auf dem Rücken zusammengebunden und daran hochgezogen, aufgehängt.

Daneben ein primitives, eisernes Fahrgestell, auf das Tonnengewichte von Steinen aus dem nahen Bruch geladen worden waren, Lasten, mit denen ein schwerer Motor zu schaffen gehabt hätte. Statt seiner aber waren Menschen davor-

gespannt worden, die zu singen hatten, wenn sie sich ins Geschirr legten mit ihren armen Schultern. Darum war er getauft worden »Karren der singenden Pferde«. Das mächtige Gerüst stand da, die Räder tief in die Erde gedrückt, als wäre sie immer noch aufgeweicht von all dem Blut und all den Tränen.
Drüben die »Krankenstation«, wo die Patienten umsichtig zu Tode gepflegt wurden. Bis zuletzt war alles zu ihrer Täuschung getan worden. In der zweiten Etappe der Untersuchung hatten sie sich auf eine Meßwaage zu stellen und wurden so erschossen, von hinten, bei Grammophonmusik. Das Blut wurde sorgfältig aufgewischt – der Nächste, bitte...
Unter dem Krematorium der Henkerkeller. An der Wand Haken, daneben Knüppel. Erst stranguliert, dann erschlagen werden.
Von hier unten führte ein Aufzug zu den Verbrennungsöfen. Die Öfen des Buchenwalder Krematoriums standen noch genauso da, wie sie im Frühling 1945 außer Tätigkeit gesetzt worden waren, drei an der Zahl, von gleicher Kapazität. Die Zeit war nicht spurlos an dem Material vorbeigegangen, da und dort saß ein Stein locker, Mörtel hatte sich gelöst. Die eiserne Schiene, auf welche die Leichen gelegt und in die Glut geschoben wurden, war wie schwarz gebeizt von den entsetzten Blicken der Besucher.
Und über einen schmalen Gang hinweg der Raum, in dem Toten die Haut abgezogen und präpariert wurde – für die Lampenschirme der Kommandeuse Ilse Koch. Und hinter Glas dicke Knäuel Menschenhaare und hohe Berge von Kinderschuhen, das Leder gebleicht, die Ösen, Schnallen und Haken verrostet.
Und hier in Buchenwald, angesichts des Krematoriums, des Pfahls, der Hinrichtungsstätte, des Hinrichtungskellers, der Verbrennungsöfen, der Haarknäuel und der Kinderschuhe, hier stellte sich wie von selbst die entscheidende Frage
— nicht im Chore derer, die ratlos wären ohne Stalins Verbrechen, da ihnen sonst alle Posten für ihre faschistische

Gegenfaktura fehlten; nicht im Chore derer, die professionell gegen den Totalitarismus von links Front machen, ohne ihre Anfälligkeit gegenüber dem von rechts überwunden zu haben; nicht im Chore derer, für die jedes Opfer nur Kompensationsobjekt des eigenen schlechten Gewissens ist –
hier stellte sich wie von selbst die entscheidende Frage: *Ist die Humanitas teilbar?*
Wodurch unterschiede sich in der moralischen Haltung ein Kommunist, der Hitlers Verbrechen nennt, die Stalins aber verdrängt, von einem Faschisten, der Stalins Verbrechen nennt, um die Hitlers zu verschweigen?
In der Stunde der Befreiung hatte ich mir geschworen, nicht müde zu werden in der Aufklärung über den Faschismus, und ihn überall dort, wo er seinen Kopf wieder zu erheben wagt, zu bekämpfen. Wenn die Partei aber jetzt von mir verlangte, die Verbrechen Stalins mit einer Hand abzutun, mußte dieser Schwur dann nicht sinnlos werden? Mußte sich dadurch nicht jede Glaubwürdigkeit vor mir selbst aufheben? Hier in Buchenwald kristallisierte sich der Kern der großen individuellen und kollektiven Auseinandersetzung, die der XX. Parteitag der KPdSU mit der Vehemenz einer Naturkatastrophe in die geistige Landschaft der kommunistischen Weltbewegung hineingeschmettert hatte, plötzlich klar und präzise heraus, schwand die Befangenheit, die Verwirrung und die Unsicherheit durch die eine, die einzige, die selbstverständliche Antwort: die Humanitas *ist* unteilbar!
Um ihrer selbst willen – die Partei konnte, durfte keine andere Politik dekretieren als diese! Davon hing ihre Renaissance ab.
Der große Wettlauf zwischen Hoffnung und Wirklichkeit hatte begonnen.

Die Rückreise

Alfred Kurellas Abschiedsrede war unpräpariert, ein Gestammel, das sich nicht rekonstruieren läßt. Aber dieser fade Epilog drückte nur symbolisch aus, was uns allen längst klar geworden war. Der Professor hatte uns nichts mehr zu sagen. Kurella hatte auch nach dem XX. Parteitag geschwiegen. Er wußte, daß wir von dem furchtbaren Schicksal seines Bruders Kenntnis bekommen hatten, und er wußte auch, daß niemand von uns sein Schweigen als Größe empfand. Als er jetzt dastand und wirre Sätze von sich gab, war er ein Gezeichneter, der die letzte Stunde nur folgerichtig auch zur peinlichsten machte. Kurella — das war wie ein aufgeschlagenes Buch, eine schreckliche Lektüre. Dieser Mann würde sich auch über die Leichen von Mutter, von Frau und Kindern nicht verändert haben, sein Prinzip, die Partei habe immer recht, würde durch kein Verbrechen, sei es auch an den engsten Angehörigen begangen, wankend werden. Hier hatte jemand sein Menschenantlitz selbst aufgegeben — der Preis, den er seiner Karriere zahlte, war bekannt geworden. Wir saßen an diesem Nachmittag da und wagten weder ihn noch uns gegenseitig anzuschauen. Zum Schluß bekam jeder, von Kurella überreicht, Goethes *In meinem Beruf als Schriftsteller*, mit der Widmung *Für ihren Beruf als Schriftsteller — 5. Juli 1956,* und einem Spruch. Zu mir sagte Kurella, indem er den Atem einzog: »Saugen Sie sich voll, saugen Sie sich voll mit dem Geist der Zeit!«

Das hatte ich bereits getan, in der Tat, dieser Geist füllte mich bis obenan, und darum fiel mir der Abschied von Leipzig auch so schwer. Nicht allein, weil ich gelernt hatte, mich in dieser Stadt vertraut zu bewegen, jedes Geschäft in der Peterstraße und unter den Arkaden des Alten Rathauses kannte, auf gutem Fuße stand mit meinem Friseur, und die

beiden alten Damen in Stötteritz liebte, die in ihrem kleinen Laden Wäsche wuschen und dazu unverdrossen Maschinen benutzten, deren Alter dem ihren kaum nachstehen mochte – sondern weil dies die Trennung war von den Studienkameraden und der Welt, in der sie zurückblieben. Ich war in diesen letzten Wochen durch Leipzig mit steigendem, ganz unbeschreiblichem Glücksgefühl gegangen dafür, daß ich nach Hamburg zurückkehren könnte, aber in dieses Gefühl hatte sich die schwere Trauer um die neuen Freunde geschlichen. Sie hatten mitgeholfen, mir eine neue Sicht zu geben, und sie hatten mich gelehrt, ihre Situation zu begreifen. Daß über diese Freundschaft, ihre Probleme und ihre Gespräche hier auf diesen Seiten nicht mehr gesagt wurde, ist eine unerläßliche Sicherheitsmaßnahme. Die Nennung der Namen von Gloger und Loest verstößt nicht gegen die notwendige Rücksichtnahme – was über sie geschrieben steht, ist der Partei bekannt und hat sich in der Öffentlichkeit zugetragen.
Hier in Leipzig war eine Welt zusammengebrochen, aber hier in Leipzig waren auch die Trümmer durch schnelle Einsichten, durch endliche Zusammenhänge beiseitegeräumt worden. Das Janusantlitz des XX. Parteitages hielt uns immer noch seine zweite Seite zugekehrt, die Hoffnung.
Als ich Loest verließ, war er gerade dabei, eine neue Geschichte zu schreiben, eine Geschichte, die sich mit dem SSD, dem Staatssicherheitsdienst im Jahre 1953 beschäftigte.
Das war sein Bekenntnis zu dieser Hoffnung.

In Wittenberge stieg ein junger Geistlicher mit zwei Herren in mein Abteil. Dem Gespräch nach übte der Pfarrer sein kirchliches Amt im Brandenburgischen aus und befand sich auf einer Berufsreise in die Bundesrepublik. Man handelte Theologie ab.
Dieser Tenor änderte sich sofort auf bundesdeutschem Boden. Zwischen Büchen und Bergedorf wechselte er ins Diesseits über: »Schaut nur«, rief der Pfarrer, »diese alten, abgewetzten Automobile, und wie sie dahinkriechen – da müßtet ihr

einmal den Verkehr auf unseren Straßen kennenlernen!«
Oder: »Wie verwahrlost doch überall die Häuser sind –
eben hat man die Grenze von Osten nach Westen überschritten, schon begegnen einem auf Schritt und Tritt die Symptome kapitalistischen Verfalls. Wie ganz anders dagegen bei uns, in unserm Arbeiter- und Bauernstaat...«
Am Institut für Literatur hatte immer ein starkes Bedürfnis nach echter philosophischer Auseinandersetzung mit der Religion bestanden. Ein Lyriker war zur Tat geschritten und hatte sein beträchtliches Talent breitseitweise auf die Vertreter und die Lehren beider Konfessionen abgefeuert – wenn auch nur für die eigene Schublade, denn die in Blankverse gebrachten Streitgedanken wurden nicht gedruckt. Nur schwer hatte sich der junge Poet davon überzeugen lassen, daß die Druckverweigerung keinesfalls an der prinzipiellen Haltung der Partei gegenüber Kirche und Religion deutele, sondern aus Gründen politischer Taktik erfolge. Der junge Mann sparte zwar fortan sein Porto, las uns jedoch grollend dann und wann aus seinen Arbeiten vor.
Der eigentliche Kern unserer Gier nach solcher Auseinandersetzung bestand in der Sehnsucht, auf echten Widerstand und Widerspruch zu stoßen. Und den vermuteten wir ernsthaft dort, wo dieser junge Pfarrer herkam. Aber natürlich wäre es auch wieder gegen die Interessen der Partei gewesen, wenn wir diese Auseinandersetzungen in persönlichen Begegnungen mit den Vertretern der Kirche gesucht hätten.
Nun endlich saß einer von ihnen vor mir, auf der anderen Abteilbank, greifbar, ein Gottesmann, dessen offenbar sehr ausgeprägter Sinn für die glanzvollen Erscheinungen der Materie ein politisch-philosophisches Streitgespräch förmlich provozierte – ein gelungeneres Angriffsobjekt, ein besserer Partner zum Polemisieren war gar nicht vorzustellen!
Aber das blieb ein Monolog, aus dem kein Dialog entstand. Ich schwieg und starrte zum Fenster hinaus. Was keinem politischen Gegner je von außen gelungen wäre, von innen her war es nun vollbracht – mit dem Wissen um die Stalin-

schen Verbrechen im Rücken, war die alte, die naive und selbstverständliche Kraft dahin, war kompromittiert, war zwielichtig geworden.
So sah es auf der Rückreise von Leipzig aus.

»Nur über meine Leiche!«

Die Spanne zwischen dieser Rückkehr und dem Verbot der KPD war kurz, aber doch ausgedehnt genug, um die völlige Unfähigkeit zur Rückkehr in das alte Funktionärsdasein zu offenbaren. Nur gewisse Umstände im Altonaer Parteibüro ließen es nicht zum offenen Konflikt kommen.
Erster Sekretär war ein ehemaliger Thüringer geworden, ein noch junger Mann mit erheblicher Parteischulbildung, schlichtem Wesen und einer Frau, deren wachsende Abhängigkeit vom Fernsehgerät just zu dieser Zeit ihn schwer zu kompromittieren begann.
Sie war nicht bloß Mitglied der Partei, sondern die ganzen Jahre hindurch vielmehr auch eines der aktivsten gewesen, ein Teil der »Eisernen Kader«, ein selbstverständliches Gesicht im Zirkel der Unentwegten. Mir kommt eine Szene aus dem Jahre 1951 in Erinnerung. Weibliche Mitglieder der Partei hatten auf dem Fischmarkt gegen die Wiederaufrüstung der Bundesrepublik demonstriert, mit Schildern und Transparenten, die stundenlang hochzurecken nicht geringer Anstrengungen bedurfte. Diese Genossin nun war die letzte, ausdauerndste, tüchtigste gewesen — mit stählernem Arm hatte sie, ein starkes Lächeln um den schmalen Mund, immer noch eine Runde gedreht! Später war sie in das Kreissekretariat aufgenommen worden, und als ich im vorigen Herbst Hamburg verlassen hatte, zählte sie längst zu seinem Inventar.
Inzwischen jedoch waren Veränderungen eingetreten.
Die Familie des Kreissekretärs, Vater, Mutter und einige Tochter, war aus einem abbruchsreifen Wohnschuppen in eine geräumige, helle Neubauwohnung unmittelbar in der Nähe des Parteibüros umgezogen. Auch die Einrichtung war neu, und mitten in ihr also das Fernsehgerät. Vor dieser Ein-

richtung nun saß die junge Frau mit einer Ausdauer und
Leidenschaft, die sie für jede, auch noch so kleine Tätigkeit
in der Partei untauglich zu machen schien. Es war, als wäre
sie mit dem magischen Auge verwachsen.
Die professionelle Anspornung der Genossen durch ihn, den
Ersten Sekretär, büßte ganz einfach dadurch an Gewicht erheblich ein, weil ihm innerhalb seiner vier Wände offenbar
die Kräfte ausgingen, vorausgesetzt, daß er sich dort überhaupt mit der televisionären Leidenschaft seiner Frau auseinandersetzte, was allgemeinem Zweifel ausgesetzt war.
Tatsächlich handelte es sich hierbei um eine Erscheinung, die
seit langem ein Teil der Parteiwirklichkeit geworden war
und sehr allgemeine und verblüffende Formen angenommen
hatte, und zwar nicht zuletzt als das Resultat politischer
Ratlosigkeit und politischen Unbehagens – nämlich um den
Austausch revolutionärer Haltung gegen die Annehmlichkeiten der modernen Technik und ihrer Vergnügungsmöglichkeiten, um den Austausch einer sehr häufig auch äußerlich unorthodoxen Lebensweise gegen jenes konventionelle
Dasein, über das man bisher so heftig die Nase gerümpft
hatte. Allein dieser Entwicklung hatte ich es, zum Beispiel,
zu verdanken, daß lange nach meinem Bruch mit der Partei
ein einst organisationsbekannter Anhänger des »Proletkults«
aus einem Pkw der gehobenen Mittelklasse mir huldvoll
lächelnd seine Karte mit der ruhigen Feststellung überreichte,
sein Job als Distriktsvertreter einer großen Elektrofirma
würde mich auch noch ernähren.
Aber die Not dieses Kreissekretärs wird hier nicht allein deshalb behandelt, weil sich in ihr eine typische Erscheinung
konkretisierte und individualisierte, sondern weil sie meinen
Widerwillen gegen die traditionelle Arbeit im Apparat insgeheim und handgreiflich begünstigte – ihm waren die Hände
gebunden. Dazu kam, daß auch in den Reihen der Hamburger Landesorganisation und seiner Leitungen, direkte Auswirkungen des XX. Parteitages, vakuumähnliche Zustände
zu erkennen waren.

Es hatten sich dafür in unmittelbarer Nähe exemplarische Vorfälle ereignet.
Auch im Altonaer Parteibüro hatte das Bildnis Stalins gehangen, zehn Jahre lang – und nun sollte es abgenommen werden. Diese Enthebung war nicht das Resultat großer Beratungen gewesen, hier waltete vielmehr ein wortloses Übereinkommen, wenn auch beladen mit der Zaghaftigkeit, die der Unsicherheit, dem erst halb Begriffenen, kaum Verarbeiteten, dem vor kurzem noch so unerhört Blasphemischen innewohnt. Allerdings war dabei nicht jener Genosse einkalkuliert worden, der als das älteste Mitglied der Altonaer Parteiorganisation galt, sowohl den Lebens- als auch den Parteijahren nach, und der sich nun nicht einreden lassen wollte, daß seine sozialistischen Ideale ausgerechnet von ihrer bisher höchsten Personifikation selbst verworfen und geschändet worden waren. Also stellte er sich vor dieses Bild und sagte heiser: »Nur über meine Leiche!«
Ich kannte den alten Mann genau, jahrelang war ich jeden Tag mit ihm zusammen gewesen. Niemand hatte je von ihm Taten erwartet, deren Vollbringung höhere Intelligenz erfordert hätte, aber was in den Kräften seines Körpers und seines Geistes stand, das tat er, gegen den Widerstand seiner Umwelt und, was weit schwerer wog, vor allem gegen den seiner Frau. Über Dezennien hin war kein Tag für ihn ohne Reibereien mit ihr vergangen. Aber nur, wenn sie – was selten, dann jedoch zum nicht geringen Hohn der Straße geschah – selbst zu später Stunde schnaubend in das Parteibüro eindrang und ihn gellend vor sich her hinauskeifte, nur dann ließ er sich widerstandslos und schweigend abführen – um am nächsten Morgen, was jeder gewußt hatte, wieder zur Stelle zu sein.
Dieser Haudegen des politischen Alltags und des unpolitischen Familienlebens hatte für seine sozialistische Überzeugung unter Hitler mit schweren Gesundheitsschäden bezahlen müssen. Er begriff nicht, was da eigentlich seit dem März 1956 über die Partei hereingebrochen war, die kritische Beurtei-

lung der Stalinschen Epoche, deren Geschöpf par excellence man ihn nennen konnte, stellte ihn vor so komplizierte Aufgaben innerer Auseinandersetzungen, daß sich sein Intellekt ihnen nicht gewachsen zeigte. Er hatte alle Maßstäbe verloren und wußte für die Unversehrtheit seiner Vorstellungen und seiner Lebensideale keinen besseren Ausweg, als ihr Idol mit seinem Leibe zu verteidigen – sei es auch gegen die eigenen Genossen (denen natürlich bei dieser ganzen Prozedur ebenfalls nicht wohl war). Er hatte die Maxime von der Partei, die immer recht habe, dahin abgewandelt, daß sie so lange recht habe, wie sie Stalin unangetastet ließe. Ein Umdenken war nicht mehr möglich. Trotzdem – und das erst machte seine Verzweiflung voll, spürte er, daß es wie bisher offenbar doch nicht weitergehen konnte, und gerade diese Art von Agonie, mit der die Medizin nichts anzufangen weiß, brachte es mit sich, daß sein politisches Leben, diese fast sechzig Jahre Kampfes in den Reihen der organisierten Linken, mit jenem Bild an der Wand des Altonaer Parteibüros standen und fielen.

Es wurde dennoch abgenommen, und obwohl er natürlich weiterlebte, war seine Drohung »Nur über meine Leiche!«, als ich ihn nun wiedersah, auf schreckliche Weise doch wahr geworden – hier wandelte wirklich ein lebender Leichnam, einer aus der endlosen Reihe derer, denen das Rückgrat nicht von außen, sondern von innen zertrümmert worden war.

Wenig später hatte ich ein bestätigendes, aber eigentlich noch mehr erschütterndes Erlebnis dieser Art. In diesem Falle handelte es sich um eine Genossin, die ebenfalls sozusagen von Haus aus der Partei angehörte, unter Hitler dafür bedrängt und mißhandelt worden war und nun auf die aller unmißverständlichste Weise zu erkennen gab, daß die lange Zugehörigkeit zu einer Partei stalinistischer Prägung ihr, der glühenden Antifaschistin, die Merkmale ihrer politischen Feinde eingeprägt hatte: Wenn es in der Sowjetunion und anderswo Läger gegeben habe, und wenn dort Menschen zu Tode gebracht worden seien, dann mit Fug und Recht – als

Feinde des sozialistischen Staates, als Verschwörer gegen die Sache der Revolution und als Konspiratoren des Kapitalismus. Warum ich denn auf einmal so empfindlich geworden sei, und ob ich geglaubt habe, der Sozialismus ließe sich ohne Widerstand, und vor allem ohne die Brechung des Widerstandes mit Gewalt, verwirklichen?

Ich hatte diese Genossin in ihrer Wohnung, einer Mansarde, aufgesucht. Fünf Jahre lang hatte ich sie als einen gütigen und ehrlichen Menschen schätzen gelernt. Aber der saß nicht mehr vor mir. Vor mir saß eine Priesterin der Gewalt, die sich zum politischen Mord bekannte, sofern er im Namen der Partei ausgeübt wurde.

Natürlich war die Zerstörung der menschlichen Substanz nicht eine Sache von vierundzwanzig Stunden gewesen, auch nicht von bloß vierundzwanzig Wochen, sondern ein Vorgang von heimtückischer und verborgener Langsamkeit. Erst nun quollen ihre Ergebnisse eruptiv nach außen, erst nun zeigten sich die nicht mehr zu regenerierenden Deformationen.

Die Zeit, in der sich die Geister schieden, war angebrochen.

Und jetzt, genau zehn Jahre, nachdem der Primär-Affekt dort in Erscheinung getreten war, mit all den Folgen, die diese Seiten bisher gefüllt haben, öffneten sich mir die Pforten der *Hamburger Volkszeitung*.

Ich weiß nicht, was ich in den Jahren vor Leipzig für diesen Anblick gegeben hätte! Wenn ich damals aus irgendwelchen Gründen, nur nicht aus denen redaktioneller Zugehörigkeit, in den Räumen der *Hamburger Volkszeitung* zu tun gehabt hatte, immer hatte ich den heimlichen Schwur wiederholt: dorthin zurückzukehren! Noch als Kreissekretär, ausgestattet mit dem Gewicht und der Befugnis dieser Funktion, hatte ich stets das Gefühl der Degradation gespürt, die Illusion der Gleichberechtigung, das Trügerische des Überwundenen und Erreichten — so lange ich hier nicht als ein Teil ein- und hinaustreten würde. Erst die Rückkehr zur *Hamburger Volks-*

zeitung, erst mein Name auf ihren Seiten hätte wie nichts sonst die Übereinstimmung der Obersten Gerichtsbarkeit, ihr Vertrauen, ihre Bereitschaft, ihren Schlußstrich unter die Irrungen und Wirrungen einer so bedrückenden Vergangenheit demonstriert!
Nun plötzlich schien meine Hinzuziehung ganz selbstverständlich zu sein, nun plötzlich waren Aufforderungen zur Stelle, interessierte Ohren, offene Spalten, ohne daß über vergangene Hypotheken auch nur eine Silbe gefallen wäre – erst jetzt hatte das Verfahren von 1951 sein Ende gefunden. Und was war jetzt? Nichts hatte die Erfüllung mehr von der Pracht früherer Vorstellungen und Erwartungen behalten, die seligen und ungeduldigen Ausmalungen eines Jahrzehnts gehörten einer versunkenen Epoche an, deren charakteristischstes Merkmal diese unsägliche Fähigkeit gewesen war, mit elektronischer Präzision publizistisch von der Leberkrankheit der Blattläuse auf die Wiedervereinigung Deutschland in ihrer stalinistischen Version zu kommen.
Bekenntnisse waren suspekt geworden, und daraus ergab sich die Neigung, lieber »unpolitische« Stoffe zu behandeln, oder jedenfalls Themen, die nur in weiter Auslegung als parteipolitisch betrachtet werden konnten. Hier lag der Grund, warum eine kontinuierliche Mitarbeit an der *Berliner Zeittung,* die sich darauf nicht einließ, nie wieder zustande kam – was blieb, war eine lustlose Flucht in ihren Wirtschaftsteil.
In der *Hamburger Volkszeitung* dagegen wurde diesem »Revisionismus« mit einigem Wohlwollen entgegengekommen. Denn wenn sich überhaupt in Hamburg irgendwo eine Ahnung niedergelassen hatte, was die »unbewältigte Vergangenheit« der Stalinschen Ära gerade für die Kommunistische Partei Deutschlands heißen mußte, dann in dieser Redaktion. Chefredakteur war damals, und seit etlichen Jahren schon, Karl-Heinz R., noch der jüngeren Parteigeneration zugehörig und bisher Stalinist, immerhin nun aber doch durch die Gewalt der Ereignisse dahingetrieben, kritische Stimmen aus den kommunistischen Parteien des

Auslandes in den Spalten der *Hamburger Volkszeitung* nicht ganz zu unterdrücken.
Das hatte ihm, nach anfänglich ebenso schweigender, wie ratlos-bösartiger Duldung, den Tadel des Düsseldorfer Parteivorstandes eingebracht, ein Vorgang, der sich im Zuge der untergründigen Aufwertung Stalins im Laufe des Sommers 1956 bis zur Gewißheit eines allerhöchsten Parteiverfahrens gegen ihn und einige seiner Redakteure verdichtet hatte.
Es bleibt Hypothese, ob ein bestimmter Stab der *Hamburger Volkszeitung* zu einem antistalinistischen Zentrum der Hamburger Landesorganisation geworden wäre, aber selbst wenn von hier eine Bewegung ausgestrahlt hätte, die von einer aufgeklärten und weitsichtigen Minderheit der Mitgliedschaft begrüßt und unterstützt worden wäre, am Schicksal der Partei war nichts mehr zu ändern.
Und es war nur scheinbar das Verbot, das es besiegelte.

Ich erlebte diesen 17. August 1956 vor den Räumen der HVZ.
Der Spruch wurde im Laufe des Vormittags erwartet, und als ich die Redaktion betreten wollte, war sie bereits von Polizei und Kriminalpolizei besetzt worden. Alle Redakteure und Angestellte, die sich beim Eintreffen der Staatsorgane im Hause befunden hatten, wurden noch zum Zwecke der Registrierung zurückgehalten und einzeln entlassen.
Ich gesellte mich zu einem Häuflein von Genossen, die sich vor der Redaktion aufgebaut hatten. Die Art von Galgenhumor, die zwischen uns und den noch in der Redaktion Befindlichen durchs offene Fenster gepflegt wurde, bestätigte, daß wir uns im Grund seit langem an den Gedanken des Verbots gewöhnt und mit ihm gerechnet hatten. Was unsere eigentliche Ohnmacht ausmachte, unsere krampfhaft überspielte Scham, das war die völlige Resonanzlosigkeit dieses Verbots!
Weder rührte sich irgendeine Hand, noch gab es die kleinste Demonstration, noch brach irgendwo auch nur die Karikatur

eines Streiks aus – nichts. Und das alles unterblieb nicht etwa in Klein-Posemuckel, sondern in Hamburg, das wir so gern die »Stadt Ernst Thälmanns« nannten, in Hamburg das mit seinem Hafen, seinen Werften und seiner riesigen Zahl von Landbetrieben die größte industrielle Zusammenballung der Bundesrepublik darstellte.
Der Vormittag war aber nicht nur aufschlußreich, was die Bevölkerung im allgemeinen, sondern auch was die Mitgliedschaft selbst anging – sie blieb passiv. Die Wahrheit war, daß für ihre Mehrheit das Verbot schlicht so etwas wie ein willkommener Ausweg aus der angeschwollenen und immer noch wachsenden Widersprüchlichkeit ihrer politischen Situation bedeutete, deren sie nicht mehr Herr wurde. An diesem Vormittag befand sich die Partei längst in voller Verwesung, war eine Schar individueller Existenzen, lauter Einzelwesen, für die das synthetische, statistischen ebenso wie parteilegendären Zwecken dienende Gerippe des Apparates keine oder doch kaum Bedeutung hatte. Die Zeichen allgemeiner Entfremdung untereinander, selbst in den kleinsten Bezirken einer Wohngebietsgruppe, hatten jedermann vor Augen gestanden.
Was war aus dem jugendlichen Helden von 1950 geworden, der, 1938 als Junge seiner Rasse wegen emigriert war, 1945 in britischer Uniform zurückkehrte, darin erst über Jahre konspirierte, schließlich, unter Verzicht auf alle Besatzungsprivilegien, einzig um seiner Bindung an die Partei willen, die deutsche Staatsangehörigkeit wieder angenommen hatte, ein rastloser Trommler und Werber, dessen politische Unbeirrbarkeit für die Ewigkeit gemacht zu sein schien? Längst war er der Besitzer zweier bunter Seifenläden in geschäftsträchtiger Gegend geworden, und welche Probleme ihn auch immer anfochten, das organische Mißtrauen gegen den Menschen war jedenfalls nicht mehr darunter.
Wo war jene Sippe, deren Großväter und Väter durch die Hölle der Himmlerschen Läger für das Zeichen Hammer und Sichel gegangen waren, und – samt ihren Frauen, Söhnen,

Töchtern und Enkeln — nach der Befreiung einer ganzen Kreisorganisation den Stempel ihrer fruchtbaren Unruhe aufgedrückt hatte? Verweht, zerstäubt, und wo ihre kläglichen Überbleibsel etwa in der Gestalt eines letzten und ungeheuer zuverlässigen Kassierers auftraten, hob sich der Verfall nur noch gespenstischer von dem Hintergrund plastischer Erinnerungen ab.

Wo war die junge Hoffnung, die, von den Berliner Aufmärschen magisch angezogen und dann in die Ränke der Organisation gezerrt, lange, sehr lange gerungen hatte mit dem Entsetzen vor dem Ungeist der gegenseitigen Beargwöhnung, der Bewachung und der Forderung nach persönlicher Selbstentäußerung? Längst auf die Planken eines Schiffes geflüchtet, bediente er dessen Steuerrad in Regionen, die ihm offenbar nicht fern genug von dem Schauplatz dieser Auseinandersetzungen liegen konnten.

Und wo war jener Zwanzigjährige geblieben, der inbrünstiger als alle anderen seine Mitmenschen beschworen hatte: »Tut etwas gegen den Krieg! Nur die Partei kann einen Krieg verhindern!« — und der willig wie kein anderer nach der Arbeit an das Austragen von Flugblättern, die Organisierung von Gruppenabenden, Filmveranstaltungen, Jugenddiskussionen und an die Verwirklichung besonders muterfordernder und natürlich streng verbotener Aktionen im Schutze der Nacht gegangen war? Der eben Dreißigjährige kam selbst im vertrautesten privaten Gespräch auf diese Periode seines Lebens nicht mehr zurück — er hatte sie ausgestrichen. Tatsächlich bedeutete das Verbot keine Zäsur, sondern beschleunigte nur einen ohnehin unaufhaltsamen Prozeß: *den Untergang einer Partei, die sich seit zehn Jahren mit dem Ulbricht-System identifizierte!* Damit hatte sie sich selbst zum Tode verurteilt, ohne daß es noch großen Zutuns ihrer Umwelt und ihrer politischen Gegner bedurft hätte.

Am 17. August 1956 war der organisierte Stalinismus in der Bundesrepublik längst ein lebender Leichnam — die *Hamburger Volkszeitung*, bei einer Landesstärke von etwa achttausend eingeschriebenen Mitgliedern, druckte eine Auflage von noch nicht 5000 Exemplaren.

Das Verbot durch den Karlsruher Spruch hat der Kommunistischen Partei Deutschlands nicht mehr und nicht weniger erspart als das Schauspiel und die Blamage ihrer organischen Selbstauflösung.

»Du mußt vor allem
Wolfgang Harich hören«

Den absoluten Tiefstand aber brachten erst die Herbstereignisse 1956. Zwei Länder bekamen damals ihre dauerhaften Synonyma: Polen – Hoffnung, und Ungarn – Katastrophe. Im September besuchte mich, auf einer Schiffsreise nach Ägypten, ein langjähriger Freund, ein Ostberliner Schriftsteller, der im Sommer in Ungarn gewesen war. Unvermindert beeindruckt von der Haltung seiner Schriftsteller gegenüber dem Stalinismus – während des Budapester Aufenthaltes hatten sie gerade ihr Verbandsgebäude vehement von den Rakoczi-Kreaturen gesäubert, mit einer Resonanz in der Bevölkerung, die ihm, dem Funktionär des Berliner Schriftstellerverbandes, nur die Tränen der Trauer und der Wehmut in die Augen treiben konnten – prophezeite er: »Von den Volksdemokratien wird Ungarn die erste sein, in der sich wesentliche Veränderungen vollziehen werden.«
Aber es begann in Polen. Als der Widerstand Gomulkas, erst gegen Rokossowski, dann gegen den persönlich aufkreuzenden Chruschtschow bekannt und mit einem Schlage wahr wurde, daß das polnische Volk bereit war, sich, komme was da kommen möge, auf die sowjetische Übermacht zu stürzen, falls diese mit Waffengewalt die Vergangenheit konservieren wolle, entdeckte ich alle meine Sympathien, Wünsche und Hoffnungen auf der Seite Polens – gegen die Sowjetunion. Bei allen Nachrichten, vom frühen Morgen bis in die Nacht, bei jeder Zeitungslektüre, immer wieder war es dieselbe Erwartung: daß die Polen den Stalinismus besiegen würden.
Aber gerade, weil sie siegten, oder jedenfalls einen Teilsieg errangen, gerade weil der Begriff Oktoberfrühling einen nahezu lyrisch-politischen Klang bekommen hatte, gerade

weil sich zeigte, daß Widerstand nicht nur möglich war, sondern auch von Erfolg gekrönt sein konnte – gerade darum mußte die ungarische Katastrophe um so niederschmetternder wirken.
Hier muß etwas eingefügt werden. Obwohl es die Britische 8. Armee war, die am 4. Mai 1945 in Hamburg einmarschierte, hatte ich doch immer das Gefühl gehabt, von der sowjetischen Armee befreit worden zu sein – durch die gewaltigen Anstrengungen, ihre unvergleichlichen Blutverluste bei der militärischen Zerschlagung Hitler-Deutschlands. Dieses Gefühl fand sich immer dann besonders bestätigt, wenn ich, auf Fotos, in Filmen oder in Wirklichkeit sowjetische Streitkräfte gesehen hatte. Dann war eine große Ruhe über mich gekommen, das Empfinden der Siegesgewißheit und tiefer Geborgenheit, eines unüberwindlichen Schutzes, der seine stählerne Hand über mich hielt.
Als ich jetzt in den Wochenschauen wild um sich feuernde sowjetische Panzer durch die verwüsteten Straßen Budapests rasseln sah, mußte ich die Augen schließen.
Daß sie rollten, gegen den Haß einer in elfeinhalb langen Jahren zu immer feindlicherer Haltung getriebenen Bevölkerung, war weder das Werk von Imperialisten, Kapitalisten und Militaristen, sondern einzig und allein das Werk von Stalinisten. Was der Stalinismus, was seine Politik, sein System in den Herzen der Menschen anrichten konnte – um den Ausbruch ihrer Empörung und Verzweiflung dann mit der *ultimo ratio* aller Machtpolitik, der Gewalt, niederzuwerfen –: hier in Ungarn hatte nun auch die Sowjetunion den klassischen Bankrott präsentiert.
So war das Phänomen dieses Herbstes die endgültige Verwandlung meines Verhältnisses zur Sowjetunion von einem absolutistisch-bejahenden in ein kritisches. Die Wehen einer unbekannten Denkweise setzten ein, der Glanz alter Bilder blätterte, ein Götze wurde niedergeholt, und unter seinen Trümmern schien alle Zukunft begraben zu werden.
Damals, in dieser Verfassung, an einem Novembernachmit-

tag, wurde ich verhaftet und in das Hamburger Untersuchungsgefängnis eingeliefert.

Zusammengesperrt mit zwei Kriminellen, die beide, in guter Kenntnis des Ortes, den besseren Teil des Logis, nämlich die Bettgestelle unter dem Fenster, eroberten und in den phantasievollsten Nuancierungen den Berufsstand der Juristen beschimpften, lernte ich im Laufe der Nacht ihre Lebensgeschichte bis in intime Einzelheiten kennen, geduldiges Objekt eines offenbar ausgeprägten Mitteilungsdranges. Dabei hatte ich Muße genug, mich, den Inhaftierten von 1956, mit jenem vom Frühjahr 1953 zu vergleichen. Wäre ich derselbe geblieben, der ich damals war — welche Möglichkeiten der politischen Missionsarbeit hätte mir die Wehrlosigkeit der beiden Zellengenossen beschert! Welche Gelegenheit, ihre Seele zu gewinnen mit der bestürzenden und naiven Selbstverständlichkeit eines unversehrten Weltbildes, ihrer gewalttätigen und suggestiven Argumentation, deren Taktiken, Rhetorik und Kniffe im Laufe jahrelangen Gebrauchs die geschliffenste Form erreicht hatten! Mit mir zusammen eingesperrt, in einem Raum, für wenigstens 24 Stunden, festgehalten durch ein schmiedeeisernes Gitter und eine gnadenlos geschlossene Tür, wären sie die Beute kräftiger Monologe, ganzer Kaskaden von politischen Beschwörungen in immer neuen Bildern geworden, hätten schließlich, um des lieben Friedens und einer wie nie zuvor ersehnten Ruhe wegen, vielleicht aber auch tatsächlich beeindruckt, nur noch genickt, einziges Zeichen, daß sie lebten ... !
Statt dessen redeten nun sie und ich schwieg.
Am nächsten Morgen eröffnete mir der Haftprüfungsrichter, man hätte sich zu einer Verhaftung entschlossen, nachdem ich der lange zurückliegenden Aufforderung, von der Staatsanwaltschaft in Sachen der verbotenen *Jungen Freundschaft* vernommen zu werden, nicht nachgekommen sei.
Als ich, in völliger Übereinstimmung mit der Wahrheit, dargelegt hatte, daß mir eine solche Aufforderung, wohl infolge

meiner Abwesenheit vom vorigen Herbst bis zum Sommer, nie zu Gesicht gekommen war, wurde ich auf freien Fuß gesetzt, mit der Ankündigung, die gerichtliche Verhandlung werde wahrscheinlich Anfang kommenden Jahres stattfinden.
Ich setzte mich in den Zug und fuhr, ohne eine Aufenthaltsgenehmigung abzuwarten, nach Berlin – als müßte ich auf der Stelle ersticken, wenn ich jetzt nicht mit Freunden, Bekannten, Gleichgesinnten über das Verhängnis, das über uns hereingebrochen war, sprechen könnte.

Wenn ich geglaubt hatte, unter ihnen eine ähnlich depressive Stimmung wie in mir vorzufinden, sah ich mich getäuscht.
»Du mußt vor allem Wolfgang Harich hören«, wurde mir, noch auf dem Bahnhof Friedrichstraße, gesagt, »es sind öffentliche Zusammenkünfte, deren freien Ton du bei uns bisher nicht erlebt hast. Morgen ist eine solche Zusammenkunft, jede Woche einmal. Natürlich bist du willkommen.«
Im Hotelzimmer der *Sonntag*. Ich blätterte – Hans Mayer *Zur Gegenwartslage unserer Literatur* – und las: Es ginge nicht mehr, daß Kafka in der DDR ein Geheimtip sei und das Interesse für Faulkner oder Thornton Wilder mit illegalem Treiben gleichgesetzt werde. Fehlende Beschäftigung mit den Tendenzen und wichtigsten Erscheinungen der modernen Künstler und Schriftsteller würden sich in jedem Falle als Stagnation und Sterilität auswirken. Administrative und bürokratische Hemmnisse müßten beseitigt werden. Fort mit den patentierten Besserwissern! Deren Urteil sehe meist so aus, daß Fielding oder Stendhal oder Thomas Mann gönnerhaft gelobt würden, da sie ideologisch Achtbares in ihrer Zeit geleistet hätten, wenngleich sie natürlich leider nicht die Bewußtseinshöhe des heutigen Nachwortverfassers zu erklimmen vermochten. Das Reich der Zitate und Zitierer verdunkele sich aber, die schöpferische Anstrengung des Begriffes sei heute vonnöten, da sehr viel von Wissenschaft geredet, aber nicht immer sehr wissenschaftlich gehandelt würde.

Wachte oder träumte ich? Befand sich die ungarische Katastrophe auf dem Höhepunkt oder nicht? Und dann hier diese Zeilen? Gewiß, ich hatte *Neues Deutschland* und die Überschriften der anderen SED-Zeitungen unterwegs gelesen, die Umlügung des ungarischen Aufstandes gegen den Stalinismus in einen konterrevolutionären faschistischen Putsch, aber das schien für die Menschen nicht die geringste Bedeutung zu haben, sondern eher defensiven Charakter. Es wirkte in dieser Beleuchtung fast wie das Rückzugsgeschrei eines schlechten Verlierers. Sollte sich das Reich der Zitate und Zitierer tatsächlich verdunkeln? War der Schatten der polnischen Ereignisse so mächtig, daß die Lüge über Ungarn ihn nicht verdrängen konnte?

Das Telephon schrillte: »Gut, daß du da bist«, meldete sich die Stimme eines Freundes vom ersten Lehrgang des Instituts für Literatur, »da kannst du gleich morgen mitkommen.«

»Wohin?«

»Es sind vier junge polnische Schriftsteller aus Warschau hier in Berlin. Wir treffen uns im Schriftstellerverband mit ihnen. Vielleicht, pardon, teilen sie uns mit, wie sie es gemacht haben...«

»Aber morgen spricht doch Harich.«

»Harich wird nächste Woche auch noch da sein, nicht aber der polnische Besuch. Ich hole dich gegen halb acht vom Hotel ab.«

Die Polen waren ganz junge Leute. Was sie sagten, das sagten sie mit großem Ernst. Die Mehrheit der jungen Schriftsteller Polens sei in Nebenberufen beschäftigt, sie hätten es schwerer als die Schriftsteller in der »DDR«, denn Fernsehen und Funk seien noch nicht so entwickelt. Bereits vor dem XX. Parteitag seien viele polnische Schriftsteller scharf gegen die Erscheinungen aufgetreten, die dann in Moskau angeprangert worden seien. Dennoch sei die Situation nicht leicht gewesen. Vieles, was geschrieben und auch vorgetragen wurde, war nie gedruckt worden, so daß es nach dem XX. Parteitag schon eine gewisse Literatur gegeben habe, die

für die nun einsetzende freiere Publizistik ein gewisses Fundament legte.
Wir, die vier Polen und etwa ein Dutzend Deutsche, waren ungefähr drei Stunden zusammen, von denen gut zwei gefragt und geantwortet wurde. Aber die Warschauer ließen sich nicht aus ihrer Reserve locken. Sie behandelten nur die Zeit bis zum Oktoberfrühling. Von *den* Tagen, die das Land bis in die Grundfesten erschütterte und ihm seine Sonderstellung im Ostblock verschafft hatte, erwähnten sie kein Wort. Ich weiß nicht, ob sie Anweisung hatten, ihren Frühling, den die SED-Presse so feindlich kommentierte, zu unterschlagen oder ob ihr Schweigen dazu aus eigenem, der Höflichkeit des Gastes entspringendem Entschluß kam, jedenfalls war es auch gar nicht nötig, daß ein Wort fiel über das, was uns ja doch alle hinter unseren Stirnen und unseren Sätzen beschäftigte. Die Haltung der Polen war es, die ausdrückte, was nicht genannt wurde, ihr ruhiger, fast unjugendlicher Stolz, so daß der polnische Mut der deutschen Kläglichkeit nur um so spürbarer wie eine stumme Anklage gegenüberstand.
Am Vormittag des nächsten Tages saßen wir, Lektoren und Schriftsteller, in jener Kellergaststätte der Jägerstraße, wo sich vornehmlich Mitarbeiter der staatlichen Filmgesellschaft DEFA zu treffen pflegten. Plötzlich wurde die Tür oben aufgerissen, ein Angehöriger des Verlages *Neues Leben* erschien, suchte, sah uns, stürzte die Treppe hinunter und keuchte: »Harich – Harich ist verhaftet worden!«
Wir begriffen sofort, schüttelten uns, wußten – das war der Schuß vor *unseren* Bug, das war die Warnrakete für *uns*, das Einschieben der Granate in ein Rohr, dessen Mündung auf *uns* gerichtet war.
Ich glaube nicht, daß irgendeinem von uns damals Harichs antistalinistisch-marxistisches Programm für die Regeneration der Partei und der politischen und ökonomischen Umwälzung des Staates bekannt war, aber was seine Verhaftung bedeutete, war jedem sofort klar. Sie war nicht nur der

offizielle Schlußstrich unter die Gewährung einer Bewegung, die der XX. Parteitag in der Intelligenz ausgelöst hatte, sondern auch ein persönlicher Racheakt Walter Ulbrichts, den viele von uns freilich insgeheim seit langem befürchtet hatten, nachdem Wolfgang Harich vor einigen Monaten, noch im Frühling, im *Sonntag* jenen Artikel veröffentlicht hatte, der weder vorher noch nachher in der Presse der »DDR« seinesgleichen fand und im Lichte späterer Geschehnisse um den Autor von geradezu tragischer Bedeutung war: *Hemmnisse des schöpferischen Marxismus*. Es gab keinen von uns, der ihn nicht wieder und wieder gelesen hatte.

Der XX. Parteitag, hieß es darin, habe zum erstenmal die Ursache einer dogmatischen Erstarrung, an der das marxistische Denken zeitweilig erkrankte, aufgedeckt und entschlossen beseitigt – all die bekannten Tendenzen zur Verarmung und Verflachung der Theorie, all die üblen Erscheinungen des Scholastizismus und Schematismus, dieser Schwächen und Mängel, wie sie reichlich euphemistisch genannt zu werden pflegten, könnten jetzt wirklich umfassend und radikal überwunden werden. Als hauptsächliche Ursache der Dogmatisierung des Marxismus sei die übertriebene Verehrung Stalins gebrandmarkt worden und der Nachweis geführt, daß bei diesem Kult faktisch nur einer einzigen, als unfehlbar geltenden Person, eben Stalin, die Weiterentwicklung der Theorie vorbehalten zu sein schien, was Speichelleckern und ohnehin denkfaulen Elementen nur recht war.
Es sei Walter Ulbricht gewesen, der auf den wohl schwerstwiegenden aller Irrtümer, die durch den Personenkult hervorgebracht wurden, aufmerksam gemacht habe, auf den weitverbreiteten Argwohn, der hinter jedem neuen, vielleicht wirklich problematischen, mitunter aber nur ungewohnten Gedanken eines Gleichgesinnten eine bewußtermaßen feindliche Einstellung wittere. Der Erste Sekretär der SED habe mit besonderem Nachdruck festgestellt, daß die von Stalin seinerzeit vertretene Auffassung, mit den fortschreitenden

Erfolgen des sozialistischen Aufbaues müsse unvermeidlicherweise eine Verschärfung des Klassenkampfes in der Sowjetunion eintreten, sich als falsch erwiesen habe und vom XX. Parteitag korrigiert worden sei. Diese falschen Auffassungen hätten — immer vor dem Hintergrund der kapitalistischen Einkreisung und in nächster Nachbarschaft mit Hitler — zu Maßnahmen eines übersteigerten Mißtrauens geführt, die sich schließlich gegen einen Teil der Kommunisten richteten. Und da sich der Argwohn auf einen Teil der Kommunisten konzentrierte, könne es nicht wundernehmen, daß zur gleichen Zeit eine entsprechende Übersteigerung der ideologischen Wachsamkeit einsetzte, die den Spielraum neuer Fragestellungen im Marxismus über alles Maß einengte. Jenes Mißtrauen gegen Menschen des eigenen weltanschaulichen Lagers, das für bestimmte Praktiken der Stalinschen Politik charakteristisch war, habe im Bereich des Geistigen einen Zustand heraufbeschworen, in welchem die Buchstabengelehrsamkeit sich zu einer Krankheit auswachsen und den kritisch-revolutionären Geist des Marxismus entstellen und verzerren konnte. Entscheidend sei deshalb nicht allein, sich mit Intellektuellen aus dem bürgerlichen Lager sachlich und fundiert auseinanderzusetzen — was nur sinnvoll sein könne, solange man grundsätzlich bereit sei, von ihrem Wissen und ihren Erfahrungen kritisch zu lernen — entscheidend sei etwas ganz anderes, nämlich das Klima, in dem der eigene, marxistische Selbstverständigungsprozeß stattfinde.

Es hatte keine Veröffentlichung gegeben, die deutlicher die innerparteiliche Problematik anleuchtete als diese, keine, die mehr dazu beigetragen hatte, diese Problematik in uns aus dem Stadium des dumpfen Unbehagens und der bloßen Verzweiflung in das Licht klarer Zusammenhänge zu rücken. Aber jeder wußte auch, was Harich sich bei der — taktisch wahrscheinlich unumgänglichen — Einbeziehung Ulbrichts in einen Artikel dieses Tenors gedacht hatte, gedacht haben mußte — am besten wohl Walter Ulbricht selbst ...

Jetzt saßen wir da in dem Keller, ohne der Sprache mächtig zu sein. Was nun? Wieder alles hinnehmen, wieder schweigen? Wieder »Disziplin« üben? Wieder sich ducken vor einer Demagogie, die behauptet, jede Auseinandersetzung nütze dem Gegner, ducken vor jenen, die erst den Zündstoff legten, um mit dieser billigen und gemeinen Phrase die Explosion zu verhindern?

Am Abend las ich in der *Berliner Zeitung,* unter der Rubrik »Offen gesagt«, einen Artikel aus der Feder Stefan Heyms. Danach wußte ich, was ich zu tun hatte.

Der Offene Brief

Stefan Heym war damals auch unter den kritischen Schriftstellern in der »DDR« eine der bekanntesten und geachtetsten Persönlichkeiten. Als Jude war er in die USA emigriert, nach dem Kriege in der Uniform der amerikanischen Armee zurückgekehrt und Redakteur an der *Neuen Zeitung* in München geworden. Überzeugter Kommunist, war er bald darauf schon, als sich im Zuge der Entwicklung auch die innerdeutschen Fronten zu verhärten begannen, in voller Montur auf die andere Seite der Demarkationslinie gewechselt.
Heym hatte mit Erfolg mehrere Romane veröffentlicht. Als er uns einmal, zusammen mit seiner amerikanischen Frau, am Institut für Literatur besuchte, erfuhren wir, daß er sich in den Jahren des Exils angewöhnt hatte, seine Bücher zunächst Englisch zu schreiben und sie dann selbst ins Deutsche zu übersetzen, wobei er gerade durch die englische Urschrift ein weit größeres Verbreitungsgebiet hatte als die meisten seiner Kollegen. Heym hatte — wenige Monate vor dessen Abkehr — von seiner engen Freundschaft zu dem kommunistischen amerikanischen Schriftsteller Howard Fast gesprochen und sich, mokant lächelnd, mit der Befürchtung verabschiedet: »Wenn Kurellas erster Lehrgang beendet sein wird, dann werden wohl lauter Romane über das Literaturinstitut geschrieben?«
Wir mochten Heym. Wir erinnerten uns nicht, daß er je etwas Byzantinisches, Übereifriges geschrieben oder gesagt hatte — darum mochten wir ihn. Es war bekannt, daß Heym kein bequemer Zeitgenosse für die Partei- und Kulturbürokratie war, daß er dickköpfig auf seiner eigenen Meinung beharren konnte, auch wenn sie sich nicht mit der offiziellen Linie deckte. Aber was er jetzt getan hatte, verwies ihn in

die klägliche Reihe derer, von denen alle Welt wußte, daß sie Ulbricht und seinen Kurs verabscheuten, und die ihm dennoch in Bekenntnissen, Unterschriften, Deklarationen huldigten. Schwarz auf weiß stand dies in der *Berliner Zeitung:*

»*In den letzten Jahren ist in der internationalen Arbeiterbewegung das öffentliche Eingestehen von Fehlern zu einer großen Mode geworden. Und es gibt Leute in einigen Gegenden Europas, aber auch in anderen Teilen der Welt, die sich um so revolutionärer vorkommen, je öfter sie sich in symbolische Säcke hüllen und ihre Häupter mit Leitartikel-Asche bestreuen... Mit der öffentlichen Selbstkasteiung jedoch sollte man eine Pause machen, bis wir von Krupp oder IG-Farben oder der Suez-Kanalgesellschaft oder der Standard Oil oder von General Motors das erste reuige Wort hören.*«

Im Hamburg schrieb ich einen Tag und eine Nacht ununterbrochen, alles immer wieder um, alles immer wieder neu. Den Extrakt dieser fünfzig oder sechzig Seiten, ganze sechs Seiten, schickte ich an *Die Andere Zeitung*, das einzige Organ, von dem damals eine Veröffentlichung zu erwarten war – die Presse der »DDR« hätte ihn seines Inhaltes, die Presse der Bundesrepublik seines Verfassers wegen nicht gebracht. Wenige Tage später erfuhr ich, daß sich die Redaktion, nach etlichen Bedenken zwar, doch entschlossen hatte, das Manuskript abzudrucken.
Als ich das wußte, schrieb ich an Charlotte W. Sie solle, sie müsse mir über Ungarn, über Polen schreiben, ihre Meinung und Ansichten – unsere Freundschaft sei für mich jetzt wichtiger denn je. Charlotte W. schrieb zurück: »Bedenke – wenn der Klassenfeind uns umarmt, dann will er uns zerdrücken.« Das war das Ende unserer Korrespondenz.
Und noch eine andere langjährige Beziehung fand damals ihren Abschluß.

Am 3. Januar 1957, dem Tage, da mein Artikel erscheinen sollte, besuchte mich Hermann H. Der ehemalige *spiritus rector* der Hamburger Landeskontrollkommission stempelte und verfügte also über viel Zeit. Er blieb zwei Stunden, in denen er mit gekrümmt-erhobenem Zeigefinger zunächst über die parteifeindliche Entwicklung in Polen und den faschistischen Charakter des Ungarnaufstandes referierte.

Ich genoß seine Anwesenheit in vollen Zügen — zum erstenmal atmete und dachte ich in Hermann H.s Gegenwart frei, empfand weder Furcht noch Beklemmungen und entdeckte mit unbeschreiblichem innerem Jubel das Ende einer drückenden und zermürbenden Tradition.

Als er endlich aufstand, hatte ich zahlreiche Lektionen über die Geschichte der KPdSU, die letzten drei sowjetischen Fünfjahrpläne, die Moskauer Untergrundbahn und die ost- und südosteuropäischen Herbstereignisse erhalten — ohne daß er den Namen Stalin auch nur ein einziges Mal genannt hatte. Statt dessen hatte er, als er, ganz peripher, auf die Verbrechen dieser Periode kam, gesagt: »Was *Berija* betrifft...«

Bevor er nun ging, deutete er auf seine Tasche. Darin befinde sich die heute erschienene Ausgabe *Die Andere Zeitung* mit meinem Artikel, den er zu lesen noch nicht die Zeit gefunden habe. Er werde sich aber heute noch an die Lektüre machen und mir unverzüglich, wie so häufig bisher, seine Meinung zukommen lassen.

Nach dieser Lektüre hat Hermann H. sich nie wieder bei mir sehen lassen.

Bevor wir uns dem Fortgang der Geschichte zuwenden, sei noch ein abschließendes Wort gesagt über ihn, der nun nach so langer Begleitung, mangels Funktion, aus dieser Schrift ausscheiden kann.

Dieser Mann, der jahrelang in der Rolle eines Parteirichters über eine ganze Landesorganisation posiert und die politische Unfehlbarkeit und Unanfechtbarkeit in Person gespielt hat, scheiterte, als er in der Illegalität selbst die erste Probe bestehen sollte. Illegales Informationsmaterial der Partei vom

Jahre 1959 klärte seitenlang darüber auf, wie der Genosse »H. H.« die Regeln der Wachsamkeit sträflich mißachtete, klärte darüber in endlosen Rekonstruktionen, jedem Detail auf, aus denen der Kenner auch ohne jede Namensnennung den reuevoll-geständigen Hermann H. herausgelesen hätte.
So verliert also der Umstand, daß sein Schild in dem Register eines dumpfen Hauses auf der Reeperbahn, in dessen fünftem Stock er wohnte, einen anderen Namen zeigt, alle seine Rätsel — aus Sicherheitsgründen umgesiedelt, aus der Bundesrepublik in die »DDR«...

Mein Artikel in *Die Andere Zeitung* war abgefaßt als *Offener Brief an Stefan Heym* und unter die Überschrift *Personenkult und Literatur* gestellt. Es hieß darin unter anderem: Ganz abgesehen davon, daß in der »DDR« bisher keine Rede sein könne von öffentlicher Selbstkasteiung und es auch nennenswerte Leitartikelasche nicht geregnet habe — seit wann kompensierten Sozialisten Unrecht in den eigenen Reihen mit dem Hinweis auf kapitalistisches Unrecht? Wenn das ernst gemeint war, dann möge Heym doch den XX. Parteitag der KPdSU samt seinen Lehren für die internationale Arbeiterbewegung begraben, aber auch öffentlich! Nur möge er sich vorher noch einmal mit dem Text der Rede Chruschtschows vertraut machen, der völlig unmißverständlich sei. Er spreche nicht von Fehlern oder Vergehen, sondern von Verbrechen, begangen an vielen Menschen und an der Sache des Sozialismus. Ich gäbe meine Glaubwürdigkeit als sozialistischer Humanist aber nicht her, indem ich Verbrechen als Fehler oder Vergehen zu verniedlichen und zu bagatellisieren suche und dazu aufrufe, sie nicht länger zu diskutieren, weil dies angeblich der Sache des Sozialismus schade. Ihr schade am allermeisten, wenn man sich mit dieser Vergangenheit nicht auseinandersetzen wolle.
Aber der Versuch, den XX. Parteitag vergessen zu machen, sei sinnlos, denn die weltweite Auseinandersetzung, die er auslöste, gehe unaufhaltsam weiter. Es gebe kein Mittel und

keinen Grund, sie aufzuhalten. Nach den öffentlich geführten Auseinandersetzungen zwischen führenden Mitgliedern der SED einerseits und polnischen und jugoslawischen Kommunisten andererseits, nach den Meinungsverschiedenheiten Titos mit einigen anderen Führern kommunistischer Parteien, sei es kein Geheimnis mehr, daß der unschöpferische, sterile Konformismus der Stalin-Ära dahin sei. Es gebe keinen Anlaß, ihm nachzutrauern. Dieser Wandel habe verschiedene Tabus zerschmettert. Bei der Suche nach einem besseren Weg entzünde sich das Gespräch an einem dieser Tabus, nämlich an der Frage, ob für jene schrecklichen Erscheinungen eine Person oder ein System verantwortlich gemacht werden könne.
Manche behaupteten, daß, wenn in diesem Zusammenhang von System gesprochen werde, der Sozialismus attackiert werde. Aber wieso eigentlich? Sei denn die sozialistische Grundordnung, die Vergesellschaftung der Produktionsmittel und -instrumente gemeint? Natürlich nicht und mit keinem Wort!
Gemeint sei nichts anderes als jenes Stalinsche System, das eben dieser Grundordnung so ungeheuer gefährlich werden konnte, weil es vom marxistischen Wege abwich, weil es der sozialistischen Demokratie so gut wie keinen Spielraum ließ, weil es sich mit der unumschränkten Allmacht der Staatssicherheitsorgane einen Apparat geschaffen hatte, der, nach den Worten Chruschtschows, weder von der Partei noch vom Volk noch von den übrigen Mitgliedern selbst des Politbüros kontrolliert oder gar kritisiert werden konnte.
Natürlich habe der »Personenkult«, um bei diesem Sammelbegriff zu bleiben, tief auch in Leben und Schaffen der sowjetischen Schriftsteller und derer in allen Volksdemokratien eingegriffen, wofür ihre Werke das sicherste Zeugnis ablegten.
Das Stalinsche System hielt seiner Natur nach einen großen Teil der gesellschaftlichen Wahrheit auch für alle Zweige der Publikation verdeckt, und es zeuge von der gewaltigen Kraft der Sowjetunion, daß sie diese Entartung, bei ohnehin schwer

gefährdetem Beginn, aushielt — auch als die fürchterlichste aller Aggressionen über sie kam. Wo aber ein großer Teil der gesellschaftlichen Wahrheit zwangsweise verdeckt gehalten werde, könne auch die Literatur nur Teilwahrheiten äußern, im besten Falle. Meist stellte sie nichts dar als Apologetik des Personenkults, und die individuelle Tragik vieler Autoren liege ja gerade darin, daß sie aus tiefster Überzeugung verherrlichten, was sie als Schriftsteller so sehr einengte. In der Stalinschen Ära konnte sich der humanistische Charakter der sozialistischen Literatur nicht voll entfalten, weil der sozialistische Humanismus seine volle Entfaltung nicht fand.

Kurella habe zwar recht, wenn er sage, daß auch in der Stalin-Ära künstlerisch große Werke entstanden wären. Aber diese Werke seien nicht groß wegen, sondern trotz des stalinistischen Systems, allerdings seien sie unter der Voraussetzung erschienen, daß sich selbstverständlich auch in ihnen nichts von jener Wahrheit widerspiegelte, die der XX. Parteitag aufdeckte.

Von diesen Schranken und Relikten müsse alles fallen, restlos, sonst werde sich die sozialistische Literatur nicht erholen können. Ein Buch werde so stark, so menschlich werden, wie sein Autor stark und menschlich sei. Ein sozialistischer Schriftsteller könne nicht mehr in sein Werk legen, als er selbst für die Sache des Sozialismus zu geben, zu leiden, zu opfern bereit sei, keinen Deut mehr. Aber dabei solle man ihm das Feld so weit wie nur möglich machen. Was er, Heym, aufgeschoben wissen wolle, bleibe in Wahrheit aber das zentrale Problem des sozialistischen Schriftstellers, eine Wendemarke in seinem Leben, die Einleitung eines neuen, besseren Abschnitts. Wer glaube eigentlich, daß jenen jungen Schriftstellern, denen mit den Eröffnungen des XX. Parteitages ein Idol zerschlagen wurde und in denen sich seither ein qualvoller Prozeß tieferen Erkennens vollziehe, geholfen wäre, wenn man ihnen rate, sich mit diesem inneren Erdrutsch nicht länger auseinanderzusetzen? Sie hätten ein Recht auf eine volle und erschöpfende öffentliche Auseinandersetzung. Solle

denn ihr ideologisches Gebäude abermals mit dem Dache statt mit den Kellerfundamenten begonnen werden?
Es sei ein besserer, mutigerer Schriftstellerkongreß vorzubereiten als ihn der Januar 1956 im Hause der Ministerien gesehen habe.
Der Schriftsteller werde die Wirklichkeit fortan weniger nach dogmatischen Glaubenssätzen zu gestalten haben, sondern sie vielmehr dringlicher belauschen, sie mühevoller durchdringen, genauer beobachten, wahrhaftiger wiedergeben müssen. Verböge er sie, politischen Wunschträumen, nicht politischer Wirklichkeit entsprechend, so werde er weiterhin an den Herzen der Leser vorbeischreiben. Denn Wahrheit sei unerläßlich für Gelingen. Ohne Wahrheit wäre aller Aufwand umsonst.
Überall gehe in den Marxisten ein großer Wandlungsprozeß vor sich, der sie befreie aus der armseligen Enge der vergangenen Epoche. In die Lehre fahre wieder Lebendigkeit – warum davor zurückzucken? Er möge mein Verhältnis zur Sowjetunion nehmen. Jahrelang sei es ein ausgesprochen fetischistisches gewesen, ohne jene kritischen Elemente, die sich nun erst beigesellten. Und bedeute kritiklose Huldigung wirklich wahre Freundschaft? Kann der so Gehuldigte solcher Freundschaft vertrauen?
Der Sozialismus, der so gewaltige Leistungen vollbracht und der Hitlerschen Bestie den entscheidenden Todesstoß versetzt habe, werde sich von dem Makel, der ihm anhafte aus der Stalin-Ära, und ihrer unvermeidlich weiterwirkenden Folgen wegen so schwer zu beseitigen sei, durch dauernde und zum Grundprinzip des öffentlichen sozialistischen Lebens erhobene Wahrhaftigkeit noch am besten befreien können.
Aber es müsse, es könne nur ein Sozialismus werden, der den Menschen, bei allen notwendigen Anstrengungen, mehr Freude bringe, ihnen echte Begeisterung einflöße, ein Sozialismus, der allein jenen Herzklopfen abzwinge, die ihn bösartig zu zerstören trachteten – er erschlösse sich ungeheure Potenzen!

»Sind Sie noch Mitglied der Partei?«

Auf den *Offenen Brief* waren drei wesentliche Reaktionen zu verzeichnen.
Die erste kam nicht von der Partei, sondern von der Hamburger Presse. Unter der Überschrift »Es gärt in der westdeutschen KP« hieß es: Der seit dem Ausbruch freiheitlicher Bestrebungen in Polen und Ungarn auch innerhalb der westdeutschen Kommunisten aufkeimende antistalinistische Gärungsprozeß sei jetzt offen zum Ausbruch gekommen. In scharfen Worten hätte ich mich gegen die Verbrechen Stalins und gegen die Diskreditierung der polnischen und ungarischen Vorgänge gewandt. Wie man höre, stünden hinter mir zahlreiche frühere Funktionäre, die im Laufe der letzten drei Jahre wegen titoistischer Haltung aus der Partei ausgeschlossen worden wären. Diese Gruppe, die sich auf die Mehrheit der ehemaligen Parteimitglieder in Hamburg zu stützen zu können glaube, betrachte den *Offenen Brief* an Stefan Heym als ersten Schritt einer Reihe von Aktionen, die auch auf die Sowjetzone ausgedehnt werden sollten.
Diese Veröffentlichung, die bis auf den Nachrichtenkern reine Phantasie war, könnte geradezu als Musterbeispiel der Begrifflosigkeit gelten, die im Westen gegenüber inneren Prozessen wie diesem, und seinen verschiedenen Stadien, immer wieder zu beobachten ist. Nicht nur verschiedene Wendungen, sondern sein ganzer Tenor lassen diesen Artikel noch zu einer Dokumentation der Identifikation mit der Partei werden! Hier wurde nicht mit der Parteimitgliedschaft gespielt, sondern Hoffnung demonstriert – eine verzweifelte, wütende, ausfallende Hoffnung, aber eine Hoffnung auf dem Boden der Organisation.
Überzeugender als jede theoretische Erörterung manifestierte sich diese Haltung an einem Ereignis, das wenige Wochen

darauf eintrat, nämlich die Verhandlung vor dem Hamburger Landgericht in Sachen der *Jungen Freundschaft.*
Hätte der Text in der Hamburger Presse zugetroffen, so wäre das der rechte Ort gewesen, die Trennung von der Partei öffentlich zu vollziehen und ihre Gründe zu nennen, sich von ihr loszusagen und damit, quasi als Nebenprodukt, das Delikt zwar nicht aufzuheben, wohl aber in ein milderes Licht zu rücken.
Nichts davon jetzt, vielmehr Einhaltung der Abmachungen von 1955 in der Kaderabteilung der Landesleitung – keinerlei Distanzierung, keinerlei Hinweise auf die antistalinistische Position, kein Wort des Bedauerns oder überhaupt einer politischen Veränderung.
Das Urteil: drei Monate Gefängnis, mit dreijähriger Bewährungsfrist.
Die Eröffnungen der Stalinschen Verbrechen hatten die Trennung von der Partei nicht zu vollbringen vermocht. Es fehlte noch immer eine andere Erkenntnis, eine Gewißheit, die erst mühselig am Reifen war.
Und dennoch war mit der Abfassung des *Offenen Briefes* und dem Entschluß, ihn veröffentlichen zu lassen, untergründig und noch jenseits bewußter Wahrnehmung etwas Neues gewachsen, etwas, mit der die stalinistische Partei niemals Frieden schließen wird und mit dem niemand auf die Dauer in der Partei wird leben können: die Kraft, über seine eigene Seele zu bestimmen!

Die zweite Reaktion kam von der *Berliner Zeitung*, in Form eines vagen Telephongesprächs, ich möchte doch einmal hinkommen, es sei »einiges zu besprechen«.
Der Redakteur, der mich empfing, sagte hilflos: »Was ist denn los? Sie sollen da irgend etwas in einer Zeitung geschrieben haben?«
»Sie kennen es nicht?« fragte ich.
Er schüttelte den Kopf. »Nein, es wird nur viel darüber ge-

redet. Sie wissen ja, wie das ist. Kein Mensch weiß genaues. Was war es eigentlich?«
»Ich habe geschrieben, das stalinistische System müsse beseitigt werden.«
Der Redakteur zuckte zusammen, als hätte er einen Schlag erhalten. Dann, eine Affekthandlung, drehte er sich im Sessel um, ob nicht vielleicht doch ein unliebsamer Lauscher im Raume wäre.
»Und dann stehen Sie hier so ruhig?« ächzte er.
»Ich habe keine Furcht mehr«, sagte ich, »ich weiß auch nicht, wie das zugegangen ist, aber ich habe vor Kaderabteilungen und Kontrollkommissionen keine Furcht mehr. Es ist vorbei.«
Die Wirkung dieses Satzes war verblüffend. Der Mann starrte mich einen Augenblick wie gelähmt an, dann sprang er, als werde er von einer Feder abgeschnellt, mit einem Satze hoch, ballte die Fäuste, schüttelte sie und stieß hervor: »Es ist nicht mehr zum Aushalten, es läßt sich nicht länger ertragen. Man kann nicht immer *so* sprechen und *so* schreiben, *so* denken und *so* sagen, das geht nicht mehr, es frißt mich auf, höhlt mich aus«, und dann sprudelte es etwa zehn Minuten aus ihm heraus, das Problem, das ihn am meisten beschäftigte und bewegte und erschütterte, der Zwang, sein Ich in zwei Hälften zu spalten, in eine private und eine öffentliche sozusagen, die Unmöglichkeit der immer wieder geforderten Vereinigung dieser beiden unvereinbaren Welten im Mikrokosmos der menschlichen Brust — kurz er behandelte das Verhängnis der organisierten Schizophrenie für die Struktur der menschlichen Persönlichkeit.
Er bot dabei einen bedauernswerten Anblick. Die simplifizierte Darstellung meiner inneren Befreiung bis zu einer gewissen Grenze schien einen Pfropfen in seiner Seele gelöst zu haben, ein ungeheurer Überdruck brach sich elementar Bahn. Der ungewohnte, vielleicht sogar nie geahnte Augenblick verwilderte den Mann auch äußerlich, seine Haare hingen ihm ins Gesicht, er entledigte sich seiner Oberklei-

dung, öffnete den Hemdkragen und war nicht imstande, zu sitzen. Was dieser Stunde aber ihr erschütterndstes Gepräge gab, war die fast übermenschliche Anstrengung des Redakteurs, seinen Zorn, sein Elend, den Zwiespalt und seinen ganzen Überdruß in der Lautstärke so zu drosseln, daß davon niemand draußen hörte. Also schlug er sich, wenn er meinte, die Stimme zu sehr erhoben zu haben, vor den Mund, berief sich selbst, versank in Flüstern, vergaß sich wieder, bat mich, ihn zu berufen, erschrak über sich selbst und drückte mir lange die Hand. »Ich kann nichts weiter mit Ihnen anfangen«, sagte er, »ich weiß nicht, worum es sich dreht, man hat es mir nicht gesagt. Alles ist nur geraunt, ganz unbestimmt – wie immer. Fahren Sie nach Hamburg zurück...«
Zurück? Ich hatte das Gefühl, mit Flügeln versehen zu sein, die neue Kraft brachte eine Art von Unverwundbarkeit mit sich, war begierig, sich zu erproben, hatte fortwährend das Bedürfnis nach Betätigung und Bestätigung.
Ich setzte mich in die Bahn, aber nicht in Richtung Hamburg, sondern in Richtung Leipzig.

Alfred Kurella begegnete mir auf dem Flur des Literaturinstituts.
»Ah«, rief er, »von Ihren Heldentaten haben wir bis hierher gehört!«
»Das klingt böse«, sagte ich.
»Ich *bin* böse«, bestätigte er.
»Ein Grund mehr, den *Offenen Brief* hier auch offen zu diskutieren.«
»Warum?« fragte Kurella scharf. »Wer wäre daran interessiert?«
»Alle«, sagte ich.
Von den Teilnehmern des zweiten Lehrgangs und den Dozenten wußte jeder, daß der Artikel erschienen war, aber nicht, was darin stand. Alle möglichen Gerüchte gingen um.
»Eine nette Art von Rufmord«, sagte ich.

»Rufmord?« Kurella dehnte das Wort ironisch. »Sie selbst sind dabei, Ihren Ruf zu morden. Ich sehe keinen Grund, Ihre Gedanken auch noch am Institut verherrlichen zu lassen.«
Vierundzwanzig Stunden später saß Kurella mir gegenüber in seinem Direktionszimmer, ringsum ein halbes Dutzend Dozenten und, als einziger Vertreter des zweiten Lehrgangs, ein junger Mann aus Chemnitz. Diese Versammlung war gegen den Willen des Professors zustandegekommen, aber das Interesse war zu groß gewesen — um sein Gesicht nicht zu verlieren, willigte er schließlich doch ein. Immerhin war es ihm gelungen, den Teilnehmerkreis, von der einen Ausnahme abgesehen, auf die Dozenten, die er für politisch offenbar stärker als die Schriftsteller hielt, zu beschränken, anstatt, wie es meine Absicht war, beide zusammenzubringen.
Als ich jetzt den *Offenen Brief* verlesen wollte, untersagte Kurella es mir.
»Wenn wir über den Brief sprechen wollen, dann muß sein Inhalt doch gewußt werden«, sagte ich.
»*Ich* wollte über Ihren Artikel nicht sprechen«, erwiderte Kurella. Er saß rechts von mir, eisig, sah mich nicht an und benahm sich genauso, wie er es gegebenenfalls später vor einer Kaderabteilung glaubte verantworten zu können.
So begann ich, den *Offenen Brief* mündlich vorzutragen, aus dem Gedächtnis, Absatz um Absatz — ich kannte jeden Satz, fast jedes Wort auswendig.
Niemand unterbrach. Kurella gab keinerlei Lebenszeichen von sich. In der Mitte meiner Ausführungen etwa öffnete sich die Tür und herein kam Professor Nicolai Jantzen. Er grüßte nicht.
Als ich geendet hatte, sagte zunächst niemand ein Wort. Endlich sah Professor Jantzen auf: »Sind Sie noch Mitglied der Partei?«
»Warum stellen Sie diese Frage?«
»Warum nicht? Wir haben uns zehn Monate nicht gesehen — in der Zwischenzeit ist, wie wir sehen, viel geschehen.«

»Sind *Sie* noch Mitglied der Partei?«
Einen Augenblick war es totenstill.
»Ja«, sagte Nicolai Jantzen.
»Ich auch«, beantwortete ich jetzt seine Frage.
»Das sieht aber nicht so aus. Wie konntest du sonst so etwas schreiben!« Es war der Dozent für Russische Literatur, der das einwarf, ein Hallenser, mit dem ich während meines Leipziger Aufenthaltes in bestem Einvernehmen gestanden hatte. Er schaute mich empört, aufgelöst, fassungslos hinter seiner Brille an. »Was stellst du in den Mittelpunkt? Auf den neuen Fünfjahrplan kommt es an, der Plan ist das Hauptstück des XX. Parteitages. Du willst von den Hauptaufgaben ablenken.«
»Es gibt nur eine Hauptaufgabe – den Stalinismus zu beseitigen. Sie ist einmalig. Fünfjahrpläne wird es noch viele geben.«
»Das ist Anmaßung«, rief der Dozent, »das ist...«
»Was verstehen Sie unter Stalinismus?« unterbrach ihn Nicolai Jantzen, »was ist das eigentlich? Ich kenne es nicht.«
»Angst vor der Geheimpolizei zu haben – zum Beispiel.«
Der sowjetische Professor schüttelte wie verständnislos den Kopf: »Ich habe nie Angst davor gehabt.«
»Aber der Genosse Chruschtschow – wenn Sie seinen Worten glauben.«
»Warum«, mischte sich Dieter H., Stellvertretender Direktor des Instituts, ein, »warum hast du solches Vergnügen am Negativen? Wo es doch so viel Positives gibt!«
»Warum über Hitlers Konzentrationslager sprechen, da er doch die Autobahnen gebaut hat.«
»Das ist infam!« schrie der Dozent für Russische Literatur.
»Ja«, sagte ich, »es ist infam, den Geist der Revolution auf das Niveau der Nazi-Mentalität zu degradieren, dieselben Verdrängungsleistungen zu vollbringen wie sie, eine Haltung einzunehmen, die zu solchen Analogien geradezu provoziert – nur weil ihr euch um eine echte Auseinandersetzung herumdrücken wollt.«

»Es geht um den Fünfjahrplan, um die Produktion, um die Erhöhung des Lebensstandards«, beharrte der Dozent aus Halle.

»Es geht um die Verbrechen, und um das, was sie ermöglichte und woran wir alle, wie wir hier sitzen, Schuld haben. Ohne diese Auseinandersetzung werden wir niemals Schriftsteller werden.«

»Was wollen Sie eigentlich?« endlich sah Kurella auf. Ich werde diesen Blick nie vergessen. Es war der Blick eines Feindes. »Was wollen Sie eigentlich?«

»Das habe ich in dem Artikel geschrieben, dessen Lektüre Sie hier am Institut unterbunden haben.«

»Weil uns sein Inhalt nicht interessiert!« rief Kurella.

»Das sind so Ihre Wunschträume, Genosse Kurella.«

In diesem Augenblick meldete sich der junge Mann aus Chemnitz, der einzige Vertreter der jungen Schriftsteller des zweiten Lehrganges. »Nein, bitte«, wandte er schüchtern, aber doch bestimmt ein, »der Artikel hat mich schon interessiert und bewegt, und ich glaube, er würde die anderen auch interessiert haben.«

Der Dozent für Russische Literatur rang nach Luft: »Es geht um den Fünfjahrplan, der Fünfjahrplan ist die Hauptsache, auch wenn Berija ...«

Diesmal war es Kurella, der ihn unterbrach: »In dem Genossen und mir«, sagte er nicht ohne Feierlichkeit, »sitzen siebzig Jahre Parteierfahrung. Vergessen Sie das nicht.«

»Wenn diese Versammlung«, fragte ich, »über das Fernsehen der »DDR« gegangen wäre — auf wessen Seite, meinen Sie, hätten die Sympathien gelegen?«

Noch am selben Abend schrieb ich die Dialoge dieses Nachmittags nieder. Aber auch ohne die Aufzeichnungen wäre die Stunde mir so plastisch im Gedächtnis geblieben, wie ich sie erlebte. Die neue Kraft, dieses Empfinden völliger Unerschrockenheit nach all den Jahren der inneren Abhängigkeit und Furcht, seine Demonstration hier an diesem Platze, vor diesem Gremium, aus diesem Motiv – all das bewirkte den Eindruck, als stünde ich sozusagen außerhalb meiner selbst, als beobachtete ich mich von der Position eines zweiten Ichs her. Das sind die Ingredienzien, die einen Menschen neu geboren werden lassen, erst das letzte und tiefste innere Engagement schafft die Voraussetzung, sich nach seiner Überwindung so erneuert vorzukommen.

Ich rief Erich Loest an. Er war zu Hause, und wir wollten uns sehen. Aber irgend etwas kam dazwischen, und ich mußte abreisen, ohne ein Wort mit ihm getauscht zu haben. Wenige Monate später wurde Loest verhaftet und zu langjähriger Zuchthausstrafe verurteilt. Das war seine Antwort auf meine Zweifel an ihm. Ich habe seither nicht aufgehört, mich dieser Zweifel zu schämen.

Jetzt, auf dem Hamburger Hauptbahnhof ankommend, las ich: Zehn Jahre Zuchthaus für Wolfgang Harich!

Mein Protest, mein Zorn und meine Ohnmacht erreichten nur mich selbst. Ich lieh mir Geld und fuhr nach Paris, wohin zu fahren mir zwei Jahre zuvor verboten worden war.

Nach meiner Rückkehr stellte sich die dritte Reaktion auf meinen Artikel ein, das Schreiben der *Berliner Zeitung*, mit dem dieses Buch beginnt.

Obwohl meine Mitarbeit bei der BZ faktisch seit langem erloschen war, fuhr ich doch, ohne der Echtheit der Aufforderung zu mißtrauen. Und als ich dann, ein Stockwerk tiefer geführt, den drei Mitgliedern der Personalkontrollkommission gegenüberstand, war ich weit davon entfernt, mich über den Kunstgriff zu beschweren, mit dem man mich hierher geholt hatte. Was geschah, das geschah nur mit großer Folgerichtigkeit, etwa, daß ich ihnen sagte, die These von der Unfehlbarkeit der Partei gelte für mich nicht mehr.

Ich habe die drei Gesichter, das der Frau und die der Männer, vor mir, als hätte ich mich gestern von ihnen verabschiedet: was immer ihnen begegnet war – dieses Eingeständnis nie.

DER BRUCH

Keine Koexistenz mit der Lüge

Es war ein schmales, nicht sehr helles Zimmer, dessen Tür abgeschlossen worden war — »... damit uns keiner stört.« In ihm sah ich mich aufgefordert, eine Chronik meiner Parteijahre zu geben — »wie du sie siehst« — und das tat ich. Sie hatte nichts mehr gemein mit jenen Lebensläufen, von denen ich ein gutes Dutzend abgeliefert hatte.
Später habe ich versucht, mich in diese drei Mitglieder der PKK hineinzuversetzen. Sie taten so, als ob ihr Schweigen verabredet wäre. Tatsächlich aber kannten sie kein Mittel, keine Argumentation für ein Individuum, das seine Abhängigkeit verloren hatte; ihre Fähigkeiten mußten versagen vor einem Zustand, der ihnen unbekannt war und von dem sie nur eines erhoffen konnten — daß er *hier* langsam erliegen, daß er *hier* absorbiert werden würde, mittels der tausenderlei Erinnerungen und Verstrickungen, die dieser Ort beschwor, mittels dieses sonderbaren Klimas, das das Wohlwollen und die Bereitschaft der höchsten Kontrollkommission für einen einzelnen schaffte.
So schwiegen sie an diesem Tag.
Schließlich erklärte ihr Sprecher, morgen werde es weitergehen, und überhaupt, es werde so lange weitergehen, bis »alles klar sei«. Sie hätten sich vorgenommen, jede Zeit dafür zu erübrigen. Morgen also aufs neue, und zwar im Gebäude des Zentralkomitees der Sozialistischen Einheitspartei Deutschlands. Ein Wagen würde mich vom Hotel abholen und ich möge, wenn das Auto in den Hof des Parteihauses einböge, mich im Fond ducken — etwaiger Teleskope wegen, die in der Umgebung stationiert sein könnten.
Der Wagen erschien am nächsten Morgen pünktlich. Im Zentralkomitee wurde ich eine Treppe hinauf in einen großen Raum geführt.

Darin war viel Rot. Auf einem Tisch lagen Zeitungen und Zeitschriften. An der Wand Lenins Bild.
Die Zeit verging.
Dies war die Zentrale der deutschen Partei, der ich seit elf Jahren angehörte, der ich mich verschrieben und die mein Leben bestimmt hatte. Hier wartete ich, Subjekt individueller Bemühungen und zäher Geduld. Draußen Stimmen, Schritte. Irgendwo das Klappern von Schreibmaschinen. An der Wand Lenins Bild ...
Endlich wurde ich geholt.
An diesem zweiten Tage sprachen sie. An diesem Tage sprachen sie, nur von der Mittagspause unterbrochen, stundenlang — Petöfi-Club, die Wurzel allen Übels — ausdauernde Vorbereitungen der Imperialisten für den faschistischen Putsch in Ungarn — maßloser Eklektizismus der polnischen Intelligenz — dazu im Gegensatz die Treue der Schriftsteller in der »DDR«, die feste Haltung ihrer Arbeiter und Bauern, ungeachtet dessen, was Berija getan habe ...
Plötzlich wußte ich, weshalb ich hierhergekommen war und worauf ich wartete! Hermann H. hatte gesagt: Berija. Der Dozent für Russische Literatur in Leipzig hatte gesagt: Berija. Und eben war dieser Name wieder gefallen: Berija! Sie alle hatten einen anderen, hatten *seinen* Namen vermieden, hatten *seiner* Kreatur das Gewicht der Schuld und der Verantwortung zuschieben wollen — ohne sich wörtlich, ohne sich namentlich, ohne sich offen zu bekennen.
Was ich wollte, war: das Geständnis. Aber wie?
Es wurde ein langer Tag, an dem ich schwieg. Aber sie mißverstanden die Gründe dieses Schweigens. Ihr Vertrauen in die Macht dieser Umgebung, in den Selbstlauf ihrer Autorität, in den Respekt, den sie als Vertreter des Parteivorstandes verbreiteten, war unerschütterlich — ihre Stimmen wurden leiser, ihre Haltung gelockerter, sie behandelten mich wie einen Zurückgewonnenen. Sie hatten hart gerungen und den Widerspenstigen doch gezähmt — so deuteten sie das Schweigen. Ich tat nichts, diesen Eindruck zu zerstören.

Am dritten Tage forderten sie die schriftliche Frucht des ungewöhnlichen Aufwandes, die Schwarz-auf-Weiß-Einsicht, die Demut der Reue, die Kapitulation des Widerstandes — mit einem Worte: die »Erklärung«.
Sie war vorbereitet — ein Stück Papier, ein Schreibgerät...
Hatte ich wirklich einst vor den Unterkommissionen dieser Instanz mein Innerstes nach außen gekehrt? Hatte ich mich tatsächlich in Dauerbeichte befunden, bis zur Selbstaufgabe, besessen von dem Gedanken, daß mein Ich mir nicht gehörte?
Ich nahm den Stift und begann zu schreiben. Zunächst einige belanglose Floskeln, übliche Wendungen, früher so häufig in inbrünstiger Übereinstimmung aufgezeichnet. Dann weiter: Der Grund meiner Abirrungen habe darin gelegen, daß ich Stalin für den Hauptverantwortlichen gehalten habe, indes mir nun klar gemacht worden sei, daß der Hauptschuldige Berija heiße.
Ich legte den Stift aus der Hand: Der »Führer« hat es nicht gewußt! Da stand es...
Aber natürlich mußte dieser Betrug, dieser deutliche Hinterhalt sofort entdeckt und geahndet werden! Lag die List denn nicht offen zu Tage, das verrückte Wagnis, der Akt der Tollheit, die Personalkontrollkommission anzuschmieren?
Ich las noch einmal, und plötzlich wußte ich auch, daß ich nicht nur hier einen Plan verwirklichte, sondern eine Art von Rache gegen mich walten ließ, Rache für die Selbstverunglimpfung langer Jahre an Stätten wie dieser. Ich gab das Blatt ab.
Der Sprecher der PKK war ein Mann von mittlerer Größe. Er hatte an diesen drei Tagen denselben dunklen Anzug getragen. Sein Gesicht war etwas nach vorn gewölbt und mir war aufgefallen, daß er, wenn er sich unsicher fühlte, den Kopf ein wenig auf die Seite neigte.
Nun nahm er das Blatt und vertiefte sich in den kurzen Text. Aber er neigte nicht den Kopf zur Seite, sondern er nickte, langsam und zustimmend.
Wenn die Nahtstelle zwischen Emanzipation und Bruch,

wenn, um es mit der materialistischen Dialektik zu sagen, der Umschlag von Quantität in eine neue Qualität zeitlich fixiert werden soll — in dieser Sekunde geschah's.
Dieses Nicken war das Geständnis, nicht irgendwo abgegeben, sondern hier, durch das Organ der Parteiführung, als ihr Wille, ihre Überzeugung, ihre Politik.
Von dieser Sekunde gab es keine Erholung, sie war die Antwort auf die Frage, warum Majakowski Selbstmord begangen hatte, sie konnte nicht vergessen werden wie beliebig andere, sie lag ausgesondert da, sozusagen neben der Zeit. Nicht die Aufdeckung der Stalinschen Verbrechen, sondern ihre Unterschlagung als Programm zur Konservierung des *Systems* schuf den zweiten Teil der Erkenntnis, die Gewißheit, das Ende der Beziehungen: die Aufhebung meiner Identifikation mit der Partei war identisch mit der Aufhebung meiner Hoffnung.
Genickt hatte — die totale Lüge.

Der nächste Tag war ein Sonntag — der 1. Mai.
Waffengeklirr weckte mich in meinem Hotelzimmer an der Friedrichstraße auf. Von »Unter den Linden« her rollte, rasselte, knarrte es heran, gepanzerte Fahrzeuge, Flugzeugabwehrkanonen, eine endlose, dröhnende Militärdemonstration, auf die eine strahlende Sonne schien.
»Unter den Linden« war gesäumt von einem Menschenspalier, der Marx-Engels-Platz dick verkeilt. Rufe, Stimmen aus den Lautsprechern, von überall her Musikfetzen und Gesang, und in der Luft, von Westberlin hoch droben herübertreibend, schaukelnd und funkelnd in der grellen Sonne — Flugblätter.
Inmitten dieser Vorspiegelung von Zustimmung meine völlige Teilnahmslosigkeit, die Empfindung, das alles nur gleichsam hinter Glas, ohne jede reale Berührung, zu erleben, und dann eine Hand auf meiner Schulter — Charlotte W.
Wir gingen nebeneinander her. »Ich freue mich, das du gekommen bist und damit einen Beweis deiner Zugehörigkeit

zu uns gibst«, sagte sie. Wir bogen in die Friedrichstraße ein. Sie sprach, wie ihr letzter Brief gewesen war. Wir verabredeten uns für später im Presse-Club. Dort Lächeln, Scherze — wir hatten uns nichts mehr zu sagen. Auch so kann eine Freundschaft verenden. Nur dieser Ausgang machte es mir möglich, ihre Geschichte zu erzählen, ohne Charlotte W. zu gefährden. Sie hatte sich entschieden. Ihre Tochter ist inzwischen schulpflichtig geworden ...
Auf der Rückfahrt, am selben Tag noch, mir gegenüber im Abteil eine Berliner Studentin, die ihre Schwester in Hamburg besuchte. Das Gespräch, noch in der »DDR«, ergab ihre volle Immunität gegenüber zehnjährigem politischem Einwirken, die absolute Unversehrtheit ihrer Meinungen, einen im buchstäblichen Sinne unaussprechlichen Ekel vor jeder Verlautbarung, jeder Zeile, jeder Regung und jeder Erscheinung des Ulbricht-Systems — und einen schrankenlosen Glauben an die Macht des Destruktiven. Sie war neunzehn, sehr intelligent und sehr unglücklich, ein klassisches Beispiel dafür, daß Nihilismus von nichts und niemandem so nachhaltig gezeugt und gefördert wird wie von dem schrecklichen Zweckoptimismus eines stalinistischen Staatswesens.
Später sah ich sie in den Straßen Hamburgs wieder — von dem Besuch ihrer Schwester war sie nicht zurückgekehrt.
Die fünf Stunden aber, die sie mir gegenübersaß, stellte ich mir unablässig die eine Frage: Wofür hast du eigentlich so lange missioniert? Um Himmels willen — wofür!

Jene, die den Bruch mit der Partei vollziehen, können in zwei große Gruppe geteilt werden. Die eine wendet sich von der Praxis ab, ohne je der Theorie des Marxismus wirklich verhaftet gewesen zu sein. So tragisch auch immer diese Fälle sein mögen, von der politischen Problematik der zweiten Gruppe, die mit der Praxis bricht, weil sie keine andere Möglichkeit zur Verteidigung der Theorie sieht, weiß sie nichts. Für diese zweite Gruppe kann der Bruch deshalb immer nur das Resultat der äußersten politischen und moralischen Verzweif-

lung sein, deren Schmerz sich als durch die Zeit nicht abtragbar erweist. Es gibt keinen Grund, das zu verschweigen.
Wenn die Bekanntgabe meines Bruches mit der Partei nicht unmittelbar nach meiner letzten Berlin-Reise erfolgte, dann nicht, weil die Illegalität der Partei in der Bundesrepublik und ihr Maulwurfsdasein sie etwa erschwert hätten, sondern einzig und allein des sicheren Verlustes jener unersetzlichen Freundschaften wegen, die auf der Strecke des stalinistischen Totalitätsanspruches gegenüber dem Menschen bleiben mußten. Zu beklagen übrig war die Einbuße menschlicher Bindungen. Von allen Konsequenzen des Bruches war diese die bitterste.
Seine Bekanntgabe erfolgte in Gestalt einer Vertragskündigung an den Verlag *Neues Leben,* wo mein Roman-Fragment lag: Diese steinerne Verlogenheit, diese geistige Sterilität, diese tödliche Langeweile und diese permanente Brüskierung der menschlichen Intelligenz seien nicht länger zu ertragen, wenn ich mir meine sozialistische Überzeugung und meine Selbstachtung bewahren wolle. Es gehe nicht länger. Ich entzöge die Entscheidung über mein eigenes Leben Führungsgremien, die diese Wirklichkeit bestimmten, sie für Sozialismus ausgeben und jeden, der sich daran nicht halte, als seinen Feind zu diffamieren gewohnt seien...
Dieser Brief ging ab, und ich wußte genau, wo er zuletzt abgeheftet werden würde. Seine Wirkung ließ nicht lange auf sich warten. In der illegalen *Hamburger Volkszeitung,* mir absenderlos sogleich zugesandt, erschien, mit voller Adresse für die politische Feme, eine sogenannte »Warnmeldung«: Im Zusammenwirken mit dem »Klassenverräter Wolfgang Harich« und dem »Kapitulanten Alfred Kantorowicz« hätte ich die Partei verraten.
Am Ende wie am Anfang — eine Lüge. Der Kreis hatte sich geschlossen. Nur stand ich jetzt jenseits von ihm. Denn es gibt — und um dieses Satzes willen wurde jedes Wort dieses Buches geschrieben — denn es gibt keine Koexistenz mit der Lüge.